LE DICTIONNAIRE DES TRUCS ET ASTUCES

AVEC LES PRODUITS QUE VOUS AVEZ SOUS LA MAIN

LE DICTIONNAIRE DES TRUCS ET ASTUCES

AVEC LES PRODUITS QUE VOUS AVEZ SOUS LA MAIN

EDITIONS ESI

Sommaire

Produits

Sommaire

Sommaire

Astuces

Sommaire

Sommaire

Sommaire

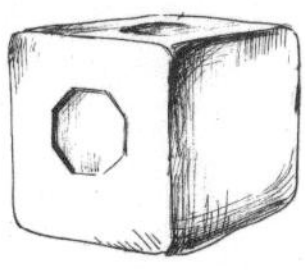

Produits

L'ail

Il était le fortifiant favori des soldats de la Rome antique. Il est devenu l'un des remèdes préférés de nos grands-mères. L'ail se voit reconnaître aujourd'hui des vertus nouvelles par la médecine moderne. À consommer sans aucune modération !

Les vertus médicinales de l'ail sont connues depuis au moins deux millénaires et dans tous les pays, de l'Europe à l'Asie, en passant par le continent américain, la légende lui prête, de surcroît, certains pouvoirs que la science ne saurait démontrer : il éloignerait pêle-mêle le mauvais œil, les sorcières, les vampires, les reptiles… Son seul défaut est l'haleine désagréable qu'il donne à ceux qui le consomment et dont le principal responsable est le germe vert qu'il renferme en son cœur, joliment appelé indiscret. Précisons à cet égard qu'un brossage de dents, même énergique, ne suffit pas à rafraîchir une haleine d'ail, puisque le « parfum » continue à se libérer pendant la digestion.

L'ail est connu de nos grands-mères pour trois raisons essentielles : il aide à soigner les gros rhumes en apaisant la toux, il est vermifuge et soulage aussi les maux d'estomac. L'ail a un effet antiseptique qui lui permet d'ailleurs de soigner, en application locale, les plaies légères et les petites affections cutanées.

Aujourd'hui, on suspecte l'ail d'avoir un effet préventif sur certains troubles cardio-vasculaires mais aussi sur les cancers de l'estomac et colorectal. Il aiderait à faire baisser la tension, à réduire le cholestérol et aurait également une action anticoagulante et antioxydante. Si toutes ces propriétés ne sont pas démontrées, il semblerait que les effets bénéfiques de l'ail sur la santé proviennent de l'allicine et des autres composés sulfurés que celle-ci libère. Or, ceux-ci résistent mal à la cuisson. L'ail serait donc à consommer à raison d'une à deux gousses par jour, finement hachées et crues ou incorporées à vos petits plats en toute fin de cuisson.

Rendre l'ail digeste

Beaucoup de personnes disent ne pas supporter l'ail. Si vos convives font partie de ces estomacs délicats, vous rendrez vos plats plus faciles à digérer en ôtant le germe des gousses d'ail. Il vous suffit de fendre la gousse en deux et de supprimer son cœur verdâtre. Ce procédé permettrait aussi de limiter l'effet dévastateur de l'ail sur nos haleines. Pour parfumer vos plats de façon plus légère, vous pouvez aussi utiliser l'ail « en chemise », c'est-à-dire plonger la gousse tout entière dans votre préparation, en conservant sa peau blanche. Lorsque le plat sera prêt, vous la retirerez avant de servir.

Faire disparaître une verrue

Coupez une gousse en rondelles. Appliquez une de ces rondelles sur la verrue avec un sparadrap et passez la nuit ainsi.

Éliminer une souche d'arbre

C'est un truc de grand-mère qui fait sourire bien des jardiniers, adeptes des produits chimiques à l'efficacité radicale. Pourtant, l'astuce a été testée et approuvée, par des mains vertes plus patientes, qui lui ont laissé le temps de produire ses effets. Pour éliminer une souche d'arbre plus facilement, percez un ou plusieurs trous (selon son diamètre) dans la souche. Logez-y, bien au fond, des gousses d'ail et bouchez les trous avec de la terre. L'ail accélérera le pourrissement du bois.

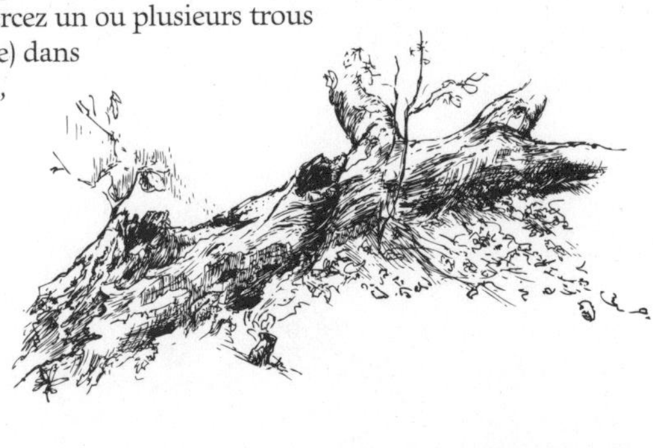

Une haleine d'ail

Pour masquer une haleine parfumée à l'ail, mâchez et avalez quelques feuilles de persil. Certes, vous risquez de remplacer un inconvénient par un autre : les feuilles de persil ont une fâcheuse tendance à se glisser entre les dents. Vous pouvez alors opter pour une autre méthode : croquez dans un morceau de citron et buvez un peu de jus. Si vous supportez son acidité, vous constaterez une amélioration immédiate.

Éplucher l'ail

Pour ne pas perdre la moitié de la gousse d'ail en l'épluchant maladroitement, couchez la gousse sur le côté et aplatissez-la en utilisant la lame d'un couteau : vous sentirez la peau se décoller, elle se détachera ensuite aussi facilement que celle d'une banane. Autre solution, un peu moins pratique : ébouillantez la gousse pendant quelques instants.

Faire disparaître un bouton d'acné

Coupez une gousse d'ail en rondelles. Massez doucement les boutons d'acné avec ces petits morceaux de gousse pour les faire disparaître plus vite.

Contre les pucerons

Hachez menu quatre gousses d'ail et versez-les dans 1,5 l d'eau bouillante. Laissez reposer quelques heures, filtrez et pulvérisez sur vos plantes.

Des cors au pied

Écrasez une gousse d'ail et enveloppez-la dans une compresse. Appliquez-la sur la zone douloureuse pendant toute une nuit et renouvelez l'opération si nécessaire. Bien sûr, cette astuce de grand-mère ne prétend pas à la même efficacité que l'intervention d'un pédicure.

Conserver l'ail

L'ail se conserve dans un bocal plein d'huile. Son goût ne sera pas dénaturé si vous utilisez une huile neutre, qui elle, en revanche, sera bien parfumée à l'ail. De quoi donner un peu d'intérêt à une vinaigrette toute simple.

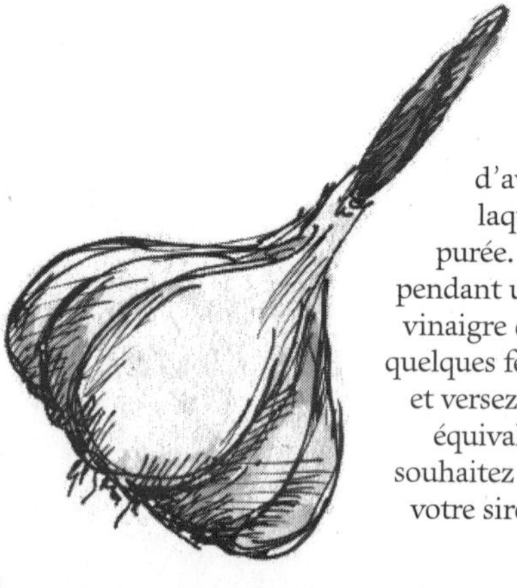

Des maux de gorge

L'ail apaise les maux de gorge. Il suffit de sucer, pendant quelques minutes, une gousse d'ail ou d'avaler, petit à petit, une cuillère à café de miel rase à laquelle vous aurez ajouté une demi-gousse d'ail en purée. Pour fabriquer un sirop antitussif, faites chauffer pendant un bon quart d'heure, un grand verre d'eau, ou de vinaigre de cidre en y ajoutant cinq gousses d'ail hachées, quelques feuilles de thym et de sauge. Ôtez l'ail et les feuilles et versez dans le liquide, sur feu doux, un volume de miel équivalent ou supérieur (selon la consistance que vous souhaitez donner à votre sirop) en remuant bien. Conservez votre sirop dans un flacon dans la porte du réfrigérateur.

Un vermifuge

La consommation d'ail pendant plusieurs jours permet de lutter contre les parasites intestinaux. Vous pouvez écraser une demi-gousse d'ail fraîche sur tous vos plats, ou faire bouillir quelques gousses dans du lait et le consommer après l'avoir laissé reposer une journée au réfrigérateur.

Contre le psoriasis

L'ail fait partie des plantes qui ont un effet bénéfique sur les peaux atteintes par le psoriasis. Il suffit de l'inscrire au menu aussi souvent que possible.

Calmer les douleurs dentaires

Pour calmer une dent douloureuse, plaquez contre elle une tranche de gousse d'ail et conservez-la en bouche aussi longtemps que nécessaire. Bien sûr, il reste éminemment recommandé de consulter au plus vite son dentiste.

La chute de cheveux

Voici une astuce de grand-mère… d'Afrique du Nord. Pour favoriser la repousse des cheveux, hachez deux ou trois gousses d'ail et plongez-les dans un demi-verre d'huile d'olive chaude. Laissez mariner au moins deux jours avant d'utiliser cette huile pour masser votre cuir chevelu, en mouvements circulaires, avant le shampoing. Si vous êtes courageux, vous pouvez laisser poser ce masque toute la nuit et ne laver vos cheveux qu'au matin.

Une colle à l'ail

L'ail peut coller le papier et le carton fin. Il suffit de couper une gousse en deux et de la frotter sur les deux éléments à coller ensemble.

L'argile

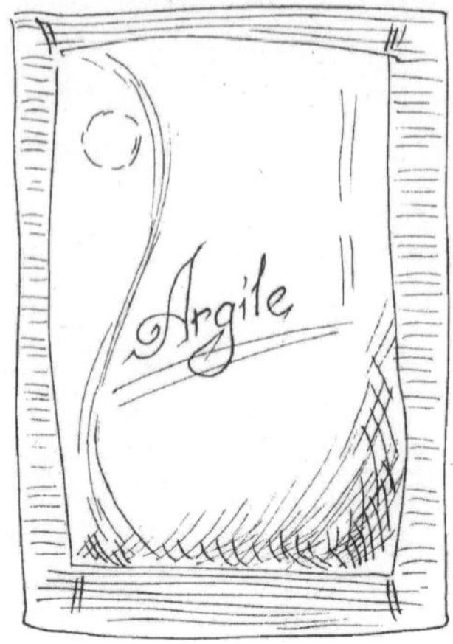

L'argile est un produit naturel, simple et évident. Voilà pourquoi, sans doute, les hommes ont toujours cherché à se soigner avec elle. Il résulte de cette pratique ancestrale une foule de recettes de grand-mère.

L'argile se boit, se pose en cataplasme, elle soulage les articulations, calme la diarrhée, réduit les problèmes de peau…
Pour les soins, on utilise de préférence l'argile verte qui est tout à la fois la plus répandue, la plus polyvalente et la moins chère. Sur le plan cosmétique, on la recommande aux peaux et cheveux gras. L'argile, très absorbante, les rééquilibre. Ceci pourrait porter à croire que les peaux normales, sèches ou sensibles ne peuvent pas être traitées à l'argile. Il existe pourtant d'autres argiles. L'argile blanche, ou kaolin, est riche en silice : elle protège les peaux fragiles et convient même aux bébés. Les argiles rouges et roses conviennent, quant à elles, aux peaux sèches ou sensibles.
Dans les boutiques de cosmétiques naturels, on rencontre aussi le ghassoul. C'est une argile dont les propriétés sont assez proches de celles de l'argile verte. Elle provient du Maroc où les femmes l'utilisent depuis des générations, notamment en masque capillaire.
Pour les soins de beauté, il est plus pratique d'acheter l'argile en tube (sans additifs indésirables) : c'est alors un masque prêt à poser. Bien sûr, la pâte d'argile se conserve moins facilement que la poudre. Que ce soit pour réaliser un emplâtre ou un masque, la poudre est aussi facile d'emploi : il suffit de la diluer avec un peu d'eau, en remuant vigoureusement au fouet pour éviter les grumeaux.
L'argile est aussi précieuse dans l'entretien de la maison. L'une d'entre elles est particulièrement renommée : la terre de Sommières. On l'utilise pour enlever les taches de gras sur toutes les surfaces (parquet, papier peint) et sur tous les textiles, même les plus délicats (soie, daim).

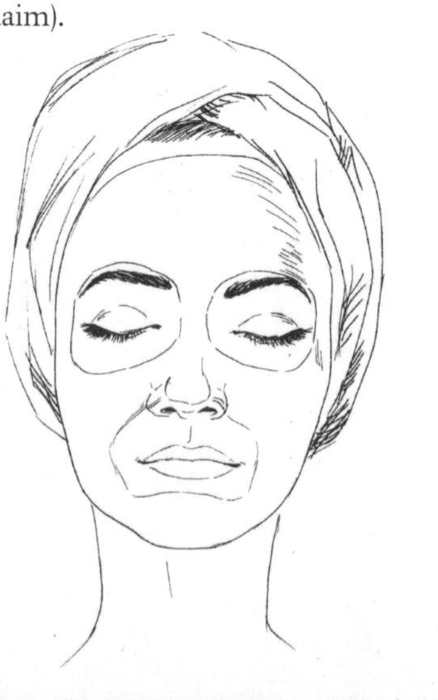

Un masque capillaire

L'argile verte assainit le cuir chevelu. Si vos cheveux sont gras, réalisez chaque semaine un masque à l'argile verte. Versez de l'eau chaude sur la poudre d'argile pour former une pâte épaisse. La recette doit être mélangée avec une cuillère en bois ou en plastique, mais surtout pas en métal. Appliquez-la uniformément sur vos cheveux en insistant sur les racines : en général, les longueurs et les pointes ne sont pas grasses, en appliquant de l'argile dessus, vous risqueriez de les rendre cassantes à la longue. Laissez reposer un quart d'heure, puis rincez bien vos cheveux et faites un shampoing doux pour les débarrasser des derniers résidus d'argile.

Un masque pour les peaux grasses

L'argile verte élimine les excès de sébum et laisse une peau nette. Pour réaliser votre masque, il vous suffit d'ajouter à deux cuillères à soupe d'argile un filet d'eau pour former une pâte épaisse. Vous pouvez y ajouter une cuillère à soupe de miel. Étalez la mixture sur le visage et le cou, en évitant, comme toujours, le contour des yeux et de la bouche. Laissez poser 15 à 20 minutes. Dès que vous ressentez une sensation de tiraillement, rincez : un masque à l'argile qui a séché est plus difficile à enlever. Si vous avez une nature de peau mixte, n'étalez le masque que sur la fameuse « zone T » : base du front, nez et éventuellement menton.

Un masque pour les peaux sensibles

Les peaux sèches retrouveront douceur et velouté avec un masque à l'argile blanche ; les peaux réactives opteront pour l'argile rose. La méthode est toujours la même : appliquez une pâte d'argile et d'eau sur le visage et rincez au bout d'un quart d'heure.

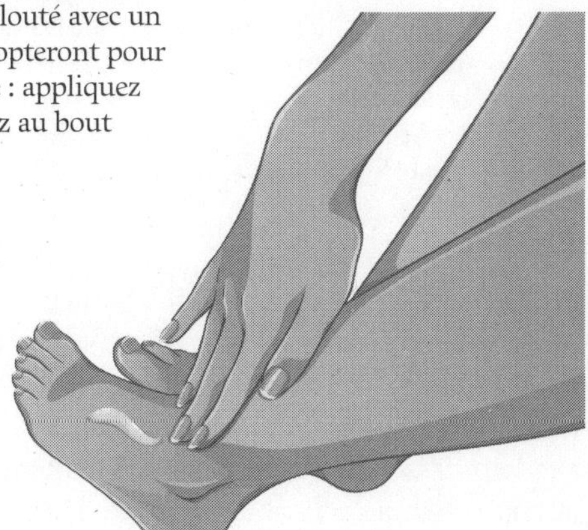

Apaiser les douleurs articulaires

Si vous souffrez d'arthrite, préparez une pâte épaisse d'argile verte et d'eau fraîche et étalez-la sur l'articulation douloureuse en couche très épaisse. Laissez poser au moins deux heures en maintenant le tout avec une feuille de chou (également connu pour sa capacité à soulager les articulations) et une bande de gaze.

Soulager une entorse

Vous vous êtes foulé la cheville ? Appliquez dessus une pâte épaisse d'argile et d'eau fraîche, que vous changerez régulièrement, pour qu'elle reste humide. Si la douleur est forte, consultez sans attendre, votre entorse est peut-être plus grave que vous ne le soupçonnez.

Panser une plaie

Pour soigner les petits bobos (bosses, ecchymoses, égratignures…), appliquez un « pansement » d'argile verte et d'eau sur la peau préalablement lavée à l'eau savonneuse et séchée. Attention, l'argile ne s'utilise pas sur les grosses plaies, particulièrement les plaies ouvertes.

Calmer les maux d'estomac

Vous apaiserez vos brûlures d'estomac en buvant un grand verre d'eau auquel vous aurez ajouté une cuillère à café rase d'argile. Cette solution est déconseillée aux personnes qui ont tendance à être constipées.

En finir avec les jambes lourdes

Pour retrouver des jambes légères, ajoutez à votre bain quelques cuillères à soupe d'argile rouge ou rose et une cuillère à soupe de gros sel.

Poudrer les fesses de bébé

L'argile blanche peut remplacer le talc. Elle s'utilise de la même manière : il suffit de la saupoudrer sur les fesses et dans les plis de la peau, préalablement bien séchée, après le change, pour éviter les irritations dues à l'humidité et au frottement de la couche.

Créer sa poudre libre

L'argile blanche constitue une excellente base pour une poudre libre maison. Elle se suffira à elle-même si vous avez le teint diaphane. La seule difficulté consiste à donner à la poudre une teinte proche de votre carnation en incorporant, à petites doses, de la poudre de châtaignier ou de l'ocre (bien sûr, tous ces ingrédients doivent être achetés dans un magasin de cosmétiques naturels). Vous améliorerez la tenue de votre poudre en y ajoutant quelques gouttes d'une huile essentielle ou d'huile d'amande douce. Il faudra ensuite écraser la poudre au mortier pour que l'huile se répartisse bien dans le mélange.

Éliminer une verrue

Appliquez tous les soirs sur la verrue une pâte d'argile verte et d'eau. Maintenez-la sous un pansement que vous n'ôterez qu'au matin.

Un shampoing sec

Beaucoup moins cher qu'un aérosol, le shampoing sec à l'argile est tout aussi efficace. Pour redonner du volume à vos cheveux raplapla, ou espacer les shampoings lorsqu'on a les cheveux très gras, il suffit de se masser le crâne doucement pendant deux minutes avec de l'argile verte en poudre. Brossez-les ensuite vigoureusement.

Assécher un bouton

Vous assécherez rapidement un bouton d'acné en appliquant dessus, tous les soirs, un peu d'argile verte mouillée ou de dentifrice que vous laisserez poser toute la nuit.

Éliminer une tache de graisse

Un vêtement taché de gras sera plus facilement nettoyé si vous éliminez, avant lavage, l'excédent de gras en frottant la tache, de part et d'autre du tissu, avec de la poudre d'argile sèche.

Lutter contre la diarrhée

Pour stopper la diarrhée, buvez, plusieurs fois par jour un verre d'eau auquel vous aurez ajouté une petite cuillère rase d'argile verte.

Produits

L'aspirine

Depuis près d'un siècle que les petits comprimés blancs sont présents dans toutes les pharmacies familiales, nos grands-mères ont appris à en détourner l'usage de façon étonnante et à employer de l'aspirine dans de multiples domaines.

C'est sans doute le médicament le plus connu au monde. On s'en sert aujourd'hui pour entretenir un bouquet de fleurs, l'éclat de son visage, la légèreté de ses cheveux, détacher un vêtement ou soulager certaines affections cutanées. Mais l'aspirine reste avant tout un antipyrétique et un analgésique qui fluidifie le sang et aurait un effet préventif sur certains troubles cardio-vasculaires, ainsi que sur un grand nombre de cancers affectant notamment le système digestif, le sein, la prostate. Comme souvent, ces bénéfices ne sont que supposés et sujets à controverse.

L'aspirine a beau être un médicament d'usage courant, elle n'est pas pour autant inoffensive. Elle est notamment déconseillée aux enfants en bas âge (moins de 6 ans).

Les recherches qui ont abouti à la découverte de l'aspirine se sont poursuivies tout au long du 19e siècle, prenant pour base l'usage ancestral de l'écorce de saule blanc pour soigner de multiples affections. Si sa paternité est contestée, l'aspirine est officiellement née en 1899, lorsque le laboratoire Bayer a déposé ce nom, la formule qui l'accompagne et a lancé la fabrication du médicament. L'aspirine, ou plus exactement l'Aspirin, est donc une marque, tombée depuis dans le domaine public. Le nom véritable qu'il conviendrait d'utiliser est un peu plus compliqué : il s'agit de l'acide acétylsalicylique.

Quant à l'écorce de saule blanc, elle n'a rien perdu de son efficacité au fil des siècles. Ce remède populaire si proche de l'aspirine, grâce à l'acide salicylique qu'il contient, a fait ses preuves et l'écorce de saule blanc peut donc être consommée en infusion pour calmer les douleurs, rhumatismales notamment, et faire baisser la fièvre.

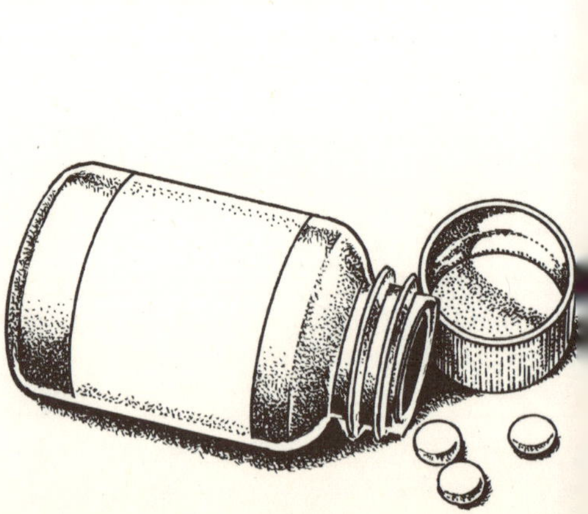

Prolonger la vie des bouquets de fleurs

Pour que vos fleurs coupées restent belles plus longtemps, ajoutez à leur eau un cachet d'aspirine. Faute d'aspirine, vous pouvez aussi mettre un peu de sucre, ou encore quelques gouttes d'eau de javel. En outre, coupez toujours les tiges en biais et laissez-les assez longues pour pouvoir les recouper par la suite, à chaque fois que vous changerez l'eau.

Éliminer une tache de sang

Si vous n'avez pas pu intervenir tant que la tache était humide, jetez une aspirine effervescente dans une petite bassine d'eau bien fraîche et plongez-y le vêtement aussi longtemps que nécessaire. Si la tache est récente, dix minutes devraient suffire. Passez ensuite le vêtement en machine.

Faire disparaître les cors aux pieds

Écrasez un cachet d'aspirine non effervescente dans quelques gouttes de citron, ou d'huile végétale. Appliquez cette pommade sur le cor et maintenez-la en place avec une compresse et du sparadrap. Gardez en place plusieurs heures. Si vous en avez la possibilité, dormez avec ce pansement. Vous pouvez renouveler l'opération plusieurs soirs de suite.

Un masque coup d'éclat

Pour retrouver un teint lumineux et une peau nette, écrasez deux ou trois cachets d'aspirine non effervescente dans un tout petit peu d'eau, pour former une pâte assez épaisse. Étalez sur votre visage et laissez poser dix minutes avant de rincer. Ce masque est à conseiller aux peaux grasses ou mixtes et à celles et ceux qui peinent à se débarrasser de leurs petits boutons.

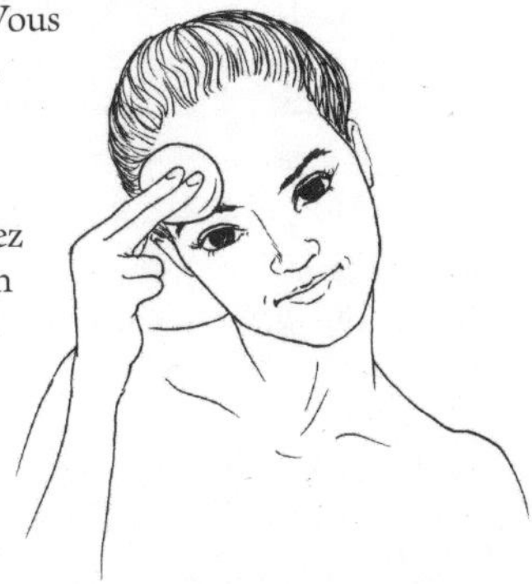

Se débarrasser des pellicules

Faites un masque assainissant chaque semaine, avant le shampoing. Écrasez trois comprimés d'aspirine dans un fond d'eau et massez doucement votre crâne avec cette mixture, avant de rincer, puis de laver vos cheveux.

Faire disparaître un bouton

Constituez une pâte épaisse avec de l'aspirine et de l'eau. Étalez-la sur les boutons et rincez au bout de dix minutes. Vous pouvez aussi utiliser l'aspirine comme une sorte de tonique antibouton, en faisant fondre un seul cachet dans un verre d'eau et en trempant un coton-tige dedans, que vous utiliserez ensuite pour traiter vos boutons.

Soigner les aphtes

Jetez une aspirine effervescente dans un verre d'eau et utilisez-la comme un bain de bouche tous les jours, jusqu'à disparition des douleurs.

Nettoyer une tache de transpiration

La lessive ne suffit pas à éliminer les traces de transpiration qui, à la longue, forment des auréoles jaunâtres au niveau des aisselles sur les vêtements blancs. Effacez ces traces dès leur formation, sans leur laisser le temps de s'incruster dans votre linge. Pour cela, faites tremper le vêtement dans une bassine d'eau à laquelle vous aurez ajouté quelques cachets d'aspirine. Vous pouvez aussi tamponner les aisselles avec du jus de citron ou de l'eau oxygénée.

Nettoyer les bijoux

L'or reprend des couleurs grâce à l'aspirine. Pour nettoyer vos bagues et boucles d'oreilles en or, plongez-les dans une bassine d'eau additionnée d'un ou deux cachets d'aspirine (en fonction du volume d'eau utilisé).

Un bain relaxant

Vous vous sentez courbaturé, épuisé, énervé ou vous peinez à trouver le sommeil ? Ajoutez quelques cachets d'aspirine à votre grand bain chaud et relaxez-vous.

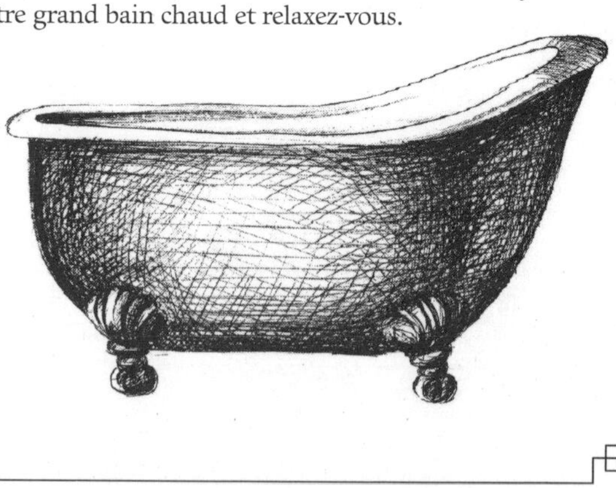

Une piqûre d'insecte douloureuse

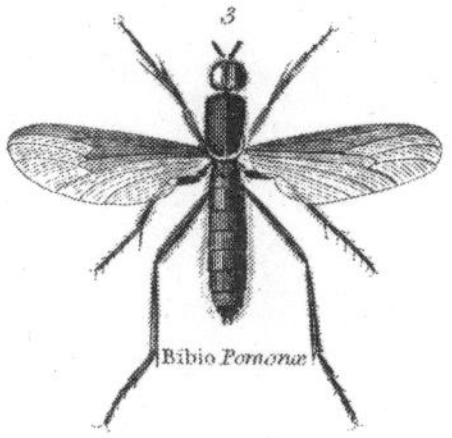

Si vous ressentez une sensation de brûlure ou de picotement intense après vous être fait piquer par un insecte, faites fondre une aspirine dans un verre d'eau, plongez-y un disque de coton et pressez-le sur la piqûre pendant quelques minutes, jusqu'à ce que vous vous sentiez soulagé.

Des jambes légères

L'aspirine fluidifie le sang et améliore la circulation. Dans le traitement de longue durée de certains troubles, la phlébite par exemple, les médecins recommandent parfois la prise d'une aspirine par jour. Si vous rentrez chez vous avec les jambes douloureuses, gonflées, prenez un cachet d'aspirine. Vous pouvez aussi utiliser l'aspirine en bain de pieds. Enfin, avant de prendre l'avion pour une longue distance, et surtout si vous êtes sujet à des problèmes circulatoires, enfilez des bas de contention et avalez une aspirine.

Des cheveux blonds ternis

À force de baignades dans l'eau chlorée de la piscine, les cheveux blond doré prennent des reflets verdâtres beaucoup moins agréables à regarder. Vous les dissiperez, ou préviendrez leur apparition, en les massant avec une eau dans laquelle vous aurez fait fondre un ou deux cachets d'aspirine (en fonction de la longueur de votre chevelure). Laissez poser cinq minutes, puis lavez vos cheveux. Enfin, n'oubliez pas que le meilleur moyen de protéger vos cheveux du chlore est de porter un bonnet de bain, certes inesthétique mais parfaitement étanche.

Supprimer une verrue

Il suffit de poser une aspirine sur la verrue et de la mouiller. Laissez-la se dissoudre lentement et au besoin, renouvelez l'application le lendemain.

Soulager une dent

Si vous souffrez d'un fort mal de dent et que votre dentiste ne peut vous recevoir, laissez fondre contre elle un cachet d'aspirine. Cela vous soulagera quelque temps.

La banane

En France, toutes les bananes ont peu ou prou la même allure. Il en existe pourtant des petites, grosses, jaunes, vertes, roses, violacées… Et les astuces les plus malines sont celles qui reposent non pas sur la banane elle-même, mais sur sa peau.

Le succès de la banane des Antilles (250 000 tonnes produites chaque année en Guadeloupe et en Martinique) nous a fait oublier que la banane est un fruit originaire d'Asie du Sud Est. La banane ne pousse pas sur un arbre, mais plutôt sur une herbe à feuilles géantes. La « domestication » de la banane remonte à plusieurs millénaires.

Outre les variétés de bananes fruits, il existe aussi des bananes dites « légumes », dont la plus connue est la banane plantain. Moins sucrée, cette banane résiste très bien à la cuisson et prend une saveur particulièrement agréable lorsqu'elle est frite. Nos bananes bien jaunes et bien sucrées peuvent aussi agrémenter quelques plats salés : elles se marient bien avec le curry et le jambon ou le lard.

Côté santé, la banane est connue pour apaiser les maux d'estomac. Manger un fruit procure, en effet, une sensation immédiate de confort, comme si la chair de la banane venait littéralement « tapisser » l'œsophage. Cet effet protecteur pourrait même participer à la prévention des ulcères. La consommation de bananes permet aussi de stopper la diarrhée, à condition cependant de miser sur un fruit mûr (manger une banane verte ou encore trop ferme produit malheureusement l'effet inverse à celui recherché). Tout comme le fruit, la peau de banane est riche en amidon (particulièrement lorsqu'elle n'est pas encore tout à fait mûre ou arrive juste à maturité), en lipides et en potassium. Voilà pourquoi la peau de banane mérite de finir sa course non pas sur un trottoir ou au fond d'une poubelle, mais plutôt au pied de vos rosiers ou frottée sur vos chaussures. La peau de banane nourrit et renforce le cuir et sert d'engrais 100 % biologique au jardin.

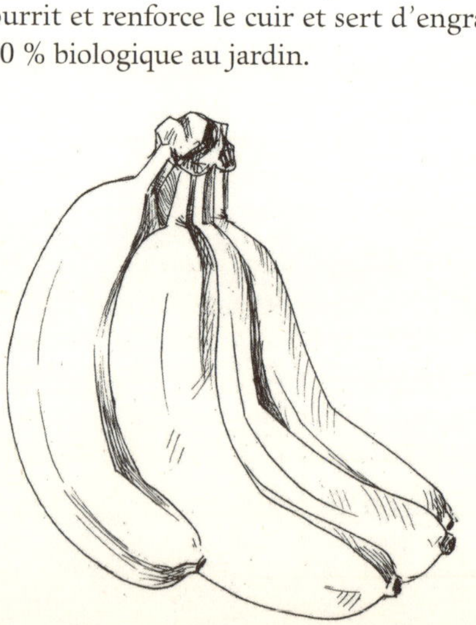

Cirer ses chaussures et entretenir le cuir

Voilà une astuce qui vous dépannera souvent. Même lorsque vous n'avez plus de cirage, vous pouvez encore lustrer vos chaussures ! Pour cela, il suffit de frotter leur cuir avec l'intérieur d'une peau de banane, qui laissera dessus un film gras protecteur. Ensuite, passez un premier coup de chiffon pour supprimer le dépôt blanc et un deuxième pour faire briller vos chaussures. Vous effacerez une éraflure superficielle sur du cuir en frottant dessus l'intérieur d'une peau de banane.

Un engrais naturel

La peau de banane est riche et constitue un excellent engrais naturel pour tous les types de plantes. Elle réussit particulièrement bien aux rosiers : il est conseillé d'enterrer une peau près de chaque plant.

Repousser les pucerons

Les pucerons n'aiment pas les bananes. Pour qu'ils laissent vos plantes en paix, coupez de très fines lanières de peau de banane et répartissez-les autour de vos plantations.

Une peau irritée

Appliquez un morceau de peau de banane sur la démangeaison qui disparaîtra plus vite.

Stopper la diarrhée

La banane, comme le riz, fait partie des aliments qui calment la diarrhée. N'hésitez pas à en manger plusieurs fois par jour jusqu'à ce que vos troubles disparaissent.

Des taches de feutre sur les doigts

Cette astuce intéressera toutes les mamans d'artistes en herbe qui confondent parfois leurs doigts avec le papier. Pour effacer une trace de feutre sur la peau, il suffit de frotter avec l'intérieur d'une peau de banane.

Un masque hydratant

Pour réaliser votre masque, choisissez une banane bien mûre. Si vous êtes adepte des méthodes simples, étalez sur votre visage la banane écrasée au naturel. Il existe une foule de recettes de masques à la banane. Testez-en plusieurs pour trouver celle qui vous convient le mieux. Vous pouvez mélanger la purée de banane à une cuillère de miel, ou une cuillère d'huile d'olive, ou un yaourt éventuellement assorti d'un peu de farine ou encore à une cuillère d'eau florale. Cette dernière méthode vous permet d'enrichir votre masque en choisissant une eau florale adaptée à votre peau et dont les effets compléteront ceux du fruit. Laissez poser une vingtaine de minutes.

Faire mûrir les bananes

Pour que les bananes arrivent plus vite à maturité, enfermez-les dans un sac en papier. Il faut aussi savoir que la pomme accélère le processus de maturation de la banane et de tous les fruits en général.

Conserver les bananes

Le froid ne réussit pas du tout aux bananes. Pour que vos bananes mûrissent sans noircir, ne les entreposez pas au réfrigérateur. Laissez-les à température ambiante, dans une pièce plutôt sombre. Autant que possible, suspendez-les à des crochets. Ainsi, les bananes du dessus n'écraseront pas les autres.

Apaiser les brûlures d'estomac

Si vous êtes sujet aux maux d'estomac, consommez régulièrement des bananes qui masqueront dès leur absorption toute sensation d'aigreur ou d'acidité.

Éliminer une verrue

Posez sur la verrue un petit morceau de peau de banane ; l'intérieur blanc doit être plaqué contre la verrue. Maintenez avec un sparadrap. Patientez aussi longtemps que possible. On dit parfois que la verrue n'est partie pour de bon que lorsque le morceau de peau s'est totalement desséché.

Des plantes brillantes

Les plantes vertes finissent par prendre la poussière. Pour lustrer leurs feuilles, utilisez l'intérieur d'une peau de banane. Au besoin, passez ensuite un mouchoir en papier pour ôter le dépôt blanc.

Un sorbet express

En vous activant moins de trois minutes, vous pouvez réussir votre sorbet à la banane. Coupez les bananes en rondelles et mettez-les au congélateur. Lorsqu'elles sont bien glacées, mixez : votre sorbet est prêt. Il sera plus goûteux si vous lui ajoutez un peu de jus de citron et l'équivalent de 100 g de sucre glace (et une pointe de sucre vanillé) pour quatre bananes.

Éviter les crampes

Les bananes constituent, grâce au potassium qu'elles contiennent, un très bon moyen de prévenir les crampes. Si vous en souffrez régulièrement, faites donc une cure de bananes et prenez par précaution rendez-vous avec un médecin.

Un masque pour les cheveux

La banane donne douceur et brillance aux cheveux. Généralement, on conseille d'écraser une banane et d'y ajouter une ou deux cuillères à soupe d'huile végétale. En pratique, le masque à la banane peut se révéler très collant. Voici pourquoi nous préconisons ceci : n'utilisez qu'une demi-banane pour quatre cuillères à soupe d'eau et choisissez une banane bien mûre. Mixez l'ensemble jusqu'à ce que plus aucun petit morceau de banane ne subsiste ; dans le cas contraire, il resterait immanquablement agglutiné à vos cheveux. Le mélange doit être assez fluide pour filer au travers d'une passoire fine. Laissez poser votre masque une demi-heure à une heure, rincez abondamment et lavez vos cheveux. Tout est dans la préparation : un masque mal « cuisiné » vous obligera à laver et peigner vos cheveux plusieurs fois, mais un masque bien dosé leur redonnera un coup de fouet.

Produits

Le bicarbonate de soude

Belges et Québécois lui ont trouvé de bien plus jolis noms : ils l'ont baptisé respectivement sel de Vichy et petite vache. Les Français lui ont conservé son nom scientifique, mais cela ne les a pas empêchés d'exploiter ses grandes qualités.

Le bicarbonate est un produit bon marché qui blanchit, décolle la saleté et désodorise en même temps.

Il assainit cuisines et salles de bains, en redonnant de l'éclat aux vasques et aux appareils électroménagers. On l'ajoute à la lessive pour laver « plus blanc que blanc » et adoucir le linge. On peut l'employer en pâtisserie pour faire lever les gâteaux. C'est aussi un produit à glisser dans toutes les pharmacies car il est antiacide. Il aide à faire passer les brûlures d'estomac, un repas trop copieux, les nausées et les écœurements de la femme enceinte. Il entretient la blancheur de l'émail des dents et la fraîcheur de l'haleine. Le bicarbonate est un produit naturel, il peut donc être ingéré sans souci. Son utilisation dans le domaine de la santé ne peut être que ponctuelle ; il est donc déconseillé d'employer le bicarbonate pour calmer des aigreurs d'estomac chroniques qui appellent une prise en charge par un médecin.

Le bicarbonate de soude s'emploie aussi au jardin, comme fongicide naturel : on le dilue dans un peu d'eau, on ajoute du savon liquide et on vaporise le tout sur le feuillage des plantes, qui retrouve dans le même temps une belle couleur. On trouve le bicarbonate en pharmacies, dans les magasins de bricolage et dans les grandes surfaces, où il voisine avec le sel, mais aussi avec les produits d'entretien. Le bicarbonate peut être vendu à des fins « techniques » ou « alimentaires ». Si vous achetez le produit dans une pharmacie, la question ne se pose pas. Pour le reste, les deux produits sont a priori identiques. Afin d'avoir toujours sous la main le bicarbonate de soude dont vous avez besoin, nous vous conseillons d'acheter la poudre alimentaire.

Remplacer l'adoucissant

En panne d'adoucissant ? Pour éviter que vos draps ne ressortent rêches du tambour, versez, dans le bac réservé à l'assouplissant de votre machine, une cuillère à soupe de bicarbonate mélangé à un peu d'eau.

Blanchir les dents

Sans remplacer le dentifrice habituel, le bicarbonate de soude peut aussi être utilisé ponctuellement pour entretenir la blancheur du sourire. Lavez-vous les dents une fois par semaine avec du bicarbonate seul, ou auquel vous ajouterez quelques gouttes d'eau oxygénée à 10 volumes. Cette seconde formule permet notamment d'éliminer les traces laissées sur les dents par le tabac, le café ou le thé.

Fabriquer son dentifrice

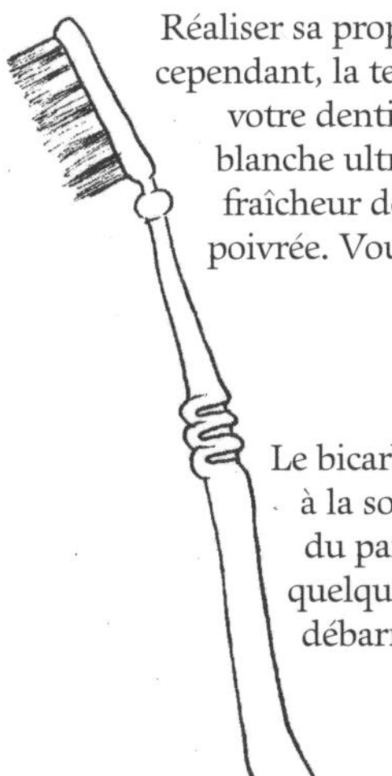

Réaliser sa propre pâte à dentifrice est à la fois simple et économique. Attention cependant, la texture ne sera pas aussi crémeuse et agréable en bouche que celle de votre dentifrice habituel. Il suffit de mélanger une cuillère à soupe d'argile blanche ultraventilée et une cuillère à soupe de bicarbonate de soude. Pour la fraîcheur de l'haleine, ajoutez quelques gouttes d'huile essentielle de menthe poivrée. Vous pouvez utiliser ce dentifrice en poudre ou y ajouter un trait d'eau pour former une pâte.

Désodoriser la maison

Le bicarbonate de soude est très efficace pour absorber les mauvaises odeurs à la source. Vous pouvez donc le saupoudrer dans le fond de la poubelle, du panier à linge sale, de la litière du chat ou encore d'un cendrier. Et si quelqu'un a eu l'indélicatesse de fumer dans une pièce sans l'aérer, vous la débarrasserez de l'odeur du tabac en massant fauteuils, tapis et moquette avec du bicarbonate de soude.

Anti-transpirant naturel

Le bicarbonate de soude peut être utilisé comme un déodorant. Plus efficace que le talc, il est en revanche un peu moins doux pour la peau et est donc conseillé aux personnes qui transpirent abondamment. Il peut aussi être saupoudré dans les chaussures pour éliminer les odeurs et limiter la transpiration.

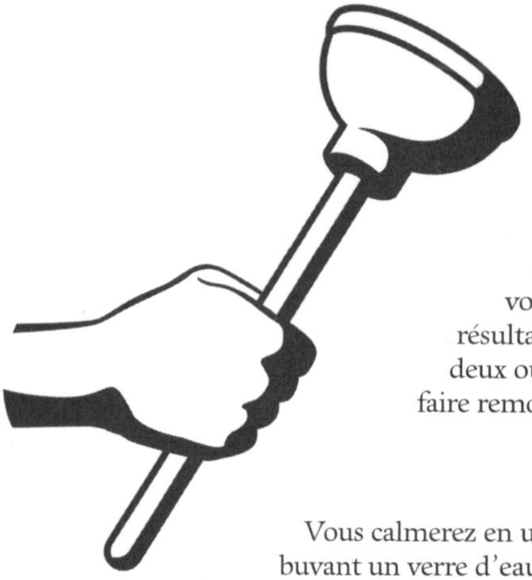

Déboucher les canalisations

Pour déboucher rapidement vos canalisations, versez dans le siphon un petit verre de bicarbonate de soude et quelques instants plus tard, deux verres de vinaigre blanc. Le produit obtenu est moins efficace que ceux que l'on achète dans le commerce. Il est aussi moins dangereux et moins onéreux, et vous permettra, la plupart du temps, d'arriver au résultat escompté en renouvelant au besoin l'opération deux ou trois fois. Pensez à utiliser une ventouse pour faire remonter les matières prisonnières de la tuyauterie.

Brûlures d'estomac

Vous calmerez en une petite demi-heure des aigreurs d'estomac en buvant un verre d'eau auquel vous aurez ajouté une cuillère à café de bicarbonate de soude. Ce remède de grand-mère n'a pour but que de soulager une douleur passagère, et n'est pas efficace face à des maux d'estomac chroniques.

Faire lever un gâteau

Si vous n'avez plus de levure dans vos placards, vous pouvez la remplacer par du bicarbonate de soude. En effet, le bicarbonate est l'un des ingrédients de base de la levure. En fin de cuisson, vos gâteaux vous paraîtront peut-être légèrement moins rebondis. Veillez cependant à mettre un peu moins de poudre de bicarbonate que de levure, pour ne pas dénaturer le parfum de vos préparations (surdosé, le bicarbonate donne aux plats une légère amertume).

Fixer la couleur des légumes

Pour que la couleur de vos légumes ne s'affadisse pas, ajoutez à l'eau de cuisson du bicarbonate de soude. Sitôt la cuisson terminée, plongez-les dans une eau glacée.

Une sauce tomate savoureuse

Si la sauce tomate que vous avez préparée vous paraît trop acide, rectifiez-la en y ajoutant une pincée de sucre ou de bicarbonate de soude. À noter que lorsque les tomates sont encore sur pied, pulvériser les plants avec de l'eau et du bicarbonate les protège du mildiou.

Pour une omelette moelleuse

L'omelette sera plus onctueuse en bouche si vous ajoutez aux œufs battus, avant la cuisson, une pincée de bicarbonate de soude.

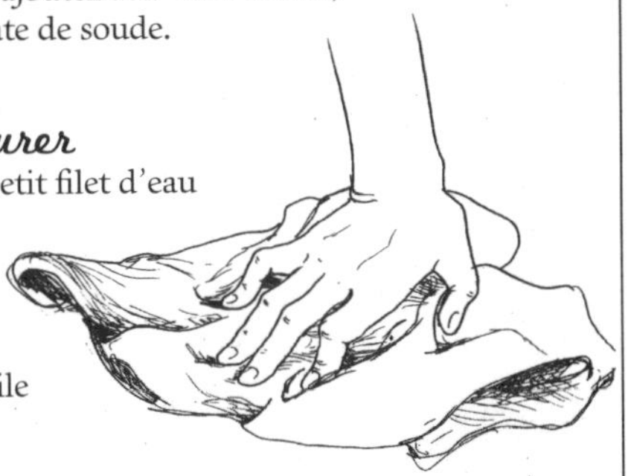

Fabriquer sa crème à récurer

Ajoutez à un verre de bicarbonate de soude un petit filet d'eau jusqu'à former une pâte épaisse. La crème ainsi obtenue est légèrement abrasive ; vous pouvez augmenter son pouvoir nettoyant en y ajoutant du liquide vaisselle dégraissant. Vous pouvez parfumer votre crème avec quelques gouttes d'huile essentielle de citron.

Friteuse en flammes

Il est dangereux, autant qu'inefficace, d'essayer d'éteindre un feu causé par une matière grasse avec de l'eau. Si une poêle, ou une friteuse, prend feu, vous étoufferez les flammes en jetant dessus une grande quantité de bicarbonate.

Pelage nauséabond

On n'a pas toujours le temps ou l'énergie de donner un bain à son chien. Si le pelage de celui-ci dégage une odeur forte, saupoudrez-le de bicarbonate, massez-le bien, puis brossez-le soigneusement pour éliminer toute trace de poudre.

Blanchir le salon de jardin

Les salons de jardin en plastique exposés aux intempéries noircissent. Vous leur redonnerez un peu d'éclat en les brossant vigoureusement avec du bicarbonate de soude.

Produits

Le blanc de Meudon

On l'appelle blanc d'Espagne, parfois blanc de Troyes et plus communément blanc de Meudon. En effet, c'est dans cette ville que s'installa une prospère industrie d'exploitation de cette craie, extraite des carrières voisines.

L'usine de blanc de Meudon tourna à plein régime jusqu'au début des années 1920. La craie était broyée, mêlée à de l'eau, puis décantée afin de produire le carbonate de calcium le plus pur possible. L'usine livrait le blanc de Meudon en poudre, mais aussi en petits pains moulés, plus pratiques pour la ménagère. Si carrière et usine ont cessé toute activité, le nom est resté. Aujourd'hui, on trouve cette poudre blanche et douce au rayon produits ménagers de certains magasins et dans les boutiques dédiées à l'art et aux loisirs créatifs. Elle se trouve aussi, à un tarif plus abordable, dans les grandes surfaces de bricolage en sachets de 1 kg ou plus.

Le blanc de Meudon est un abrasif léger qui vient compléter la gamme bicarbonate de soude, sel, argile… Tout comme ces derniers, le blanc de Meudon a l'image d'un produit écologique, qui peut donc sans crainte être utilisé à la maison. On l'emploie sur toutes les surfaces fragiles, car il ne raye pas. Certains vont même jusqu'à l'utiliser pour « cuisiner » leur dentifrice maison. Il permet de réaliser toute une palette de peintures et patines à effet rustique. Il ne doit cependant pas être utilisé dans une trop forte proportion dans les mélanges : lorsque le blanc de Meudon est surdosé, la peinture, surtout si elle est un peu épaisse, vieillit mal et a tendance à craqueler. Pour bien maîtriser son usage, l'idéal est de s'y essayer à plusieurs reprises.

Le blanc de Meudon est enfin très utile pour tout ce qui touche aux vitres. Non seulement il les nettoie à la perfection mais en plus, il les fixe : il est l'ingrédient de base du mastic de vitrier. Il sait aussi les opacifier ou les décorer au moment des fêtes.

Des vitres bien propres

Pour décrasser des vitres, nettoyez-les avec un volume d'alcool ménager, un volume de vinaigre blanc et un volume de blanc de Meudon bien mélangés.

Raviver l'argenterie

Frottez vos couverts en argent avec une pâte de blanc de Meudon et d'eau, ou d'alcool ménager. Essuyez soigneusement pour enlever toute trace de poudre.

Une cuisine impeccable

Le blanc de Meudon ne raye pas. Vous pouvez donc l'employer pour nettoyer toutes les surfaces délicates dans la cuisine, telles qu'un plan de travail en inox ou des plaques vitrocéramiques. Formez une pâte avec de l'eau à laquelle vous ajouterez, si ces surfaces sont très grasses, du liquide vaisselle. Frottez sans crainte et rincez.

Une pelouse en bonne santé

Pour doper votre pelouse au calcium, répandez dessus du blanc de Meudon à raison de 100 à 200 g par mètre carré.

Blanchir les joints dans la salle de bains

Frottez les joints avec une eau dans laquelle vous aurez dissous du blanc de Meudon. Patientez une heure et frottez les carreaux (mais pas les joints) avec un chiffon, pour les débarrasser des résidus secs de poudre blanche.

Nettoyer le marbre

Massez la pierre avec une pâte épaisse de blanc de Meudon et d'eau. Si le marbre est très sale, ajoutez-y un grand trait de produit nettoyant.

Enlever une tache de gras

Le blanc de Meudon, parfaitement inoffensif pour les tissus, a une grande capacité d'absorption. Vous nettoierez plus facilement une tache de gras en la frottant préalablement avec une poignée de blanc de Meudon sur les deux faces du tissu.

Patiner un meuble en bois

Faites chauffer au bain-marie de la colle de peau de lapin dans une bonne quantité d'eau, pour que le mélange soit fluide. Par ailleurs, diluez du blanc de Meudon dans de l'eau. Mélangez les deux liquides. Plus la quantité d'eau sera importante, plus votre patine sera douce. Vous pouvez aussi patiner un meuble avec un mélange de blanc de Meudon et de peinture acrylique. En guise de finition, cirez le meuble.

Enduire un meuble en carton

Les meubles en carton sont légers, écologiques, plus solides qu'on ne le croit, et même les enfants peuvent mettre la main à la pâte. Pour terminer un meuble en carton, vous pouvez y passer un enduit à base de blanc de Meudon, ce qui le renforcera. Il vous suffit de mélanger un volume de blanc de Meudon, un demi-volume d'eau et un demi-volume de colle blanche.

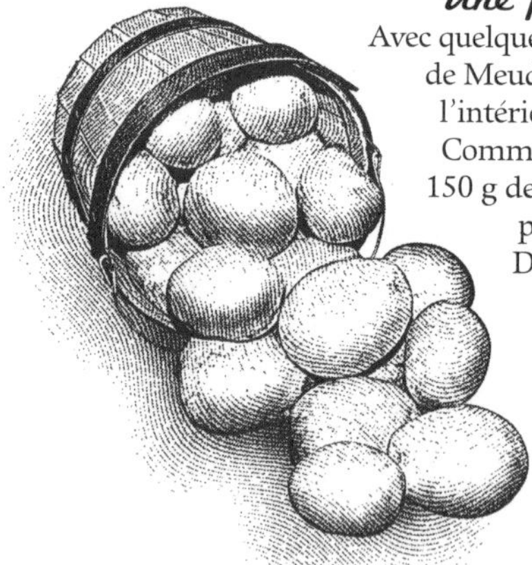

Une peinture à la pomme de terre

Avec quelques pommes de terre et une bonne quantité de blanc de Meudon, on peut fabriquer une peinture murale, pour l'intérieur uniquement, d'une grande qualité esthétique. Commencez par réaliser une purée bien fluide avec, pour 150 g de pommes de terre écrasées, 0,5 l d'eau. Passez votre purée au mixeur pour qu'elle soit totalement lisse. Dans un deuxième récipient, mouillez 150 g de blanc de Meudon pour en faire une pâte. Délayez vos pigments dans de l'eau et ajoutez-les à la pâte de blanc de Meudon. Il ne vous reste plus qu'à mélanger cette dernière avec votre crème de pommes de terre.

Fabriquer du mastic de vitrier

Mélangez dans un bol un volume d'huile de lin pour quatre volumes de blanc de Meudon. Mettez le verre en place et fixez-le avec votre mastic maison. Celui-ci mettra plusieurs jours, voire semaines, à sécher.

Des tennis bien blanches

Vos chaussures blanches en toile retrouveront un peu d'éclat si vous les brossez vigoureusement avec du blanc de Meudon et de l'eau.

Un enduit à tout faire

Le blanc de Meudon est à la base de la fabrication d'un enduit traditionnel : le gesso. Il peut servir notamment à décorer un vieux meuble ou, s'il est bien épais, à boucher les trous et les fissures dans le bois, les moulures en plâtre, les murs… Pour le fabriquer, mettez dans une casserole 100 g de colle de peau de lapin et 0,25 l d'eau (ou un peu moins si vous souhaitez obtenir un gesso épais). Laissez reposer une douzaine d'heures, puis faites chauffer au bain-marie votre colle pour qu'elle prenne. Versez en pluie le blanc de Meudon, mélangez bien et utilisez lorsque l'enduit est encore chaud.

Un dentifrice en poudre

Pour tester le dentifrice en poudre au blanc de Meudon, écrasez dans un mortier quelques clous de girofle en poudre fine, ajoutez-y une cuillère à café de poudre blanche et quelques gouttes d'huile essentielle de menthe poivrée. Broyez finement ce mélange. Pour une consistance plus pâteuse, vous pouvez introduire, à la place des clous de girofle, quelques gouttes d'infusion de clous de girofle.

Des vitres décorées

C'est avec une pâte de blanc de Meudon et d'eau que les commerçants opacifient les vitrines de leurs boutiques lorsqu'elles sont en travaux. Les avantages de cette méthode : la peinture obtenue est d'un blanc parfait, très couvrant, peu onéreuse, elle n'abîme pas le verre et se retire d'un coup de chiffon humide. Toutes ces caractéristiques en font un excellent produit à utiliser avec vos enfants pour décorer les fenêtres au moment des fêtes. Vous n'avez plus qu'à confectionner de jolis pochoirs découpés dans des feuilles de papier !

La camomille

Grâce aux fabricants de shampoings, la camomille est célèbre pour sa capacité à entretenir les chevelures blondes en renforçant leurs reflets dorés. Ces fleurs, à l'allure de grandes pâquerettes, ont cependant bien d'autres applications.

Avec la camomille, il est parfois difficile de s'y retrouver. En effet, on utilise en herboristerie deux types de camomilles qui portent toutes deux plusieurs noms : d'un côté, la camomille vraie aussi appelée camomille romaine et de l'autre, la camomille matricaire également connue sous le nom de camomille allemande. Pour compliquer encore cette histoire de noms, on appelle parfois la camomille allemande « camomille sauvage ». Globalement, les vertus des deux plantes sont assez similaires, quoique les puristes aiment à distinguer, symptôme par symptôme, quelle camomille il convient d'utiliser préférentiellement.

Tonique, la camomille ouvre l'appétit en même temps qu'elle apaise les voies digestives. La camomille ne s'appelle pas « matricaire » par hasard. Elle est, en effet, capable de soulager des maux typiquement féminins : elle remet de l'ordre dans les cycles, diminue les maux de ventre liés au syndrome menstruel et évite les bouffées de chaleur qui accompagnent la ménopause. Les petites fleurs au cœur jaune bien bombé sont également indiquées en complément des traitements médicaux pour soigner rhumes et maux de gorge. Leur action apaisante en fait des alliées de choix pour les peaux sensibles sujettes aux rougeurs et aux irritations, ainsi que pour les tempéraments nerveux et les personnes qui souffrent régulièrement de fatigue oculaire.

Pour tous ces usages, la camomille s'utilise en infusion. La boisson n'ayant rien de très réjouissant, on peut se rabattre sur les comprimés. Pour les applications locales, on peut imbiber quelques compresses d'infusion ou verser quelques gouttes d'huile essentielle de camomille dans une huile neutre, comme l'huile d'amande douce.

Éclaircir les cheveux

Avec cette méthode, n'espérez pas passer du brun au blond, ni même du châtain clair au platine. La camomille éclaircira légèrement les cheveux bruns et châtain clair à moyen, au fil des applications. Faites infuser deux poignées de fleurs de camomille séchées dans une casserole d'eau bouillante. Filtrez au bout d'une heure et ajoutez un trait de jus de citron. Conservez cette lotion dans un flacon et utilisez-la à chaque shampoing en dernière eau de rinçage.

Un mal d'oreille ou de gorge

On peut calmer une otite en lavant, plusieurs fois par jour, l'oreille avec une infusion de camomille tiède utilisée directement ou sur une compresse. On recommande parfois de faire chauffer à feu doux un demi-verre d'huile végétale avec une poignée de fleurs de camomille pendant une demi-heure. L'huile ainsi obtenue se met sur des compresses que l'on peut déposer, une fois l'huile refroidie bien sûr, sur l'oreille. Attention : une otite peut entraîner des complications, surtout chez les enfants. Il est impératif de consulter. Les compresses d'huile de camomille peuvent aussi être appliquées sur la gorge pour l'apaiser. Dans ce cas, pensez aussi à boire une infusion de camomille avec une cuillère à café de miel et de jus de citron.

Antipoche

La camomille est connue pour sa capacité à diminuer les poches sous les yeux. Faites-vous donc une bonne infusion de camomille et conservez les sachets : pour cette astuce, ce sont les sachets usagés qui vont nous être utiles. Le matin, au réveil, placez un sachet sur chaque œil et allongez-vous pendant dix minutes, voire un quart d'heure. L'effet sera plus immédiat si vous conservez vos sachets dans le bac à légumes du réfrigérateur.

Retrouver le sommeil

La camomille détend. Si vous avez, chaque soir, du mal à vous endormir, mangez légèrement et juste avant de vous coucher, buvez une infusion de camomille. Vous pouvez également utiliser la camomille en granules homéopathiques.

Calmer les irritations

Si votre peau est irritée, tire, vous démange, posez sur votre visage des compresses imbibées d'eau florale de camomille romaine. Les peaux sensibles peuvent utiliser chaque jour l'eau florale de camomille en tonique après le démaquillage.

Un bain relaxant

Prendre un bain de camomille est un excellent moyen de se détendre après une journée éprouvante. Jetez tout simplement quelques fleurs de camomille dans l'eau du bain bien chaude. Vous trouverez aussi dans le commerce une quantité de produits enrichis en camomille : boules effervescentes, huiles de bain…

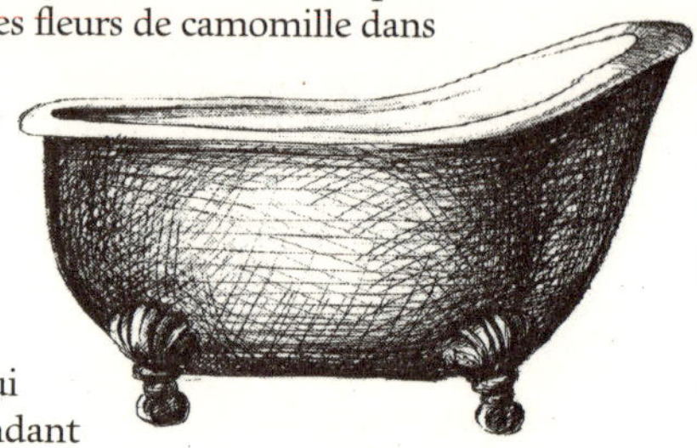

Soulager les douleurs des règles

Voici un bon moyen de faire taire ces douleurs qui reviennent vous gâcher la vie mois après mois. Pendant les règles, buvez chaque jour une infusion de camomille. Complétez ce « traitement » par un massage circulaire du ventre, avec une huile d'amande douce, ou une huile d'olive, à laquelle vous aurez ajouté quelques gouttes d'huile essentielle de camomille.

Une digestion difficile

Après un repas un peu trop copieux, buvez une infusion de camomille et étendez-vous. Vous vous sentirez rapidement plus léger.

Contre les rhumatismes

La camomille romaine est très efficace contre les douleurs rhumatismales et celles provoquées par les crises de goutte. Frictionnez la partie du corps douloureuse avec une huile (d'amande ou d'olive) à laquelle vous aurez ajouté quelques gouttes d'huile essentielle de camomille. Si vous êtes patient, laissez macérer pendant plusieurs semaines les fleurs de camomille dans une huile végétale bio.

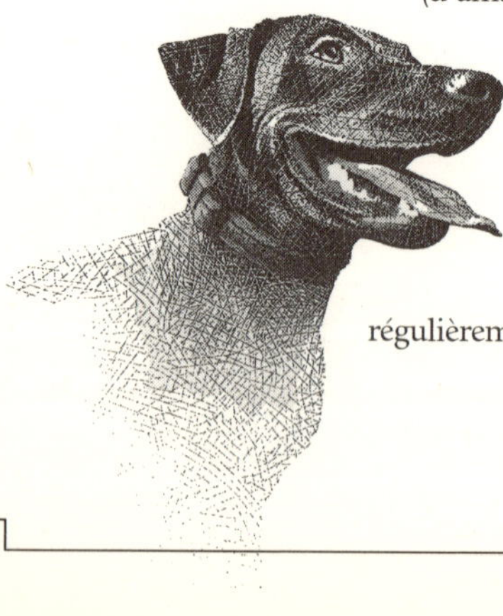

Antipuce naturel

Pour empêcher les puces de faire leur nid dans le pelage de vos animaux de compagnie, frictionnez-les régulièrement avec de la camomille séchée (comme celle que l'on trouve dans les sachets d'infusion).

Réduire l'acné

La camomille fait partie des nombreux remèdes naturels couramment utilisés, en complément des traitements dermatologiques, contre l'acné. Buvez tous les jours une infusion de camomille. Gardez-en un fond dans lequel vous tremperez le bout d'un coton-tige pour appliquer le produit sur les boutons. Changez de coton-tige à chaque bouton.

La poussée dentaire

Le pédiatre pourra vous recommander un gel d'application locale pour endormir les gencives douloureuses de bébé. Tout au long de la poussée dentaire, vous pourrez également utiliser la camomille sous sa forme homéopathique. Écrasez cinq granules dans une cuillère d'eau que vous ferez avaler à votre enfant à chaque fois qu'il paraît avoir mal.

Le rhume des foins

Contre la rhinite allergique, buvez chaque jour une infusion de camomille et faites une inhalation en ajoutant à un bol d'eau bouillante quelques gouttes d'huile essentielle de camomille.

Réduire la couperose

Comme elle apaise les peaux sensibles, la camomille est conseillée pour lutter contre les rougeurs et la couperose. Il suffit de baigner des compresses dans une infusion de camomille et de les appliquer pendant quelques minutes sur le visage.

Soigner la conjonctivite

Posez sur vos paupières deux compresses mouillées d'eau florale de camomille et d'eau florale de bleuet.

La cendre

Les cendres sont riches en potasse, ainsi qu'en minéraux. Leur nature et leur taux de présence sont variables en fonction notamment de l'essence de bois et du sol dans lequel l'arbre a pu puiser ses réserves.

La cendre est un excellent fertilisant : elle corrige les sols trop acides, les enrichit en minéraux et fait en même temps barrage à certains nuisibles. Les paysans ont depuis des siècles apprivoisé ses effets. Une pratique ancestrale en est issue : l'écobuage. Cela consiste à mettre le feu à une parcelle que l'on souhaite mettre en culture. Ainsi, celle-ci se trouve dans le même temps débroussaillée et fertilisée par la cendre. On imagine le degré d'expertise qu'une telle technique demande !

La cendre a été la base des premiers savons. Pour confectionner le leur, les Gaulois utilisaient dit-on de la cendre de bois de hêtre. Quel que soit le bois utilisé, il s'agit de verser sur une bonne quantité de cendres un volume légèrement supérieur d'eau et de laisser reposer quelques jours avant de filtrer. Le liquide obtenu est longuement chauffé, puis l'on y dissout de la graisse avant de chauffer encore longuement et enfin de le mouler.

Ce savon de cendres s'est perdu, mais on continue de fabriquer une lessive de cendres qui s'avère plutôt efficace, quoique légèrement moins blanchissante que les lessives industrielles. La cendre est un abrasif léger. Elle peut être employée seule ou en pâte. Il suffit alors de la diluer avec un demi-volume de savon de Marseille fondu ou un demi-volume de liquide vaisselle. Le produit ainsi obtenu trouvera son utilité sur toutes les surfaces encrassées en cuisine.

Quel que soit l'usage que vous comptez faire des cendres, il importe de ne pas récupérer, en vrac, tout ce que votre cheminée peut produire de déchets de combustion. N'utilisez que les cendres de bois brut. La cendre doit toujours être fine ; il est donc préférable de la tamiser.

Éloigner limaces et escargots

Avec la cendre de votre cheminée, formez un cordon autour de vos plants. Les gastéropodes ne le traverseront pas. Cette barrière de protection est éphémère, il vous faudra la remettre en place après chaque pluie.

Protéger les arbres fruitiers

Pour éviter que les insectes rampants ne profitent avant vous des bons fruits de votre verger, mouillez un grand seau de cendre et étalez le produit ainsi obtenu sur la base des troncs d'arbres.

Enrichir un sol trop acide

La cendre de cheminée peut amender un sol trop acide et l'enrichir en calcium et phosphore. Pour cela, la cendre doit provenir exclusivement de bois naturels et être soigneusement tamisée.

Nettoyer l'argenterie

Vous raviverez votre ménagère en argent en astiquant ses pièces avec un chiffon humide et une poignée de cendre tamisée.

Une lessive maison

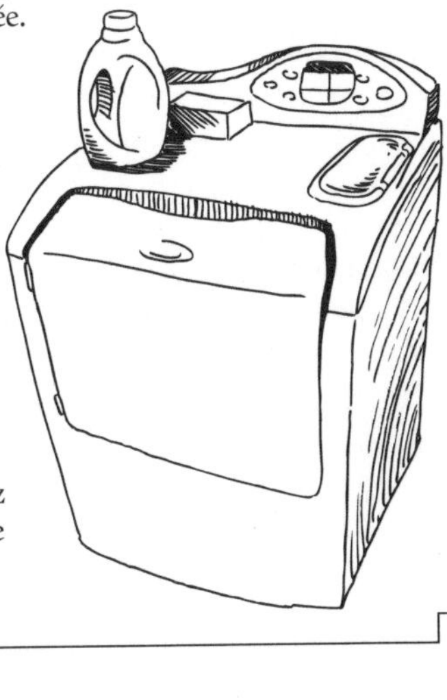

La cendre est riche en potasse, ce qui permet d'en tirer, de façon très simple, une excellente lessive. Récupérez la cendre fine de votre cheminée ; tamisez-la au besoin. Versez-la dans une bassine. Pour chaque verre de cendre, faites bouillir 1 l d'eau. Versez l'eau bouillante sur la cendre et patientez une journée, en remuant régulièrement. Filtrez soigneusement le produit, avec un filtre à café, par exemple. La lessive obtenue doit être légèrement collante et jaunâtre. Stockez ce produit dans un bidon. Pour rendre votre lessive plus efficace, n'hésitez pas à ajouter, dans le tambour de la machine à laver, une cuillère de bicarbonate de soude.

Une tache sur un meuble

Un mélange de cendre et de corps gras (beurre, huile) est efficace pour éliminer certaines taches sur les meubles, notamment les taches d'eau ou les brûlures. Il suffit de masser la tache avec cette préparation.

Des poules sans poux

Pour éliminer les parasites de vos volailles, déposez dans un coin du poulailler un bac dans lequel vous mélangerez du sable et de la cendre. Les poules iront d'elles-mêmes s'y rouler.

Conserver les olives

Voici une recette de grand-mère provençale pour conserver les olives du jardin, en leur ôtant toute trace d'amertume. Récupérez dans votre cheminée de la cendre très fine en quantité (vous devez avoir un volume comparable de cendre et d'olives). Versez de l'eau en filet dans la cendre, tout en remuant jusqu'à former une pâte dans laquelle vous allez répartir vos olives. Patientez une douzaine de jours en remuant plusieurs fois par jour. Lorsque les olives sont prêtes (elles se défont facilement), rincez-les et plongez-les dans l'eau pour une dizaine de jours encore. Rincez et égouttez les olives. Faites bouillir pendant une dizaine de minutes 1 l d'eau et 100 g de sel par kilo d'olives, avec quelques épices (clous de girofle, thym, laurier…). Recouvrez les olives de ce jus refroidi, fermez les bocaux et patientez un mois avant de déguster.

Patiner un meuble

Voici comment donner un côté rustique à votre mobilier avec de la cendre de cheminée. Commencez par passer une couche de peinture blanche sur le meuble préalablement poncé. Essuyez la peinture pour ne laisser qu'une couche fine et non uniforme. Tamisez de la cendre et ajoutez-y de l'essence de térébenthine. Mélangez et passez une couche de ce produit sur le meuble, avant de l'essuyer à nouveau et de cirer.

Enlever une tache de teinture

Les teintures chimiques laissent des taches sur le front et les tempes. Si le savon et le démaquillant n'en viennent pas à bout, massez ces taches avec un peu de cendre. Cela aura l'effet d'un gommage léger qui éliminera la tache.

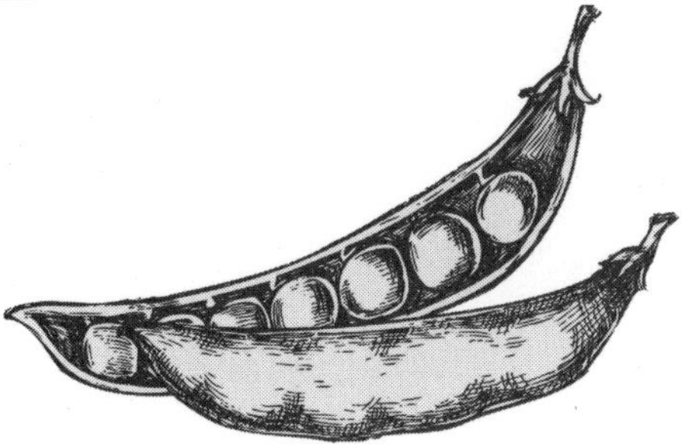

Des petits pois savoureux

Selon nos grands-mères, arroser de cendre la terre dans laquelle on vient juste de semer des petits pois leur assure une saveur particulièrement douce.

Faire briller la robinetterie

Vous débarrasserez la robinetterie du voile terne qui la recouvre en la frottant avec de la cendre et un chiffon humide.

Des pommes de terre sous la cendre

Profitez d'un feu de cheminée pour vous préparer un bon repas, tout en vous réchauffant. Les pommes de terre cuites sous la cendre sont à la fois savoureuses et onctueuses, sans aucun ajout de matière grasse. Il suffit d'envelopper les pommes de terre, toujours couvertes de leur peau, dans une couche de papier aluminium et de les enfouir sous les braises. Elles seront cuites au bout d'une demi-heure. Sur ce même modèle, on peut cuisiner des oignons, des oranges ou des bananes (en ajoutant un peu de sucre), mais aussi du poisson.

Contre le verglas

Pour éviter de glisser sur la neige en arpentant la terrasse ou les allées du jardin, il y a plus écologique et plus économique que le sel. La cendre de cheminée produit à peu près le même effet, en facilitant la fonte de la neige et en empêchant le verglas de prendre.

Pour lutter contre les mauvaises odeurs du compost

Jeter quelques poignées de cendre sur le tas de compost permet de contenir son odeur pendant les périodes de forte chaleur. La cendre ne devra cependant être utilisée qu'en petite quantité. Dans le cas contraire, elle ralentit considérablement le processus de dégradation des végétaux compostés.

Produits

La chaux

Chaux hydraulique, chaux éteinte, chaux vive, chaux grasse… Voici comment s'y retrouver et utiliser les propriétés de ce matériau ancestral, issu de la pierre calcaire, au jardin comme à la maison.

On tire la chaux de la pierre calcaire portée à haute température. Ainsi chauffée, la pierre perd le gaz carbonique qu'elle contient et se transforme en oxyde de calcium. C'est à cette étape qu'on la nomme chaux vive. On « éteint » ensuite cette chaux en la mouillant avec de l'eau. La pierre tombe en poudre : c'est la chaux aérienne éteinte.

Lorsque de la chaux vive est mouillée, un bouillonnement et un dégagement de chaleur se produisent ; voilà pourquoi le maniement de la chaux vive nécessite quelques précautions. Il faut notamment toujours porter des lunettes et des gants. Si la chaux, une fois éteinte, ne réagit plus avec l'eau, elle reste agressive pour la peau.

Pour le jardin, on utilise en général la chaux vive ; la chaux éteinte trouvera quant à elle son utilité dans le bricolage, pour la réalisation d'enduits et de mortier. Elle est appréciée pour son esthétique, sa formulation écologique et sa durabilité. Souple, elle laisse respirer les murs.

Une promenade dans les allées d'un magasin de bricolage vous amènera à la conclusion qu'acheter de la chaux est loin d'être simple. Il y a d'abord la chaux aérienne ou chaux grasse. Elle est identifiée par les lettres CL pour Calcium Lime. Plus elle est pure, plus le nombre qui accompagne ces lettres est élevé. On parle parfois de fleur de chaux pour désigner les particules fines de chaux aérienne.

On trouve aussi la chaux hydraulique, également connue sous son autre nom de chaux maigre. Née du calcaire et de l'argile, elle porte sur son emballage les lettres NHL pour *Natural Hydraulic Lime*. La chaux peut être plus ou moins hydraulique ; ceci est indiqué par les chiffres qui suivent les lettres NHL (2 ou 3,5 ou 5).

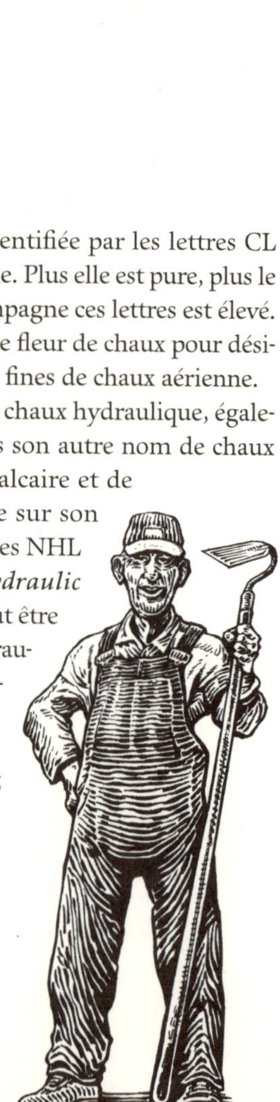

Repousser les limaces

Faites de petits cordons de chaux vive autour de vos plantes ; les limaces n'iront plus grignoter leurs feuilles.

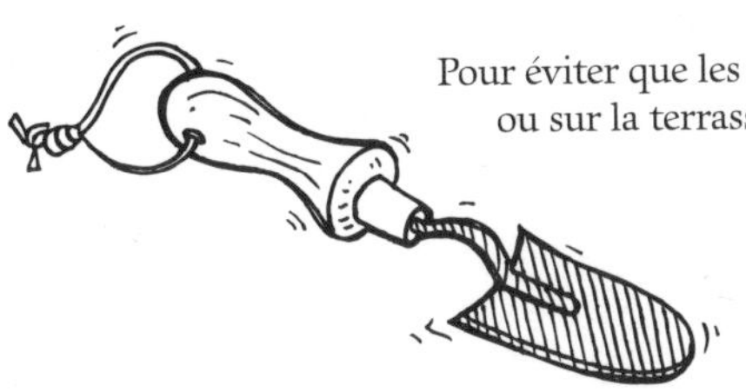

Désherber

Pour éviter que les mauvaises herbes ne poussent dans vos allées ou sur la terrasse, répandez dessus de la chaux éteinte diluée dans l'eau.

Amender un sol

La chaux corrige les sols acides. Avant de la répandre, il vous faut être certain que cela répond bien aux besoins de votre sol, sans quoi vous obtiendrez un mauvais résultat. Mélangez la chaux en poudre à la terre sur dix centimètres de profondeur (de 200 à 500 g par mètre carré selon le degré d'acidité du sol). Ce traitement est pluriannuel, et se fait de préférence en automne.

Fabriquer son liniment oléocalcaire

Mélangez, à parts égales, de l'huile d'olive bio première pression à froid et de l'eau de chaux. Le liniment ainsi obtenu est idéal pour nettoyer les fesses de bébé à chaque change ; il leur évitera les irritations. Le liniment peut aussi servir de démaquillant.

Une tache sur un enduit à la chaux

Si la tache ne part pas au savon, poncez l'enduit avec du papier de verre à grains fins. En cas d'échec, il ne vous restera qu'à faire un raccord de peinture. Moralité : quand vous réalisez un enduit à la chaux, notez toujours la « recette » et conservez un peu de pigments.

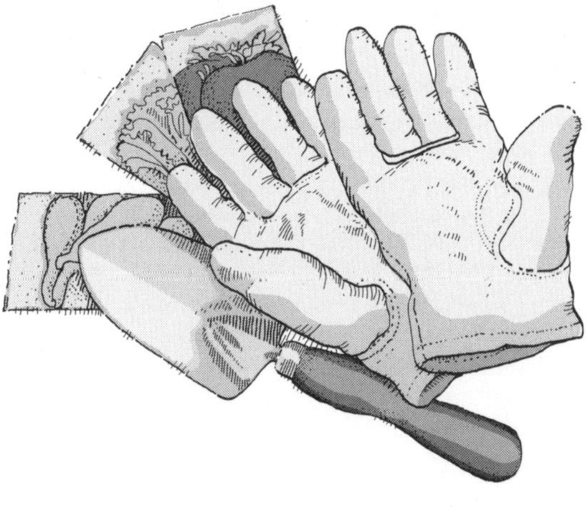

Contre les coliques du nourrisson

Donnez à votre enfant, avant chaque tétée, la valeur d'une petite cuillerée à café d'eau de chaux. Cessez de lui administrer lorsque les symptômes disparaissent et en cas de coliques, pensez à consulter votre médecin.

Soigner une brûlure

Après avoir passé la peau brûlée sous un filet d'eau froide, mélangez une cuillère à café d'huile d'amande douce et une cuillère à café d'eau de chaux dans un bol. Plongez dans ce mélange une compresse et appliquez-la sur la peau pendant quelques minutes.

Protéger les arbres fruitiers

Pour éviter que des insectes ne se glissent sous l'écorce des arbres, on peut les « chauler » en hiver. Pour cela, ajoutez à un volume de chaux vive trois volumes d'eau. Laissez reposer une nuit, mélangez et peignez le tronc des arbres avec ce lait blanc. Non seulement c'est efficace, mais en plus cela ajoute un supplément de fantaisie au jardin.

Un badigeon à la chaux

Cette peinture naturelle s'applique sur un mur nu et humide. Mélangez un volume de chaux éteinte à deux volumes et demi d'eau. Ajoutez le pigment de votre choix (dans la limite de 20 % du volume de la chaux), puis la caséine qui va le fixer. Battez le tout au mélangeur : votre peinture est prête.

Conserver des œufs

Voici une méthode ancienne que l'on utilisait pour conserver les œufs pendant plusieurs mois. Elle ne vous fera certainement pas renoncer au réfrigérateur, merveilleux outil dont nos grands-mères ne disposaient pas ! Avec précaution, on plaçait 1,5 kg de chaux vive au fond d'une barrique. On versait dessus 10 l d'eau, puis on filtrait. L'eau de chaux ainsi obtenue était versée sur les œufs soigneusement empilés. On ajoutait enfin une livre de sel.

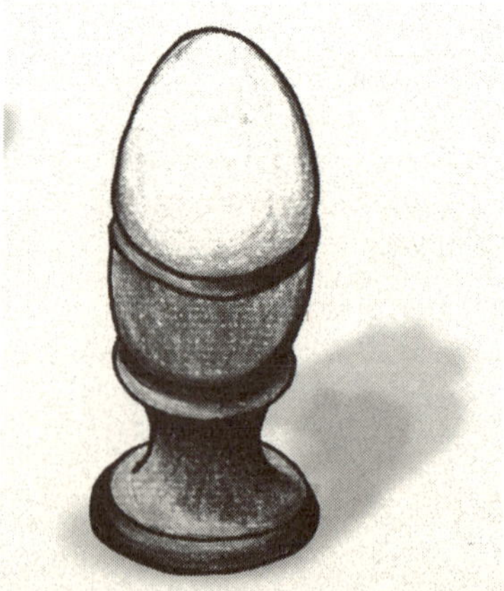

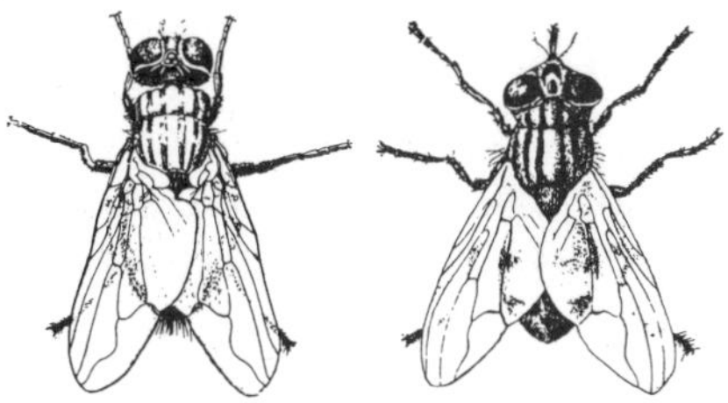

Chasser les mouches du jardin

L'eau de chaux éloigne les mouches de la carotte et de l'oignon. Il suffit de la vaporiser généreusement non pas sur les plants eux-mêmes mais autour d'eux.

Un enduit pour salle de bains

La chaux est idéale pour réaliser un enduit de salle de bains : le tadelakt. C'est cet enduit qui recouvre traditionnellement les parois des hammams au Maroc. Il est très difficile à réaliser. En principe, vous devez utiliser exclusivement de la chaux de Marrakech. À défaut, prenez de la chaux éteinte coupée à demi avec de la poudre de marbre. Mêlez quatre volumes de poudre et trois volumes d'eau. Diluez vos pigments dans un peu d'eau et incorporez-les à la chaux. Utilisez un mélangeur pour que votre enduit soit uniforme. Mouillez le mur la veille de vos travaux et le jour même. Appliquez à la taloche sur environ cinq millimètres et lissez. Lorsque l'enduit commence à sécher, poncez-le avec un galet poli. Puis, avec ce même galet poli, passez du savon noir mou dilué dans l'eau pour assurer l'étanchéité.

Une tache de chaux sur un parquet

Pour réparer les dégâts, faites chauffer un peu de vinaigre blanc et passez-le avec un chiffon sur les taches en frottant bien. Si le vinaigre ne suffit pas à dissoudre la tache, employez un peu de white-spirit.

Un mortier de chaux

Pour fabriquer ce mortier, qui met en valeur les pierres des murs anciens, mélangez deux volumes et demi de sable pour un volume de chaux aérienne. Ajoutez l'eau en filet, tout en remuant jusqu'à former une pâte épaisse avec laquelle on peut facilement former une boule dans le creux de sa main. Appliquez sur un mur mouillé et en tassant le plus possible.

Fabriquer son eau de chaux

La formule de l'eau de chaux est assez simple pour permettre sa réalisation à la maison. Récupérez une bouteille en verre propre. Versez dedans 10 g de chaux éteinte, puis couvrez avec 1 l d'eau. Fermez la bouteille, puis patientez plusieurs heures. Filtrez soigneusement votre mélange. Rincez plusieurs fois la bouteille et stockez-y votre eau de chaux maison.

Produits

Le citron

Originaire de Chine et d'Inde, le citron, malgré ses allures de fruit exotique, se cultive très bien en France. La ville de Menton, où les citrons s'épanouissent depuis cinq siècles, leur dédie même une fête.

Le citron permet de donner du goût aux aliments, sans les charger en sel ou en gras.

Riche en vitamine C, cet agrume est antioxydant et aurait également un effet bénéfique sur le cholestérol. On le dit acide, pourtant, son jus, consommé avec modération sous forme de citronnade par exemple, facilite la digestion. Il a de plus l'avantage d'être tonifiant et est particulièrement recommandé pour gérer les coups de fatigue ponctuels.

Le citron a aussi des vertus purifiantes ; il assainit aussi bien les peaux que les cheveux gras. En cuisine, on utilise abondamment son jus et son zeste. Celui-ci parfume quantité de plats et de gâteaux. Pour éviter de consommer les pesticides que l'écorce retient, mieux vaut toujours choisir des citrons issus de l'agriculture biologique. On trouve également dans le commerce des citrons dits « non traités » mais cela s'entend uniquement après la récolte. En général, les recettes ne demandent que quelques grammes de zeste, mais n'hésitez pas à râper le citron en entier ; vous pourrez conserver les épluchures restantes dans un bac à glaçons au congélateur. C'est de l'écorce du citron que l'on extrait l'huile essentielle, recommandée, assez paradoxalement, pour aider à diminuer « l'effet peau d'orange », mais aussi dans le traitement de petites affections cutanées. Comme toujours, cette huile essentielle ne s'utilise jamais pure. On introduit seulement quelques gouttes dans une huile neutre. Il est particulièrement important de respecter ce dosage limité dans le cas de l'huile essentielle de citron, car elle est photosensibilisante : la peau traitée par cette huile, si elle est exposée au soleil, aura tendance à se tacher.

Blanchir les ongles

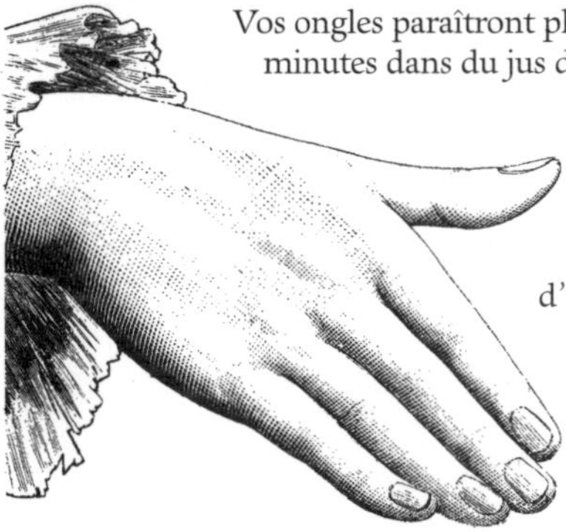

Vos ongles paraîtront plus nets si vous les trempez pendant quelques minutes dans du jus de citron. En plus de blanchir les ongles, le jus de citron les renforce.

Un citron bien juteux

Pour que vos citrons vous donnent le meilleur d'eux-mêmes, pressez-les comme il faut. Avant de les couper, roulez-les en les écrasant avec la pomme de la main sur une surface dure, le plan de travail de la cuisine par exemple. Lorsque vous trancherez le citron, ses chairs déjà pressées libéreront facilement leur jus.

Un citron qui se conserve

On a coutume de couper un citron par le milieu et de stocker la moitié restante au réfrigérateur. Rapidement, elle se racornit et n'est plus bonne qu'à jeter. Pour qu'un demi-citron à l'aspect rabougri vous donne encore quelques gouttes de jus, vous pouvez le plonger une minute dans un saladier d'eau fraîche. Pour le conserver dans les meilleures conditions, ne le coupez plus, piquez-le simplement avec une fourchette. Ces petits trous seront suffisants pour exprimer le jus. La méthode présente, en outre, l'avantage de retenir les pépins à l'intérieur du fruit.

Une chevelure éclatante

Ajoutez à votre dernière eau de rinçage, après le shampoing, le jus d'un demi-citron. Immédiatement, la sensation au toucher de vos cheveux changera, comme s'ils étaient plus propres. Une fois séchés, ils seront à la fois particulièrement brillants, plus lisses et légèrement parfumés.

Un dissolvant de fortune

Cette astuce fonctionne sur quelques vernis. Lorsque vous n'avez plus de dissolvant, vous pouvez le remplacer par du jus de citron. Il faudra cependant frotter un peu plus fort et un peu plus longtemps.

Enlever la rouille

Vous éliminerez la rouille sur du métal comme sur un vêtement en l'arrosant de jus de citron, puis de sel de table. Laissez agir quelques minutes et si la rouille semble trop incrustée, n'hésitez pas à frotter et à utiliser les propriétés abrasives du sel.

Un déodorant d'appoint

On peut occasionnellement remplacer le déodorant par du jus de citron. Le jus n'absorbera pas la transpiration comme le ferait du talc, par exemple. En revanche, il vous parfumera durablement. Hors de question bien sûr d'utiliser du jus de citron sur une peau que vous venez de raser ou d'épiler.

Éliminer les boutons

Le citron a un effet asséchant, il peut donc accélérer la disparition des boutons. L'usage prolongé du jus de citron est cependant irritant, particulièrement pour les peaux sensibles. Vous pouvez donc ajouter un trait de jus de citron aux masques maison que vous préparez, qu'ils soient à l'argile ou au miel. Enfin, ne passez jamais de jus de citron, même mélangé à un autre produit, sur un bouton que vous venez de gratter.

Préserver l'aspect des fruits et légumes

Les pommes, les avocats et les champignons ne doivent jamais être tranchés par avance car ils noircissent rapidement. Le seul moyen d'éviter qu'ils ne colorent est de les arroser de jus de citron. Il n'est pas aisé de trouver le juste dosage : en trop faible quantité, le jus de citron sera inefficace mais en excès, il altérera la saveur de vos ingrédients.

Effacer les traces de nicotine

C'est souvent à ses ongles et au bout de ses doigts jaunis que l'on identifie le fumeur. Cette coloration donne immanquablement aux mains un aspect négligé. Vous vous débarrasserez de ces traces en frottant très régulièrement votre peau et vos ongles avec un morceau de coton imbibé de jus de citron.

Faire barrage aux fourmis

Les fourmis ne mettront pas une patte chez vous si vous placez aux endroits stratégiques (rebords des fenêtres, seuil...) un demi-citron. Cela n'a rien de très ragoûtant, mais le citron est paraît-il encore plus efficace quand il commence à pourrir. Le souci, c'est qu'à ce régime-là, vos invités risquent de fuir aussi sûrement que les fourmis !

Rafraîchir une salade

Même au réfrigérateur, les feuilles de salade flétrissent vite. Vous leur donnerez un meilleur aspect en les plongeant pendant quelques instants dans une eau bien fraîche à laquelle vous aurez ajouté un trait de jus de citron.

Contre le calcaire

Tout comme le vinaigre, le citron, grâce à son acidité, a une action anticalcaire. S'il passe pour légèrement moins efficace, il a en revanche l'avantage d'avoir un parfum agréable. Faites couler du jus de citron en abondance sur les endroits couverts de calcaire, laissez agir de un quart d'heure à une demi-heure, frottez et rincez.

Un caramel souple

En toute fin de cuisson, ajoutez à votre caramel quelques gouttes de jus de citron et mélangez bien. Cela vous garantit que votre caramel ne durcira pas. Si vous n'avez plus de citron, vous pouvez le remplacer par la même dose de vinaigre.

Un régime facilité

La première difficulté d'un régime consiste dans le fait de se contenter de repas légers, donc forcément moins copieux. La sensation de faim, ou du moins de petit creux au fond de l'estomac, sera moins présente si vous buvez tout au long de la journée de l'eau citronnée. Cette boisson a un autre avantage : elle donne du tonus.

Le clou de girofle

Il parfume nos plats, nos maisons et même notre peau ! Pour produire cet étrange petit clou, on fait sécher les boutons roses à bruns du giroflier cueillis avant que les fleurs, qui n'ont à vrai dire pas grand intérêt, n'éclosent.

Le clou de girofle fut pendant des siècles un produit de luxe. Sa rareté en fit l'objet de convoitises, d'autant que les Européens aisés, qui l'achetaient fort cher, ignoraient sa provenance. Au 15e siècle, les navigateurs portugais découvrent le lieu de production tant recherché et s'en emparent : il s'agit de l'archipel des Moluques, à l'est de l'Indonésie. Un siècle plus tard, ils en sont chassés par les Hollandais qui tirent de confortables revenus de leur monopole sur le giroflier, jusqu'à ce qu'un Français, Pierre Poivre, réussisse, au 18e siècle, à obtenir quelques plans et à les disséminer dans les colonies françaises. Depuis, la production de clous de girofle s'est répandue au point que la précieuse épice est aujourd'hui à la portée de toutes les bourses.

Au Moyen Âge, on croyait le clou de girofle capable de lutter contre la peste : il entrait notamment dans la composition du fameux vinaigre des quatre voleurs, de même que la muscade et la cannelle. On a aussi de longue date usé de sa capacité à faciliter la digestion, à rafraîchir l'haleine et à calmer les maux de dents. Il tire ses qualités de l'eugénol qu'il contient, une substance tout à la fois anesthésiante, antiseptique et analgésique. Hors de la pharmacie et de la cuisine, le clou de girofle entre aussi dans la composition de l'un des produits cosmétiques les plus connus au monde : le khôl. Cette poudre noirâtre s'obtient à partir d'antimoine, de noyaux d'olive, de dattes et de clous de girofle broyés. Le clou de girofle fait partie des notes fétiches de certains parfumeurs. Plus modestement, il s'utilise dans toutes les pièces de la maison, les placards et les chaussures qu'il désodorise durablement.

Faire fuir les guêpes

Les guêpes ne gâcheront plus vos déjeuners au jardin si vous laissez, sur la table, un petit ramequin plein de clous de girofle.

Parfumer la maison

Voilà une excellente façon de parfumer la maison de manière naturelle et de lui donner, en plus, des airs de fête. Choisissez quelques oranges bien fermes, piquez-les d'une dizaine de clous de girofle et installez-les un peu partout dans la maison. Vous en ferez des objets décoratifs en dessinant des motifs avec les clous de girofle : cercles, vagues… Vous pourrez conserver votre « pomme d'ambre » pendant plusieurs semaines si vous la suspendez (vous éviterez ainsi de trop user sa base). Pour plus d'originalité, piquez de clous de girofle différents agrumes, du pamplemousse au citron.

Calmer un mal de dents

Pour soulager une rage de dents, faites un bain de bouche avec une infusion bien corsée de clous de girofle. Si vous avez mal à une dent en particulier, appliquez contre elle un clou de girofle et gardez-le en bouche aussi longtemps que possible. Ce remède de grand-mère fait partie de ceux dont on plébiscite l'efficacité. Malheureusement, il ne vous soulagera que de façon temporaire. Prenez donc, de toute urgence, rendez-vous avec votre dentiste.

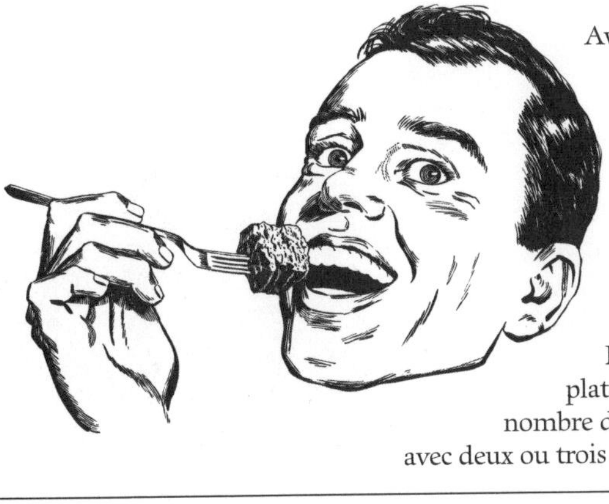

Antimite

Avec de la gaze, du tulle, ou n'importe quel textile bien aéré, formez de petits ballotins dans lesquels vous mettrez une dizaine de clous de girofle. Entreposez-les sur les étagères de vos armoires : les mites ne viendront pas s'y frotter.

Des plats parfumés

Pour renforcer le parfum de tous vos plats en sauce qui comptent l'oignon au nombre de leurs ingrédients, piquez celui-ci avec deux ou trois clous de girofle.

Des champignons sur les ongles

Pour éliminer les champignons qui altèrent l'aspect de vos ongles, vous pouvez réaliser ce « vernis » maison. Récupérez un petit flacon et pour un volume d'huile d'amande douce, ajoutez un volume d'huiles essentielles, en mélangeant à parts égales huile essentielle de clous de girofle et huile essentielle d'arbre à thé. Matin et soir, passez ce mélange sur vos ongles avec un coton-tige.

Contre la diarrhée

Le clou de girofle fait partie des ingrédients qui vous aident à faire passer la diarrhée. Terminez donc votre repas par une infusion de clous de girofle ou un verre d'eau auquel vous aurez ajouté une goutte d'huile essentielle de clous de girofle. Bon à savoir : les clous de girofle sont aussi tout indiqués si vous êtes sujet aux flatulences.

Soulager une crampe

Versez dans un flacon de l'huile d'amande douce. Ajoutez-y quelques gouttes d'huile essentielle de clous de girofle et le même dosage d'huile essentielle de laurier. Lorsque vous souffrez d'une crampe, faites d'abord l'effort de vous redresser et de faire quelques pas en respirant profondément, pour étirer en douceur votre mollet ou votre pied. Ensuite massez-vous longuement le pied ou le mollet avec votre huile.

Un aphrodisiaque

Le clou de girofle est connu pour ses vertus aphrodisiaques. Vous pouvez, bien sûr, en glisser dans vos petits plats, mais aussi préparer une huile de massage, en ajoutant à une huile d'amande douce quelques gouttes d'huile essentielle de clous de girofle et d'une autre huile dont le parfum vous plaît. Fabriquez une bougie parfumée aux clous de girofle en faisant fondre une cire adaptée, à laquelle vous ajouterez quelques gouttes d'huile essentielle et, bien sûr, une mèche.

Un masque pour cheveux gras

Avec un pilon, réduisez en poudre une poignée de clous de girofle et arrosez-les du jus d'un citron. Faites chauffer la préparation quelques minutes, tout en remuant, pour former une pâte homogène. Laissez-la tiédir, puis étalez-la sur vos cheveux. Patientez dix minutes avant de rincer et de faire un shampoing.

Une cuisine qui sent le propre

Le clou de girofle peut vous débarrasser des odeurs persistantes de tous les plats qui ont été préparés en cuisine. Posez sur la gazinière une casserole d'eau et laissez-la chauffer avec une petite poignée de clous de girofle.

Préparer l'accouchement

Une infusion de clous de girofle (une bonne dizaine) seuls ou avec un bâton de cannelle, quelques feuilles de sauge et un peu de gingembre aide à déclencher l'accouchement.

Chasser les mouches

Un oignon cuit piqué de clous de girofle repousse les mouches. La méthode est peu ragoûtante et tout à fait inesthétique, mais plutôt efficace.

Une grande fatigue

Si vous vous sentez épuisé, absorbez chaque matin une goutte d'huile essentielle de clous de girofle bien mélangée à une grosse cuillère à café de miel. Vous pouvez aussi vous préparer une boisson coup de fouet, en ajoutant à un grand verre d'eau une goutte d'huile essentielle de clous de girofle, une goutte d'huile essentielle de basilic et une goutte d'huile essentielle de menthe poivrée.

Des chaussures malodorantes

Pour absorber les mauvaises odeurs dans les chaussures, confectionnez de petits sachets que vous garnirez de clous de girofle. Glissez ces sachets tous les soirs dans vos chaussures dès que vous vous déchaussez. Ils agiront pendant la nuit…

Produits

Les cristaux de soude

Cousins du bicarbonate de soude, les cristaux de soude, aussi connus sous le nom de carbonate de sodium, ont un pouvoir nettoyant fort utilisable sur de nombreuses surfaces. Ils assainissent, dégraissent, détachent et blanchissent.

Les propriétés nettoyantes des cristaux de soude sont connues depuis l'Égypte antique. On utilisait alors le natron dans les soins d'hygiène corporelle mais aussi pour laver le linge. Or, ce minéral est une source naturelle de cristaux de soude, que l'on peut aussi produire à partir de certaines algues ou sur la base de sel et de craie.

L'appellation « cristaux de soude » fait peur, tout simplement parce que l'on assimile ces cristaux à la soude caustique. Un lien existe bel et bien : l'hydroxyde de soude peut être fabriqué à partir de ces cristaux, mais le produit obtenu est bien plus irritant, voire dangereux s'il n'est pas manipulé de façon adéquate.

Le bicarbonate de soude est un autre dérivé du carbonate de sodium. Pour autant, n'essayez pas de vous laver les dents avec ! Cristaux de soude et bicarbonate de soude ne sont pas interchangeables mais ils ont parfois un rôle complémentaire. En matière de nettoyage, à chaque fois que le bicarbonate de soude vous paraît insuffisant, vous pouvez avoir recours aux cristaux de soude, dont le pouvoir nettoyant est plus fort.

Ils viennent à bout de la saleté incrustée et même des vieilles traces de peinture ou de colle sur toutes les surfaces : carrelages, murs peints ou meubles en bois… À forte dose et avec un temps d'exposition assez long, ils peuvent même décaper ces derniers.

Le carbonate de sodium irrite ou assèche les peaux sensibles. Si vous vous lancez dans un grand ménage de printemps à base de cristaux de soude, n'oubliez pas de porter des gants.

On a parfois du mal à trouver des cristaux de soude dans le commerce. Vous les dénicherez classiquement au rayon bricolage, ou parmi les produits ménagers.

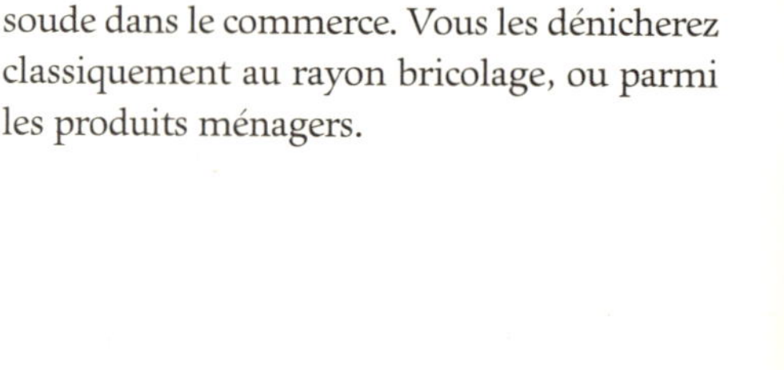

Déboucher les canalisations

Lorsqu'un bouchon résiste au bicarbonate de soude, vous pouvez employer, à la place, des cristaux de soude. Jetez-en un grand verre dans l'évier, arrosez de deux verres de vinaigre. Appliquez une ventouse à de multiples reprises pour faire bouger les matières. Versez ensuite de l'eau bouillante, tout en continuant à manier la ventouse. Si votre réseau de canalisations est mal conçu (pentes faibles, diamètre des tuyaux insuffisant), utilisez régulièrement les cristaux de soude et l'eau bouillante à titre préventif.

Nettoyer un plat à gratin

Le plat à gratin figure, à n'en pas douter, au hit-parade des ustensiles de cuisine les plus éreintants à nettoyer. On a coutume de les laisser toute une nuit reposer avec une dose de liquide vaisselle et de l'eau, manière de laisser le plat se prénettoyer tout seul. Il y a plus efficace que le liquide vaisselle : une poignée de cristaux de soude, répartis au fond du plat et arrosés d'eau bouillante. Le plat sera ensuite plus facile à nettoyer.

Du linge très sale

Pour éviter d'avoir à faire tourner plusieurs fois votre machine à laver, lorsque le linge est très sale, dopez l'efficacité de votre lessive habituelle en ajoutant, directement dans le tambour, une petite poignée de cristaux de soude.

Décrasser un salon de jardin

Les salons de jardin en plastique noircissent avec les années et les intempéries. Pour les blanchir un peu, mettez dans une petite bassine, un verre à moutarde de cristaux de soude, puis remplissez-la d'eau bouillante. Plongez une brosse à poil bien dur dans ce liquide et frottez sans relâche.

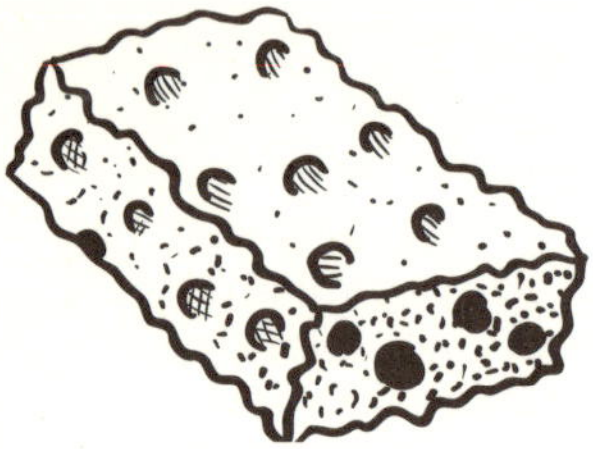

Dégraisser toutes les surfaces

Les cristaux de soude dégraissent tout, ou presque : ils ne réussissent pas bien aux surfaces en aluminium. À cette exception près, vous pouvez les employer, dissous dans de l'eau bouillante, pour nettoyer les plans de travail, le carrelage mural de la cuisine, les plaques de cuisson encrassées, mais aussi l'évier, le lavabo, la baignoire…

Laver la vaisselle

On peut laver la vaisselle avec les cristaux de soude. Dans 1 l d'eau chaude, ajoutez deux cuillères à soupe de cristaux de soude et une cuillère à soupe de bicarbonate de soude. Pensez à porter des gants pour faire la vaisselle, ce produit étant légèrement irritant. Cristaux et bicarbonate de soude peuvent aussi être employés dans la machine à laver la vaisselle. Pour des assiettes et des verres bien nets, ajoutez un trait de vinaigre blanc à votre eau de rinçage.

Un carrelage encrassé

Pour nettoyer un sol très sale, ajoutez à l'eau chaude et au savon noir une cuillère de cristaux de soude.

Raviver l'argenterie

Immergez vos couverts en argent dans une bassine d'eau additionnée de cristaux de soude, pendant une dizaine de minutes, puis rincez-les bien.

Lessiver un mur

Avant de peindre, de tapisser, ou de rendre les clés de son appartement, il faut bien lessiver les murs. Pour cela, brossez-les avec de l'eau très chaude et une bonne quantité de cristaux de soude.

Nettoyer le bois peint

Une petite poignée de cristaux de soude dissoute dans de l'eau chaude est un bon moyen de nettoyer persiennes et portes d'entrée noircies. Si les surfaces sont très sales, ajoutez à la solution un trait de savon noir. Frottez bien à la brosse, puis rincez. À forte concentration et lorsqu'on les laisse agir longtemps, les cristaux de soude ne nettoient plus, ils décapent.

Une terre cuite propre

Pots de fleurs et statues en terre cuite encrassés retrouveront un peu de fraîcheur et de netteté si vous les frottez avec une solution d'eau chaude et de cristaux de soude.

Décaper un meuble en bois

Mélangez un volume de farine et un volume de cristaux de soude dans un peu d'eau. Ajoutez-y un demi-volume d'eau bien chaude et mélangez jusqu'à former une pâte épaisse. Enduisez-en le meuble et patientez de une demi-heure à une heure avant de bien le rincer, en utilisant une brosse. Les vieilles traces de peinture se décolleront facilement.

Nettoyer le marbre

Si le blanc de Meudon ne suffit pas à détacher une surface en marbre, ajoutez-y un peu d'eau dans laquelle vous aurez dissous quelques cristaux de soude. Massez la tache, rincez et essuyez.

Assainir les couches lavables

Au fil des utilisations, il semble de plus en plus difficile de laver efficacement les couches. Pour les nettoyer en profondeur, faites-les tremper toute une nuit dans une bassine d'eau à laquelle vous aurez ajouté une petite poignée de cristaux de soude. Le lendemain, essorez bien les couches et passez-les en machine.

Des taches de gras

Vous viendrez à bout des taches de gras coriaces en les massant avec une pâte constituée d'eau et de cristaux de soude. Les produits de maquillage étant composés, dans une forte proportion, de graisse, les traces de crème teintée comme de rouge à lèvres partiront elles aussi avec ce traitement. Enfin, les cristaux de soude étant un nettoyant puissant, ils méritent d'être essayés sur tout type de taches, lorsque tous les autres remèdes se sont révélés inefficaces.

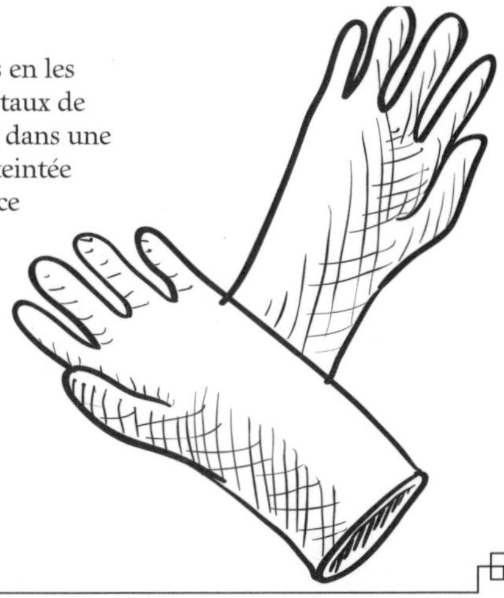

Produits

L'eau gazeuse

Certains la trouvent trop salée ou se sentent ballonnés après en avoir trop consommé. L'eau gazeuse est pourtant réputée pour ses bienfaits sur la santé et la digestion. Mais elle a bien d'autres usages lorsqu'il s'agit d'entretenir une maison.

L'eau gazeuse peut être minérale ou de source. Il existe des eaux naturellement gazeuses mais aussi des eaux gazéifiées, parfois pour renforcer le gaz déjà présent à la source.

L'eau gazeuse n'est pas qu'une boisson pleine de bulles, c'est aussi un détachant très efficace qui fait partie de la liste des produits miracles à utiliser en dernier ressort, quand plus rien ne semble efficace. En tant que détachant, elle a d'ailleurs un autre avantage : elle ne risque pas d'abîmer ou de décolorer un tissu, même s'il est aussi délicat qu'un carré de soie.

L'engouement depuis quelques années pour les machines à fabriquer de l'eau gazeuse ne semble pas freiné par un prix de départ relativement élevé (autour de 200 €) qui les destine aux gros consommateurs. Leurs atouts : une fabrication presque à volonté (pour peu que l'on prenne le temps de remplacer la cartouche de gaz) et la possibilité de fabriquer non seulement de l'eau pétillante mais aussi toute une variété de sodas. Les usagers accros de ces machines sont formels : le cola maison peut tout à fait, selon eux, rivaliser avec celui que produisent les plus grandes marques.

On peut aussi préparer très simplement un verre d'eau gazeuse, en diluant dans un grand verre d'eau, une petite cuillère de bicarbonate de soude et un grand trait de jus de citron. Avec cette méthode, en revanche, la qualité gustative est loin d'être garantie, mais le sucre peut améliorer quelque peu les choses. Si cette eau gazeuse maison ne devient pas votre boisson favorite, sachez qu'elle est en revanche tout indiquée pour apaiser les aigreurs d'estomac, puisque c'est là l'une des principales indications du bicarbonate de soude.

Dissiper les aigreurs d'estomac

Si vous souffrez de brûlures d'estomac ou de lourdeurs après un repas un peu trop copieux, buvez un grand verre d'eau gazeuse et éliminez de votre table, au prochain repas, tous les produits gras. Votre estomac redeviendra aussi léger que les bulles.

Contre la constipation

L'eau gazeuse accélère l'élimination. En cas de constipation, agissez rapidement pour éviter que la situation ne devienne trop douloureuse. L'hydratation est essentielle. Jusqu'à ce que votre transit revienne à la normale, forcez-vous à boire 1,5 l d'eau par jour, dont au moins la moitié en eau gazeuse.

Des cheveux propres et légers

Pour avoir de beaux cheveux, misez sur les bulles ! Rincer ses cheveux à l'eau gazeuse leur redonne souplesse et vigueur et assainit le cuir chevelu.

Un tapis comme neuf

Un vieux tapis fané retrouve un peu de sa superbe si l'on vaporise sur toute sa surface de façon uniforme de l'eau gazeuse. Inutile d'inonder le tapis, un peu d'eau suffit. Les couleurs reprendront un peu d'intensité, les fibres se redresseront. Brossez légèrement le tapis ; vous pouvez en profiter pour le détacher en le saupoudrant de bicarbonate de soude.

Une tache de vin rouge

Un verre de vin vient d'être renversé sur la moquette ou le canapé du salon ? Avec plusieurs chiffons, essayez d'essuyer le maximum de vin, puis versez rapidement deux verres d'eau gazeuse sur la tache pour que le vin se dilue et brossez. Avec des chiffons propres, continuez à absorber le liquide. Versez encore un peu d'eau sur l'auréole restante et laissez sécher.

Effacer les auréoles d'urine

Pour enlever l'auréole et la mauvaise odeur laissées par un pipi au lit, frottez vigoureusement, et pendant cinq bonnes minutes, le tissu avec une brosse et une bonne grosse dose d'eau gazeuse.

Bien récupérer après le sport

Ceci est une astuce de grand-mère… sportive. Après un effort intense, ou une séance de sport, buvez à volonté de l'eau gazeuse. Non seulement celle-ci paraît très désaltérante, mais elle favorise aussi la décontraction des muscles. N'espérez tout de même pas éviter les courbatures !

Conserver les bulles

Pour conserver les bulles des boissons gazeuses, il suffit d'entreposer les bouteilles dans la porte du réfrigérateur, la tête en bas. Ainsi, les bulles ne pourront pas s'échapper par le goulot.

Nettoyer des taches de transpiration

Lorsqu'on n'a pas de bicarbonate de soude, de citron ou de vinaigre blanc sous la main pour faire disparaître les vilaines auréoles laissées par la transpiration sur les aisselles des chemises blanches, on peut toujours faire tremper le vêtement dans une bassine d'eau gazeuse. Si une trace subsiste, tamponnez-la avec un peu d'eau oxygénée. Outre les auréoles, l'eau gazeuse dissipe également les mauvaises odeurs.

Des crêpes savoureuses

Celles qui aiment les crêpes légères et moelleuses ont souvent coutume d'ajouter à l'appareil un trait de bière, qui a toutefois l'inconvénient de laisser parfois un léger arrière-goût, ou une amertume. Vous éviterez cet inconvénient en remplaçant la bière par une eau gazeuse, qui produit exactement le même effet sur la texture de la pâte.

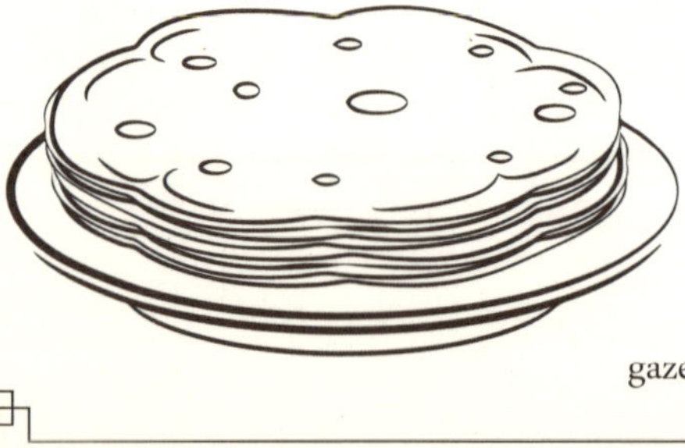

Nettoyer le fond d'une casserole

Si des dépôts collants se sont formés au fond de la casserole pendant la cuisson, ne vous jetez pas tout de suite sur le produit vaisselle et la paille de fer. Alors que le récipient est encore bien chaud, versez-y un verre d'eau gazeuse et laissez agir une heure avant de laver.

Attendrir les calamars

Les calamars n'ont plus aucun intérêt lorsqu'on les sert caoutchouteux. Outre la cuisson, qui réclame un soin particulier, il faut aussi prendre le temps d'attendrir seiches, calamars et poulpes avant la cuisson. Pour cela, il existe deux méthodes : vous pouvez les frapper vigoureusement ou les laisser tremper pendant deux heures dans de l'eau gazeuse. Citons également cet autre truc de grand-mère qui mérite d'être essayé au moins par curiosité : un bouchon de liège dans l'eau de cuisson vous garantirait des calamars bien tendres.

Ouvrir les huîtres plus facilement

Pour ouvrir les huîtres sans effort ou presque, préparez le terrain en les faisant tremper pendant quelques minutes soit dans de l'eau gazeuse, soit dans de l'eau plate additionnée de vinaigre.

Antirouille

Les objets faiblement atteints par la rouille peuvent être nettoyés à la brosse métallique, après avoir trempé pendant plusieurs heures dans de l'eau gazeuse. Son efficacité est cependant moins forte dans ce domaine que celle du cola.

Un cocktail sans alcool

Lorsque l'on organise une fête, satisfaire les futures mamans en leur proposant des cocktails sans alcool aussi savoureux et festifs que les cocktails classiques est loin d'être simple. Prenez pour base l'eau gazeuse et le sucre de canne liquide. Vous pouvez ensuite leur ajouter, au choix, un trait de jus de citron et de la menthe fraîche, ou encore un cocktail de sirop d'agrumes et d'ananas, éventuellement additionné d'une pointe de sirop de grenadine.

La farine

On en trouve à coup sûr dans tous les garde-manger de France. La farine est le ressort de quelques astuces simples en cuisine qui vont vous permettre de mieux réussir cakes et tartes, mais elle peut aussi trouver des usages inattendus.

Bien qu'il existe des quantités de farines, toutes ou presque sont éclipsées par la farine de blé, de loin la plus répandue en France.

Il existe plusieurs « types » de farines, toujours indiqués sous la forme d'un nombre, sur les paquets que l'on achète dans le commerce : 45, 55, 65, 80, 110 et 150. Ce qu'il faut retenir, c'est que plus le nombre est bas, plus la farine est pure et blanche. Pour la pâtisserie, on recommande souvent l'emploi de la farine de type 55 lorsque pour une béchamel, par exemple, on utilisera davantage une farine de type 45. Bien sûr, on peut tout aussi bien employer systématiquement de la farine de type 45 ou 55 sans distinction d'usage ; le résultat n'est, après tout, pas si différent.

La farine complète correspond aux farines de type 110 ou 150. Pour l'obtenir, on a broyé, avec l'amande du grain de blé, son germe et son enveloppe, le son.

La texture douce et poudreuse de la farine en fait, pour certains usages, l'équivalent parfait du talc ou de l'argile ou un ingrédient de base des cosmétiques maison. Dans ce dernier cas, c'est de préférence pour la farine de maïs que nous opterons.

La farine de blé occasionne chez certains une réaction allergique. Celle-ci est due au gluten, un groupe de protéines qui sert en quelque sorte de « ciment » puisque c'est grâce à lui que l'on peut réaliser des pâtes à gâteaux bien souples, moelleuses et qui lèvent bien. La sensibilité au gluten est, en général, détectée pendant la petite enfance et fort heureusement, il est alors possible de se tourner vers les farines de maïs, de riz ou de sarrasin (entre autres), dépourvues de gluten et utilisables en pâtisserie, bien que le résultat final soit moins léger.

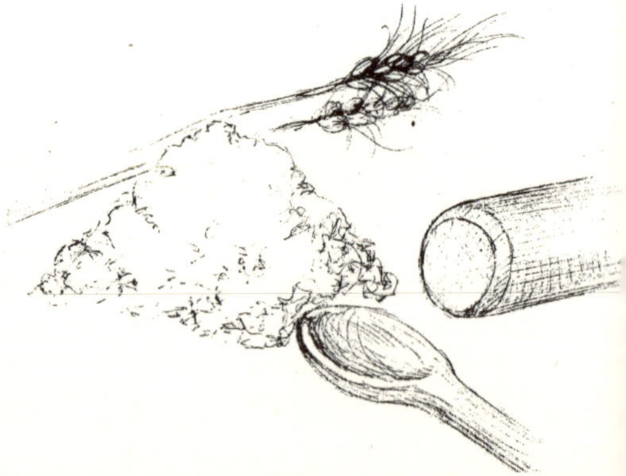

Une colle naturelle

Délayez deux cuillères à soupe de farine avec une cuillère à soupe de sucre, dans un grand verre d'eau. Faites chauffer en remuant constamment, jusqu'à ce que votre colle soit suffisamment épaisse. Elle se conserve quelques jours au réfrigérateur et colle papier, carton et autres matériaux légers.

Antimite

Pour vous débarrasser des mites de la farine, qu'on appelle aussi mites alimentaires, laissez traîner des feuilles de laurier-sauce ou des morceaux de coton mouillés d'huile essentielle de citron dans tous vos placards.

Doser la farine

Lorsqu'on n'a pas de verre doseur sous la main, on peut évaluer de façon très simple la quantité de farine à utiliser. Une cuillère à soupe bien bombée représente environ 20 g de farine et une cuillère rase environ 10 g. Vous l'aurez compris, la méthode permet une précision toute relative…

Une peau douce

La farine de maïs affine le grain de peau et la laisse douce et nette. Vous pouvez en ajouter quelques poignées à votre bain ou encore l'utiliser pour gommer la peau de votre visage. Pour cela, il suffit de former une pâte très épaisse avec de la farine et un filet d'eau tiède.

Une tache de gras

Pour absorber facilement une trace de gras sur un vêtement, ou sur un revêtement quelconque (plan de travail ou sol), répandez aussi largement que nécessaire de la farine et frottez bien. Une fois la farine débarrassée, le nettoyage sera facile.

Une farine torréfiée

L'astuce nous vient du chef Pierre Gagnaire. Pour donner un parfum plus savoureux à toutes vos recettes, aussi bien les gâteaux que les plats ayant pour ingrédient la farine, torréfiez celle-ci avant usage. Il suffit pour cela de la laisser griller quelques minutes au four.

Un masque de beauté à la farine

Bon marché et très efficace sur les peaux à tendance grasse, ce masque se compose avec tout type de farine. Il suffit de mélanger dans un bol une cuillère à soupe de farine, une cuillère à soupe de miel et de fluidifier le tout avec, au choix, un jaune d'œuf ou une cuillère à soupe d'huile d'amande douce. Laissez poser dix minutes et rincez à l'eau fraîche.

Une friture facile

Fariner de petits poissons, c'est long et désagréable. Vous vous faciliterez la vie en jetant quelques poignées de farine dans un sac plastique bien solide. Placez-y vos petits poissons, fermez le sac et secouez bien : vos fritures seront farinées uniformément.

Un cake bien équilibré

Qui n'a jamais eu la mauvaise surprise, à la découpe d'un cake maison, de constater que fruits confits, dés de jambon ou autres garnitures avaient tous filé au fond du plat ? Pour éviter ce désagrément, épaississez votre appareil et versez-le seul dans le moule à cake. Ajoutez la garniture au dernier moment et pour qu'elle tombe moins vite, farinez-la légèrement avant de l'incorporer au cake.

Anti-projections

Saupoudrez une petite pincée de farine au-dessus de la poêle. Ainsi, quand vous y déposerez votre pièce de viande, aucune éclaboussure d'huile ne viendra tacher vos vêtements.

Des pâtes vraiment fraîches

Les pâtes fraîches font presque figure de produit de luxe. Leur recette est pourtant aussi basique que celle du pain. Mélangez 150 g de farine blanche, 150 g de semoule de blé dur fine et une pincée de sel. Incorporez 3 œufs et malaxez pendant dix minutes. Étendez la pâte au rouleau à pâtisserie plusieurs fois, afin de bien l'affiner et coupez des lanières au couteau. Séparez bien vos pâtes, farinez-les et laissez-les sécher. Bien sûr, vous ne parviendrez à produire des pâtes vraiment goûteuses qu'avec un peu d'expérience.

Un shampoing sec

Lorsque la douche tombe en panne, on n'a pas toujours un shampoing sec en aérosol ou un sachet d'argile sous la main. La farine peut, aussi bien que l'argile, dégraisser les cheveux en moins d'une minute. Frottez votre cuir chevelu avec une poignée de farine. Patientez une minute et brossez bien vos cheveux. Plus encore que l'argile, la farine laisse les cheveux légèrement ternes. En revanche, ils reprennent volume et tenue.

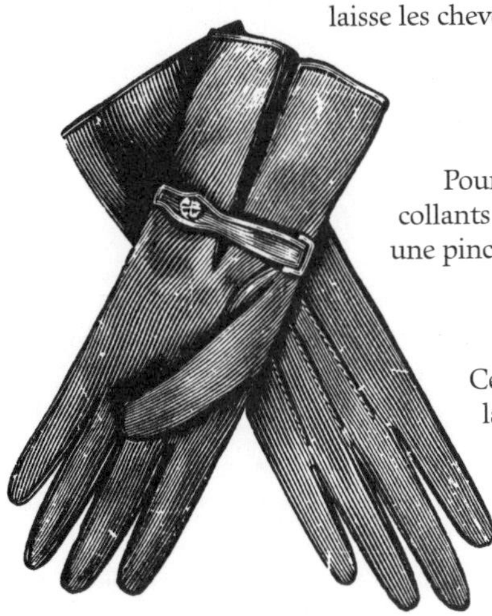

Contre les gants collants

Pour éviter que les gants en plastique ne deviennent collants et difficiles à enfiler, glissez-y, avant de les ranger, une pincée de farine et massez bien le gant pour la répartir.

Une pâte à tarte croustillante

Certains fruits et légumes rendent beaucoup d'eau à la cuisson. Les amateurs de pâtes fines se retrouvent avec une pâte ramollie et gorgée d'eau. Vous préserverez la tenue de la pâte en la saupoudrant de farine après l'avoir fait précuire et avant d'y coucher les fruits. Pour rendre la pâte moins perméable, vous pouvez aussi y passer du jaune d'œuf.

Un gâteau impeccable

Pour chemiser un moule correctement, faites fondre le beurre au micro-ondes et étalez-le sur le fond avec un pinceau. Attendez que le beurre refroidisse et saupoudrez généreusement de la farine. Secouez le moule comme un tamis et retournez-le pour faire tomber l'excédent de farine. Après la cuisson, attendez que le gâteau soit bien froid et la pâte totalement rétractée pour démouler.

Les glaçons

Pour soulager une douleur, se mettre en beauté, décoller un chewing-gum… Le glaçon sait faire bien plus que rafraîchir une boisson. Il ne coûte rien et il suffit d'ouvrir la porte de son congélateur pour le récupérer.

On oublie facilement que les premiers réfrigérateurs ne datent que du début du 20e siècle, les premiers congélateurs des années 1960… Autrefois, la glace se méritait. Pour en fabriquer, on pouvait par exemple plonger un pot d'eau au bain-marie dans un mélange d'acide sulfurique et de sulfate de soude !

Fabriquer des glaçons est désormais moins dangereux ! Pour qu'ils soient bien transparents, faites bouillir l'eau avant de la mettre, encore chaude, dans le bac à glaçons et ajoutez-y un trait d'eau gazeuse. Une fois les glaçons « démoulés », réservez-les dans un seau à glace et arrosez-les d'eau gazeuse pour qu'ils ne se collent pas.

La température idéale de congélation est de –18 °C. Dans tous les cas, la température de votre congélateur ne devrait pas repasser au-dessus de la barre des –10 °C. Si vous avez un doute quant à l'efficacité de votre appareil, dotez-vous d'un thermomètre spécial. Il ne coûte qu'une poignée d'euros et l'investissement est rentable, compte tenu des soucis de santé que peut occasionner une mauvaise congélation. À ce propos, les aliments ne peuvent être entreposés au congélateur que pour une durée limitée : deux ou trois mois pour les restes d'un dîner, deux mois pour un poisson gras, huit mois pour une pièce de viande… Il est donc judicieux d'étiqueter les aliments que vous stockez pour ne pas perdre de vue cette date limite. Enfin, souvenez-vous que l'on ne peut pas recongeler un aliment qui a été décongelé. En revanche, si vous avez, par exemple, congelé quelques rondelles de carotte et que vous les avez utilisées pour confectionner une sauce qui a longuement cuit ou mijoté, vous pouvez parfaitement congeler celle-ci.

Décoller un chewing-gum

Si vous vous retrouvez avec un morceau de chewing-gum collé dans les cheveux, ne persistez pas à tirer dessus : il résistera et vous finirez par vous arracher les cheveux. Plaquez sur la mèche concernée un glaçon, jusqu'à ce que le chewing-gum soit complètement figé. Il sera alors bien plus facile à enlever. Procédez de même pour décoller des résidus de chewing-gum sur un vêtement.

Soulager une piqûre d'insecte

Si vous ressentez une vive irritation ou une brûlure suite à une piqûre d'insecte, appliquez sur votre peau un glaçon roulé dans un chiffon, aussi longtemps que nécessaire, pour que la peau soit anesthésiée et la douleur envolée.

Dégonfler les yeux

Après une mauvaise nuit de sommeil, on a parfois du mal à ouvrir les yeux tant ils sont gonflés. Dans un grand morceau de tissu, roulez deux glaçons. Déposez le tout sur vos paupières et attendez cinq minutes que le froid produise tous ses effets.

Du vin en cubes

C'est toujours dommage de vider dans l'évier une bouteille de bon vin que l'on n'a pas pu finir. Si le vin était agréable en bouche, il fera des merveilles dans vos sauces. Versez le reste de vin dans un bac à glaçons et congelez-le. Vous pouvez procéder de même avec tous vos restes de sauces, de coulis, de jus de citron…

Anesthésier sa langue

Certains médicaments sont particulièrement désagréables à avaler. Pour masquer leur mauvais goût, sucez un bout de glaçon. Cela endormira pendant quelques instants vos papilles.

Un teint éclatant

Certaines stars expliquent que pour afficher un teint frais dès le réveil, elles vaporisent sur leur peau de l'eau fraîche. Suivez leur exemple et après un masque de beauté, révélez l'éclat de votre peau en faisant rouler sur votre visage un glaçon pendant quelques instants. Ce geste resserrera vos pores et préparera la peau au maquillage. Pour bien fixer un rouge à lèvres, on conseille d'ailleurs de faire rouler un glaçon sur les lèvres.

Libérer des verres coincés

À qui n'est-il jamais arrivé d'emboîter par mégarde deux verres ou deux bols de taille presque identique ? Inutile de s'escrimer sur ce casse-tête au risque de mettre sa vaisselle par terre. Pour désolidariser les deux pots, il vous suffit de faire jouer l'écart de température. Remplissez votre évier d'eau bien chaude et posez-y les récipients. Dans celui du haut, versez une dizaine de glaçons. La matière va bouger (se rétracter ou se dilater) et vous pourrez désunir vos inséparables.

Une épilation indolore

Certaines zones sont particulièrement délicates à épiler. C'est le cas des sourcils où pour dessiner une courbe parfaite, il vous faut arracher les poils un à un. Pour éviter que votre mise en beauté ne devienne trop douloureuse et que votre peau gonfle et vire au rouge grenat, passez autour du sourcil un glaçon pendant quelques instants pour anesthésier la zone.

Contrôler la qualité des produits congelés

On le sait : congeler, dégeler, puis recongeler un produit peut avoir de très fâcheuses conséquences sur la santé. Mais comment savoir que votre fidèle congélateur ne vous a pas joué un vilain tour ? Pour vous assurer qu'il a bien fonctionné en continu et que la chaîne du froid n'a pas été rompue, mettez un glaçon dans une coupelle et logez-la dans un compartiment du congélateur. Aussi longtemps qu'il reste intact, vous n'avez pas à douter de votre appareil.

Un bac à glaçons antiadhésif

Il n'est pas toujours aisé d'extraire les glaçons de leur bac, ni leur bac du congélateur. La manœuvre sera plus facile, si avant de remplir le bac, vous frottez le dessous de votre bac à glaçons avec un morceau de bougie. Il ne restera plus collé au fond du tiroir de votre congélateur.

Une chantilly inratable

Vous ne raterez plus jamais votre chantilly si, avant de battre la crème liquide, vous procédez comme suit. Prenez un grand saladier et déposez-y une bonne quantité de glaçons. Mettez votre crème liquide dans un saladier plus petit que vous déposerez sur le lit de glaçons. Le froid aidera la crème à monter.

Des glaçons sans eau

Pour le plaisir de toute la famille, préparez des glaçons à base d'un sirop (pour une menthe à l'eau bien fraîche) ou à base d'un jus de fruits (qui se mariera bien avec vos cocktails apéritifs). Vous pouvez aussi ajouter des petits morceaux de feuilles de menthe ou des zestes de fruits.

Réduire l'acné

Passez pendant quelques secondes un glaçon sur les zones touchées par les boutons matin et soir, après le nettoyage de la peau et avant le passage de la crème dermatologique, si vous en avez une.

Limiter l'étendue d'un bleu

Si vous vous êtes cogné, pour limiter le diamètre de l'ecchymose qui ne manquera pas d'apparaître, passez un glaçon sur votre blessure. Agissez de même pour prévenir les petites bosses.

Corriger un faux pli

Le fer glisse un peu trop vite, la main ne suit pas et un faux pli se forme. Difficile de rectifier le tir simplement en tirant sur le linge. Votre vêtement retrouvera une forme correcte si vous frottez le faux pli avec un glaçon, avant de le repasser une nouvelle fois.

Produits

La glycérine

La glycérine est surtout connue des mères de famille pour ses vertus anticonstipation qui en font l'ingrédient de base de suppositoires particulièrement efficaces. Ce n'est cependant pas la seule utilisation possible de la glycérine.

La glycérine, ou glycérol, est un alcool visqueux et doux, sans odeur particulière mais dont le goût est sucré. Cette substance transparente, un peu jaunâtre, se fabrique à partir de corps gras, dont l'huile de palme. La glycérine peut également être considérée comme un déchet industriel, dans la mesure où on la génère parfois « involontairement », en produisant des biocarburants par exemple.

Cet agent hydratant donne une texture gélatineuse et de la douceur aux cosmétiques de fabrication industrielle ou maison. En effet, la glycérine est simple à manipuler car elle se dissout aussi bien dans l'alcool que dans l'eau et n'a pas besoin d'être chauffée pour cela.

La glycérine entre dans la composition d'une foule de produits cosmétiques, du savon au baume à lèvres, en passant par le démaquillant et le shampoing.

On dit de la glycérine qu'elle capte l'humidité et la retient. Voilà pourquoi elle gagne à être utilisée dans le soin des cheveux secs. Elle ne devrait cependant entrer dans la composition des produits que dans une très faible proportion. Dans le cas contraire, elle produira l'effet inverse à celui recherché et laissera les cheveux poisseux et mal nourris. La glycérine est un remarquable détachant, capable de dissoudre certaines traces particulièrement difficiles, comme celles de jus de pêche par exemple. Elle pénètre au cœur des tissus et de la laine et les remet en forme. La glycérine s'achète en pharmacies et dans certaines boutiques de cosmétiques naturels. Comme il est possible de produire de la glycérine à partir de toute forme de graisse, si vous tenez à éviter les graisses animales, cherchez un flacon portant la mention « glycérine végétale ».

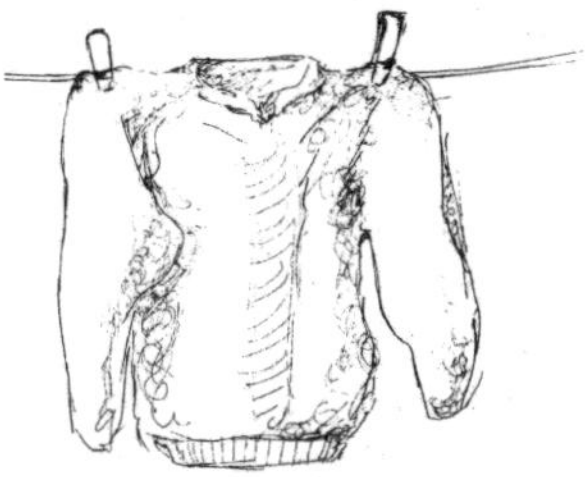

Un pull déformé

Si votre pull s'est déformé, vous l'aiderez à reprendre une forme plus harmonieuse en lui faisant prendre un bain de quelques heures dans de l'eau tiède et de la glycérine. Ensuite, faites-le sécher bien à plat sur une serviette de toilette. Cette astuce fonctionne aussi pour un pull qui a légèrement rétréci. Évidemment, n'escomptez pas récupérer par ce biais un lainage qui a perdu trois tailles !

Antibuée

Vos vitres resteront exemptes de buée si vous passez dessus un chiffon imbibé de glycérine. Cette astuce trouvera son utilité aussi bien à la maison (miroir de la salle de bains) qu'en voiture (rétroviseurs).

Des mains abîmées

Pour retrouver des mains toutes douces, versez dans un flacon un volume de glycérine pour deux volumes d'huile d'amande douce. Secouez bien et tartinez vos mains de ce fluide hydratant tous les soirs. Vos mains profiteront davantage de ce soin si vous enfilez des gants, juste après l'avoir étalé.

Une serrure gelée

Vous empêcherez les serrures de vos portières de voiture de geler en enduisant la clé de glycérine et en la faisant tourner dans la serrure.

Défriser les cheveux bouclés ou crépus

Remplir un vaporisateur d'eau et ajouter une cuillère à soupe de glycérine. Pulvériser à petite dose sur les cheveux pour les démêler plus facilement. Cette lotion à la glycérine, faiblement dosée, peut aussi être utilisée entre deux shampoings pour redonner un peu de souplesse aux cheveux crépus.

Dépoussiérer

Pour capturer facilement la poussière, trempez un chiffon propre dans de l'eau additionnée d'une bonne dose de glycérine. Une fois le chiffon séché, passez-le sur vos meubles : la poussière sera littéralement aimantée.

Entretenir le marbre

Pour protéger et redonner un coup de frais aux surfaces en marbre, passez dessus un chiffon trempé dans la glycérine.

Entretenir le cuir

Pour réparer le cuir abîmé, on peut passer dessus un coton légèrement imbibé de glycérine. Il existe également des savons glycérinés liquides spécialement formulés pour l'entretien des cuirs.

Un fard multi-usage

Remplissez aux trois quarts un petit flacon de glycérine liquide. Ajoutez-y, goutte à goutte, du jus de betterave. Pour l'extraire, roulez un gros morceau de betterave dans un torchon bien propre et pressez-le avec force. Selon la quantité de jus versée dans la glycérine, vous obtiendrez soit un rose pétale, soit un rose profond. Vous pouvez aussi tout simplement plonger vos dés de betterave dans la glycérine et tout faire chauffer au bain-marie. Il est alors plus difficile d'arriver à la teinte souhaitée ou de préparer le produit en petite quantité. Secouez bien et appliquez le fard au doigt ; il convient pour les joues comme pour les lèvres et se conservera quelques jours au réfrigérateur.

Donner un suppositoire

Lorsque vous administrez un suppositoire à la glycérine à votre enfant, pour lui donner les meilleures chances de ne pas ressortir aussi sec, vous devez l'introduire non pas du côté pointu mais plutôt par le bout plat. Pour le durcir un peu, passez-le sous l'eau très froide. Enfin, vous rendrez la manœuvre un peu moins désagréable si vous couchez votre enfant sur le côté, les genoux pliés remontés contre le ventre.

Un savon sans savon

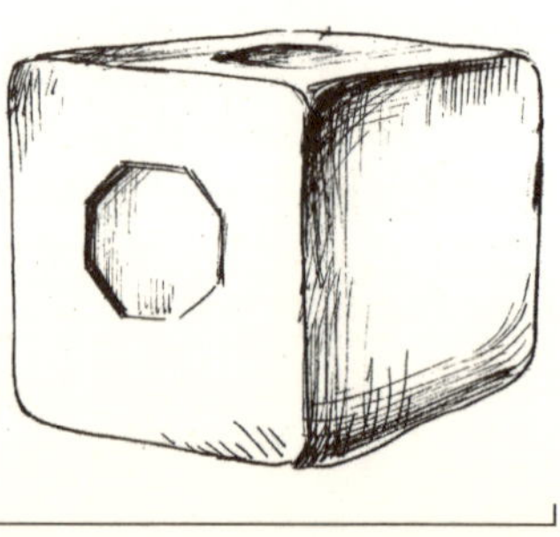

La glycérine entre dans la composition de nombreux savons achetés dans le commerce. Certains proposent même de l'utiliser comme seul ingrédient, pour réaliser, en quelque sorte, un savon sans savon, c'est-à-dire sans soude. Il suffit de faire fondre au bain-marie un morceau de pain de glycérine et d'y ajouter un trait d'huile d'amande douce, quelques gouttes de colorant ou d'une huile essentielle. Coulez votre préparation dans un moule en silicone et laissez refroidir. Si vous doutez des capacités « nettoyantes » de ce pain de glycérine, vous pourrez toujours l'utiliser comme base à vos gommages maison, en incorporant à la glycérine encore chaude une bonne dose de marc de café.

Un gel maison

La glycérine peut vous aider à dompter vos cheveux rebelles : faites bouillir pendant cinq minutes 50 g de graines de lin dans 1 dl d'eau, ou de bière. Filtrez et ajoutez deux cuillères à soupe de glycérine. Mélangez bien : votre gel est prêt. En fonction de vos attentes, vous pouvez augmenter ou diminuer la quantité de graines de lin pour obtenir un gel plus ou moins fixant.

Une tache de café ou de chocolat

Le petit déjeuner a laissé des traces ? Pas de panique : vous pouvez dissoudre les taches de café et de chocolat avec un peu de glycérine avant de passer le vêtement en machine.

Une tache de curry

Frottez la tache à l'eau chaude additionnée de glycérine. Rincez le vêtement et passez-le en machine.

Une tache de pêche

Les taches de pêche sont parmi les plus coriaces, à tel point que nos grands-mères disaient qu'il fallait attendre la prochaine saison des pêches (comprenez l'année suivante) pour les voir partir. Si vous n'avez pas cette patience, vous pouvez masser longuement la tache avec de la glycérine, puis laisser reposer une demi-heure, avant de laver le vêtement au savon.

L'huile d'amande douce

Les fleurs de l'amandier, d'un rose très pâle, sont d'une grande délicatesse, mais ses fruits sont immangeables. Leur peau verte dissimule, en revanche, un noyau très goûteux, l'amande, dont est extraite l'huile d'amande douce.

Autrefois, on lui attribuait de nombreuses vertus : l'huile d'amande douce soulageait les reins et traitait quelques maladies sérieuses, comme la dysenterie et la pleurésie. On connaissait déjà à l'époque sa capacité à réparer les peaux les plus abîmées. C'est pour ce seul et précieux usage qu'on se tourne vers elle aujourd'hui. Elle est l'huile par excellence des soins de beauté. Elle se décline en crèmes, shampoings, savons. Elle est généralement très bien tolérée, on l'utilise même pour masser les nouveau-nés. Elle sert de base à toutes les huiles cosmétiques préparées à la maison : il suffit de lui ajouter quelques gouttes d'huile essentielle.

L'huile d'amande douce peut aussi, comme bien des huiles, être utilisée comme un laxatif. Nous n'avons pas l'habitude de déguster cette huile qui peut pourtant donner du tempérament à quelques plats.

Certains amandiers produisent des graines bien différentes : les amandes amères. Au contraire des précédentes, elles sont toxiques et même mortelles. Cependant, bien utilisées, c'est-à-dire à faible dose, elles entrent dans la composition de pâtisseries, et de la délicieuse liqueur d'amande amère portugaise. Quant à l'amande en elle-même, elle est riche en vitamines E, B2, mais aussi en cuivre, magnésium ou manganèse. Faute d'huile d'amande douce, vous pouvez d'ailleurs préparer très simplement du beurre d'amande. Mondez les amandes après les avoir ébouillantées, puis mixez-les avec un petit peu d'eau jusqu'à obtenir une pâte que vous pourrez mouler au fond d'un ramequin. Le « beurre » obtenu se conserve au réfrigérateur. Il peut aussi bien entrer dans la composition d'un dessert que d'un masque pour le visage.

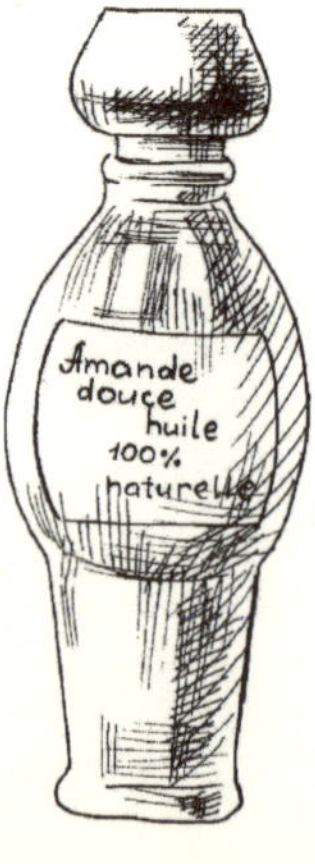

Une huile de massage

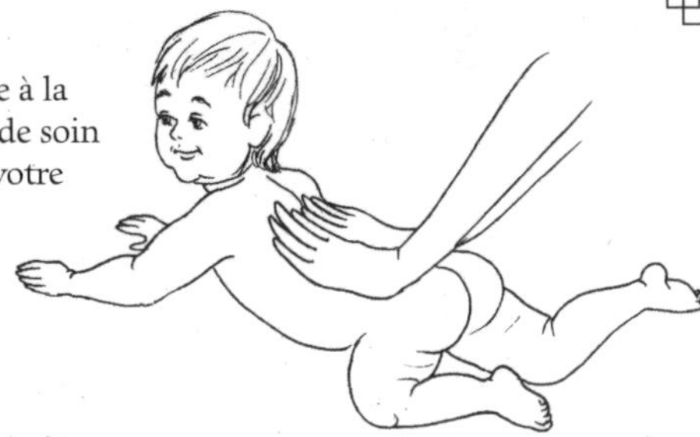

L'huile d'amande douce peut servir de base à la confection de toutes vos huiles de massage et de soin maison. Ajoutez-y les huiles essentielles de votre choix pour créer l'effet souhaité. Pour une huile de massage tonifiante, par exemple, incorporez quelques gouttes d'huile essentielle de menthe poivrée.

Contre les croûtes de lait

Ces petites croûtes sur le crâne des bébés dues à un excès de sébum ont le don d'agacer les jeunes parents qui les trouvent, à juste titre, disgracieuses. Vous pouvez les éliminer en douceur en les tartinant d'huile d'amande douce. Patientez quelques heures, mouillez à nouveau un coton d'huile d'amande douce, puis massez en légers mouvements circulaires la croûte déjà ramollie.

Prévenir les vergetures

Si vous aviez déjà des vergetures avant d'être enceinte, il y a fort à parier que les derniers mois de grossesse laisseront quelques traces sur votre ventre. On ne peut pas éviter la formation des vergetures, mais une peau bien hydratée sera moins vulnérable. Massez donc régulièrement votre ventre avec une huile d'amande douce. Pratiquer ce soin quotidiennement est parfois déconseillé car, pour certains, cela favoriserait une future réaction allergique de l'enfant aux arachides.

Des mains desséchées

Si vos mains supportent mal les rigueurs hivernales, dopez l'efficacité de votre crème pour les mains habituelle en y ajoutant une bonne dose d'huile d'amande douce. Appliquez jusqu'à ce que la peau sature, protégez vos mains sous une paire de vieilles chaussettes et laissez poser toute la nuit.

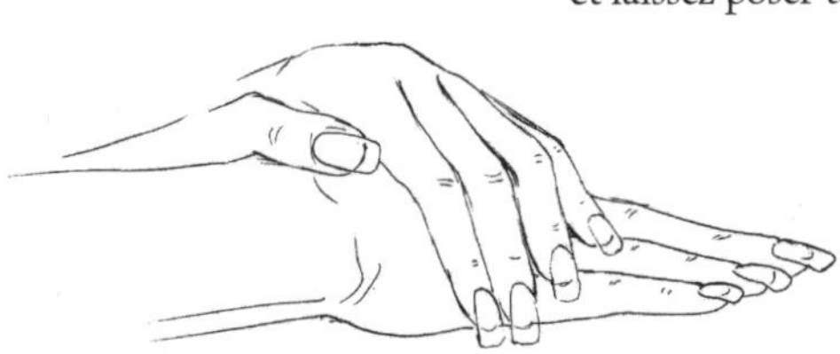

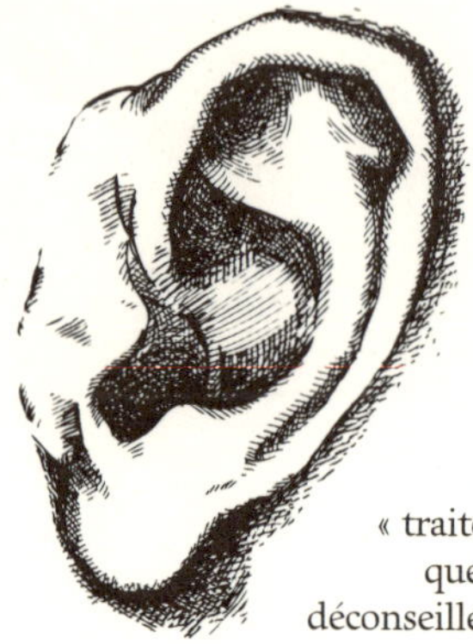

Contre l'otite du baigneur

On appelle l'otite externe « otite du baigneur » parce qu'on l'attrape souvent après une baignade. Avant de plonger dans les vagues, protégez vos oreilles en enduisant chacune d'elles d'une goutte d'huile d'amande douce. Et si une oreille vous semble irritée, procédez de même pour atténuer la gêne.

L'atténuation des vergetures

Après l'accouchement, vous pourrez passer à la phase de « traitement » des vergetures, en ajoutant à l'huile d'amande douce quelques gouttes d'huiles végétales ou d'huiles essentielles, déconseillées pendant la grossesse, mais à l'efficacité reconnue, comme la rose musquée ou le néroli.

Réparer pieds et jointures

L'huile d'amande douce est idéale pour nourrir et réparer les peaux très abîmées. Massez quotidiennement pieds, coudes et genoux avec un peu d'huile pour que votre peau retrouve sa souplesse.

Un masque peau douce

Si votre peau est particulièrement sèche, écrasez un avocat bien mûr, ajoutez deux cuillères à café d'huile d'amande douce et mélangez bien. Laissez poser cette pommade sur le visage un quart d'heure avant de rincer. C'est un soin très gras, il peut donc être judicieux d'éviter de l'appliquer sur la zone T (milieu du front et nez).

Un soin des lèvres

L'huile d'amande douce est aussi efficace qu'un stick à lèvres. Elle hydrate, laisse un film protecteur qui évite à la peau de se dessécher. Vous pouvez l'utiliser en traitement de fond, en enduisant vos lèvres avant d'aller vous coucher.

Retirer un pansement

Vous souffrirez moins en arrachant un pansement si vous en tartinez le pourtour avec un peu d'huile. Vous pouvez aussi tremper un coton-tige dans l'huile et vous en servir pour décoller très progressivement l'adhésif.

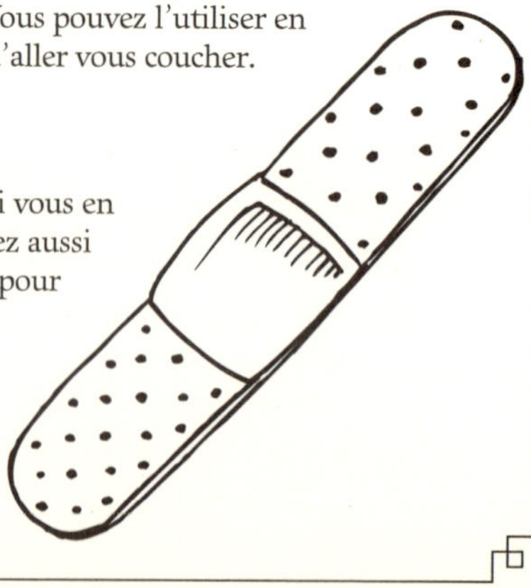

En cuisine

L'huile d'amande douce s'utilise aussi en cuisine, même si cet usage est peu connu. Elle doit être préparée spécialement à cette fin ; on trouve, dans certaines épiceries fines, une huile d'amande douce grillée. Elle peut se cuire, mais elle se destine davantage aux assaisonnements de viandes blanches, poissons et légumes en toute fin de cuisson.

Un gommage à l'amande

Voici un gommage suffisamment doux pour pouvoir être utilisé aussi bien sur le visage que sur le corps. Mélangez une cuillère à soupe de poudre d'amande avec deux cuillères à café d'huile d'amande douce ou une cuillère à café d'huile et une cuillère à café de miel. Réalisez votre gommage comme d'habitude, en faisant de petits massages circulaires.

Fluidifier le mascara

En théorie, un tube de mascara n'est pas censé être conservé plus de six mois. Cela dit, rares sont les femmes capables de vider un tube en si peu de temps. La qualité du mascara se dégrade rapidement, il sèche et devient très difficile à utiliser. Vous le liquéfierez un peu en y ajoutant quelques gouttes d'huile d'amande douce. Pour cela, n'attendez pas qu'il soit devenu trop compact. Il sera alors impossible de réaliser le mélange.

Contre les pellicules

En complément de votre shampoing antipelliculaire habituel, posez, une fois par semaine, un peu d'huile d'amande douce sur votre cuir chevelu, frictionnez et laissez poser un quart d'heure avant de rincer et laver.

Entretenir la peau de reptile

Il est vrai que les sacs en croco et les bottes revêtues de peau de serpent ne sont plus vraiment à la mode. S'il vous reste quelques accessoires vintage de ce type dans votre dressing, sachez que vous rendrez sa brillance à la peau de reptile en passant dessus un morceau de coton légèrement imbibé d'huile d'amande douce.

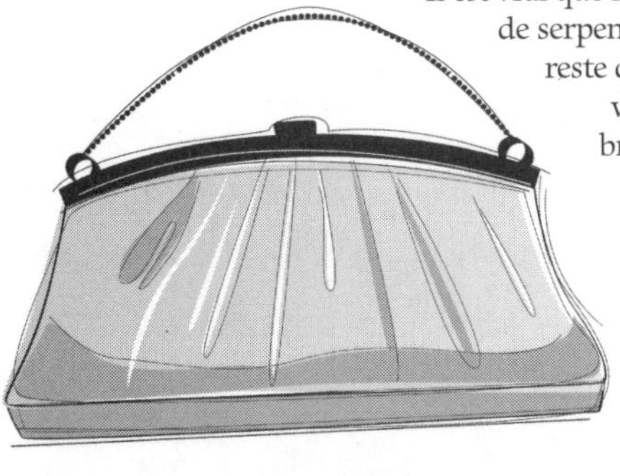

L'huile d'olive

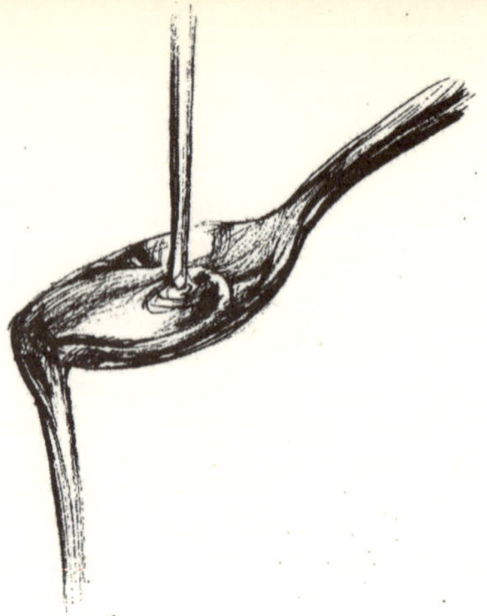

L'huile d'olive est à la mode depuis plus d'une quinzaine d'années. Peut-être portée par le succès du régime crétois, elle est plébiscitée par les magazines féminins qui lui ont forgé l'image d'une graisse « saine ».

Il semble aujourd'hui admis que la consommation régulière d'huile d'olive aide à lutter contre certaines maladies cardio-vasculaires. Pour bénéficier de tous ses bienfaits, il est conseillé de consommer l'huile d'olive froide, en assaisonnement. Même si elle perd un peu en qualité lorsqu'elle est chauffée, l'huile d'olive se comporte très bien à la cuisson. Bien que son goût soit déjà fort prononcé, l'huile d'olive se gorge de tous les parfums que l'on met en contact avec elle : basilic, ail, oignon… Elle peut d'ailleurs adoucir ces derniers, tout comme elle attendrit la viande.

C'est en broyant les olives entières, avec leur noyau, puis en pressant cette purée que l'on extirpe, de chaque kilogramme de matière, 2 dl d'huile.

Une huile d'olive pure portera sur sa bouteille la mention « huile vierge ».

L'huile vierge dite « extra » est moins acide et plus goûteuse : c'est l'huile d'olive la plus qualitative. Beaucoup d'étiquettes mettent en avant une méthode d'extraction : la première pression à froid. Ce procédé très valorisé est en fait largement utilisé aujourd'hui.

L'huile d'olive de production française est protégée par plusieurs Appellations d'origine contrôlée ou protégée (AOC et AOP) : l'huile d'olive d'Aix-en-Provence, de Corse, de Haute-Provence, de Nice, de Nîmes, de Nyon, de la vallée des Baux de Provence.

Au-delà des labels, la qualité de l'huile d'olive se reconnaît aussi à sa fluidité et à sa brillance. En fonction des terroirs et de l'olive utilisée, les huiles peuvent avoir des parfums très différents et des couleurs variables, du jaune doré ou vert profond et transparent. Et l'éventail des prix est aussi large que celui des goûts !

Une huile d'olive parfumée

Vous pouvez parfumer l'huile d'olive avec tout ce qui vous passe par la tête : épices, piments, herbes fraîches, zestes de citron… La macération prend mieux si vous chauffez quelques minutes l'huile avant de la mettre en flacon. Ceci dit, vous pouvez vous contenter d'ajouter simplement les ingrédients de votre choix. Patientez un mois, filtrez et dégustez.

Une peinture murale

Cela peut surprendre, mais l'huile d'olive constitue une bonne base pour confectionner une peinture murale maison. Si vous êtes adepte de la décoration « naturelle », vous pouvez tout simplement délayer vos pigments en poudre dans une huile d'olive à laquelle vous aurez ajouté un trait de jus de citron.

De petits légumes confits

Ail et échalote prennent une texture et un goût raffinés une fois confits dans l'huile d'olive. Épluchez-les grossièrement en leur laissant une fine peau blanche de protection. Faites-les simplement chauffer dans l'huile pendant un quart d'heure avant de les verser, toujours avec leur huile, dans un bocal. Conservez celui-ci au réfrigérateur un bon mois avant de consommer.

Un masque hydratant

L'huile d'olive a un fort pouvoir hydratant. Pour soigner vos cheveux secs, enduisez les longueurs et les pointes d'huile d'olive. Rincez au bout de quinze minutes et faites un ou deux shampoings.

Des citrons confits

Les citrons confits parfument subtilement les volailles et poissons. Choisissez de préférence des citrons bio. Lavez-les avec soin, brossez-les, séchez-les, puis coupez-les en tranches. Dans un plat creux, couchez les rondelles en les arrosant de gros sel. Laissez reposer une journée au réfrigérateur, puis essuyez les rondelles et logez-les dans un bocal. Couvrez d'huile d'olive et placez au réfrigérateur. Les citrons sont bons à consommer au bout d'un mois.

Un estomac léger

Avant une soirée arrosée ou un grand repas, avalez une cuillère à café d'huile d'olive. Cela ne vous évitera peut-être pas une solide migraine. En revanche, l'huile tapissera votre estomac et vous épargnera les aigreurs du lendemain.

Réussir une marinade

Une huile d'olive de qualité va permettre tout à la fois de parfumer et d'attendrir la viande. Pour mariner votre viande, avant par exemple de la cuire à la plancha ou au barbecue, ajoutez à l'huile du vinaigre ou du citron, du sel et du poivre. Ensuite, tout est affaire de goût et d'imagination : pour une touche sucrée, mettez du miel, pour un peu d'exotisme, de la sauce soja. Pensez à tous les aromates classiques : thym, basilic, romarin, mais aussi à l'ail. Pour que la marinade pénètre bien, faites quelques entailles dans la viande. Préférez les plats en verre et laissez reposer votre viande dans son jus pendant une bonne heure au réfrigérateur.

Contre la constipation

Pour mettre fin à un épisode de constipation, avalez, deux fois par jour, une cuillère à café d'huile d'olive jusqu'à disparition du symptôme.

Pour la beauté des seins

L'huile d'olive contribuerait à la prévention du cancer du sein. Elle protège aussi la peau fragile de votre décolleté des signes de vieillissement (ridules, relâchement). Faites légèrement tiédir un fond d'huile d'olive et mouillez-en quelques compresses que vous étendrez sur votre poitrine.

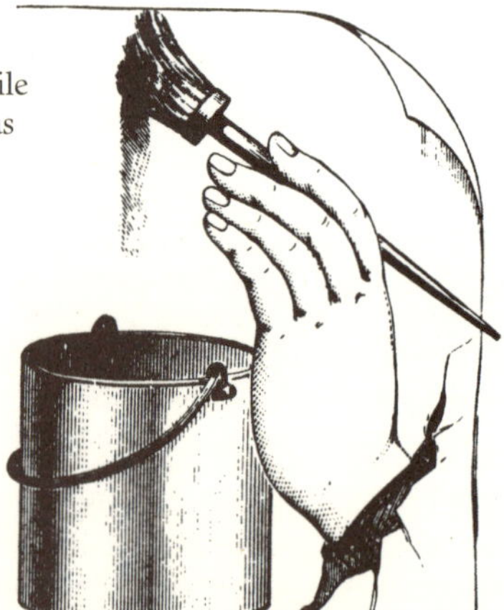

De la peinture sur les mains

Vous avez omis de mettre des gants avant de vous lancer dans vos travaux de peinture ? Pour nettoyer vos mains, il y a plus délicat que le white-spirit. Une cuillère d'huile d'olive frottée entre les mains viendra à bout de toute trace de peinture glycéro.

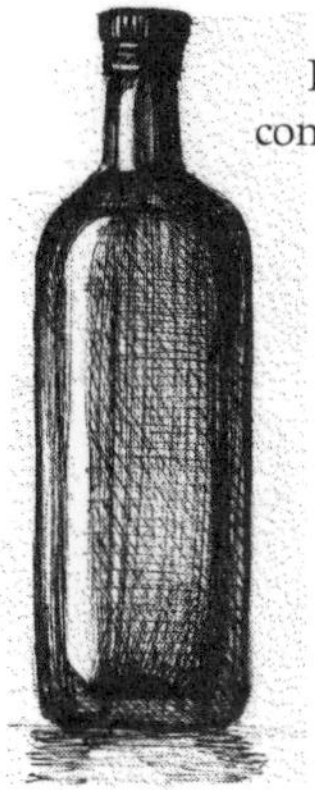

Conserver l'huile d'olive

Pour que votre huile d'olive reste goûteuse le plus longtemps possible, conservez-la à l'abri de la lumière, ou dans un contenant en verre opaque qui se referme bien. L'huile d'olive se garde deux ans à une température de 15 °C.

Un démaquillant d'appoint

Un peu d'huile d'olive sur du coton remplacera opportunément votre démaquillant habituel. Utilisez une huile d'olive bio de qualité. Cette solution peut être intéressante si votre lait démaquillant ne vient pas à bout d'un mascara waterproof. L'huile d'olive ne saurait être utilisée que de façon ponctuelle car sa texture et son parfum en font un produit peu agréable.

Chasser les pucerons

Si vos plantes sont infestées de pucerons, vaporisez dessus un mélange à parts égales d'huile d'olive et d'eau. Secouez bien avant d'utiliser.

Entretenir un vieux meuble

L'huile d'olive est nourrissante, elle peut donc vous permettre de traiter vos meubles. Passez-la de façon uniforme avec un chiffon et essuyez l'excédent. Pour parfumer et nettoyer le meuble en même temps, vous pouvez ajouter un trait de jus de citron à votre huile d'olive.

Un meuble taché

De nombreuses taches à la surface des meubles vernis peuvent être éliminées grâce à l'huile d'olive : éraflure, décoloration, liquide renversé… Deux méthodes s'offrent à vous. Vous pouvez frotter la tache avec un mélange d'huile d'olive et d'alcool ménager dont vous augmenterez l'efficacité avec de l'essence de térébenthine. Une pâte d'huile d'olive et de cendre de cigarette est aussi efficace.

Le lait

Sauf à vivre près d'une ferme, vous avez peu de chance de consommer un jour du lait cru. Dans les rayons de votre supermarché favori, vous trouverez plus volontiers du lait pasteurisé ou du lait stérilisé.

Le lait pasteurisé est chauffé à plus de 72 °C pendant une poignée de secondes. Le lait stérilisé, dit UHT pour « Ultra Haute Température », est quant à lui porté à plus de 140 °C. Il peut donc se conserver trois mois sous son emballage, contre une semaine pour le lait pasteurisé. Bien sûr, ces traitements par la chaleur ont aussi leurs détracteurs puisqu'ils détruisent aussi bien les « bonnes » que les mauvaises bactéries.

Le lait est incontournable à tout âge, car il est une source essentielle de calcium et de vitamine D, aussi nécessaire à la croissance qu'à la prévention de l'ostéoporose. On reproche souvent au lait d'être indigeste. L'intolérance au lactose, un glucide présent dans le lait, peut en effet occasionner une perturbation douloureuse du transit. Des laits appauvris en lactose ont été mis au point pour pallier ce problème.

En fonction du taux de matières grasses qu'il contient, le lait se classe en trois catégories. Il est entier lorsqu'il contient plus de 36 g de matières grasses par litre. Il est demi-écrémé quand il offre de 15,45 à 18,45 g de matières grasses et écrémé lorsqu'il se limite à 3,09 g. Si les lettres majuscules ne vous paraissent pas suffisamment claires, sachez qu'un code couleur a été mis en place : selon que le lait est entier, demi-écrémé ou écrémé, son emballage est rouge, bleu ou vert. Le lait peut rendre une foule de petits services en cuisine : il sait attendrir la viande, dessaler le poisson. Avec nos astuces, vous découvrirez que l'on peut faire du lait sans lait, remplacer la colle par une fine couche de lait ou encore rafraîchir rapidement son teint lorsqu'on n'a plus de maquillage sous la main…

Une casserole nette

Pour éviter que le lait bouilli n'attache au fond de votre vieille casserole, avant d'utiliser celle-ci, mouillez son fond avec un filet d'eau froide, retournez-la rapidement au-dessus de l'évier pour éliminer l'eau, puis remplissez-la de lait sans la sécher. L'eau formera une pellicule qui protégera le revêtement de la casserole. Par ailleurs, pour éviter que le lait ne déborde trop vite, étalez une fine couche de beurre sur un ou deux centimètres le long du bord intérieur de la casserole.

Dessaler le poisson

Quand on cuisine régulièrement de la morue, on connaît bien cette technique de dessalage : les filets couverts de sel sont déposés au fond d'un plat rempli de lait et réservé au réfrigérateur. Pour bien préparer la morue, il est conseillé de la dessaler pendant une journée entière, en changeant plusieurs fois le lait qui arrive rapidement à saturation. Si vous trouvez le goût de certains poissons, comme le hareng ou le haddock, trop fort, employez cette même technique. Une heure de trempage suffira à atténuer leur parfum salé et à rendre la chair bien moelleuse.

Un anticerne

Voici une astuce de grand-mère surprenante, mais qui peut dépanner : à défaut d'anticerne, passez sous vos yeux, en tapotant, quelques gouttes de lait et laissez sécher. Le contour de vos yeux sera légèrement rafraîchi, mais vous n'obtiendrez bien évidemment pas un effet couvrant comparable à celui d'un anticerne.

Dorer un gâteau

Il vous reste juste assez d'œufs pour réaliser votre recette ? Vous pourrez tout de même servir à vos convives un gâteau bien doré. Il vous suffit de remplacer le jaune d'œuf par une fine couche de lait sucré, étalée sur la pâte au pinceau.

Rafraîchir des noix

Si les cerneaux de noix ne sont pas conservés dans une boîte hermétique, ils se dessèchent en quelques jours. Vous pourrez améliorer leur texture en leur faisant prendre un bain de lait.

Un réfrigérateur sans odeur

Le lait est très efficace pour absorber les mauvaises odeurs du réfrigérateur. Remplissez à demi un ramequin de lait et déposez-y un morceau de pain. Placez le tout au réfrigérateur et remplacez le contenu du récipient tous les trois jours.

Attendrir une viande blanche

Les pièces de veau, de porc, les blancs de volaille seront plus tendres si vous les laissez reposer une ou deux heures dans du lait. Vous pouvez en profiter pour faire une marinade en ajoutant au lait les épices de votre choix. Dans ce cas, bien sûr, vous laisserez la viande reposer une douzaine d'heures au moins au réfrigérateur.

Une tache de feutre

Une tache de feutre sur un vêtement se dissoudra si vous laissez tremper le tissu quelques heures dans du lait.

Des frites au lait

Les frites trempées dans le lait avant cuisson conservent plus de fermenté et se gorgent moins de gras. Pour réaliser des frites « à l'ancienne », coupez vos pommes de terre non épluchées en grosses lamelles. Trempez-les dans un mélange de lait et de jaune d'œuf et roulez-les dans la farine.

Du lait concentré maison

Vous pouvez fabriquer votre propre lait concentré en faisant chauffer pendant une heure à feu moyen et en remuant fréquemment un volume de lait pour un demi-volume de sucre. Pour un lait concentré express, battez vigoureusement un volume de lait en poudre, un demi-volume de sucre et un demi-volume d'eau bouillante.

Une tache de fruits rouges

Mouillez la tache de lait chaud et frottez. Si elle ne part pas, laissez tremper le vêtement dans le lait pendant plusieurs heures.

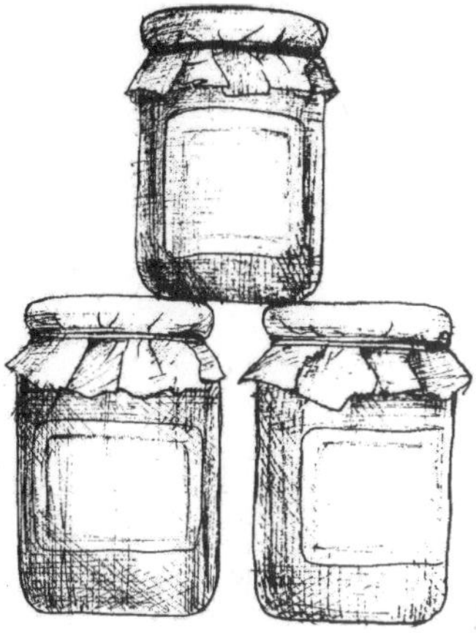

Une confiture avec du lait

On peut préparer une savoureuse confiture à base de lait. Faites chauffer pendant deux à trois heures un volume de lait pour un demi-volume de sucre, en remuant fréquemment. Vous pouvez aussi faire chauffer pendant une heure une boîte de lait concentré entrouverte.

Des conserves bien identifiées

Si vous préparez vos propres conserves, laissez dormir colle et étiquettes au fond d'un tiroir. Vous pouvez étiqueter les bocaux de façon très simple, en coupant de petits carrés de papier et en les trempant dans le lait. Il ne vous reste plus qu'à appliquer votre étiquette sur le bocal en verre.

Du lait végétal

Par curiosité, ou si vous vous préparez à accueillir un invité qui supporte mal le lait, vous pouvez fabriquer facilement un lait végétal. Le plus simple à réaliser, celui qui ne requiert aucune machine, est le lait d'avoine. Laissez tremper cinq cuillères à soupe de flocons d'avoine dans de l'eau pendant une dizaine d'heures. Égouttez-les et arrosez-les de 1 l d'eau que vous porterez à ébullition, puis laisserez chauffer pendant une heure. Votre lait végétal est prêt, vous n'avez plus qu'à le filtrer et à le conserver au réfrigérateur.

Un masque coup d'éclat

La douceur et la richesse du lait en poudre en font une très bonne base pour réaliser vos masques maison. Pour les recettes, donnez libre cours à votre imagination. En voici une : mélangez une cuillère à café de lait en poudre, une cuillère à café de miel, une cuillère à café d'huile d'amande douce et un trait de jus de citron.

Produits

La lavande

Les champs de lavande, avec leurs longs sillons violacés s'étendant à perte de vue, sont indissociables de l'image de la Provence. Son parfum et ses qualités apaisantes et antibactériennes la rendent fort utile.

Il existe deux principales variétés : la lavande vraie, aussi appelée *Angustifolia* ou *Officinalis*, et la lavande aspic ou *Latifolia*. On confond parfois lavande et lavandin : le second est en fait un hybride né des deux lavandes précédemment citées, à fleurs plus grosses et qui permet d'obtenir davantage d'huile essentielle. Pour cette raison, le lavandin a supplanté la lavande dans la fabrication de nombreux produits industriels (nettoyants parfumés, savons…).

La lavande est une plante apaisante qui aide notamment à calmer l'anxiété, à retrouver le sommeil et à soulager les migraines. Elle traite, ou accompagne le traitement, de toute une palette d'affections cutanées, de l'acné au bouton de fièvre, en passant par les brûlures légères et l'eczéma.

Outre son parfum entêtant capable d'imprégner une pièce pendant une bonne semaine, la lavande a des propriétés bactéricides. Ces deux qualités font qu'elle gagne à être utilisée dans l'entretien de la maison.

Pour tous ces usages, on utilisera l'huile essentielle de lavande. Son prix, comme toujours avec les huiles essentielles, est plutôt élevé, mais devient tout relatif si l'on considère qu'il faut plus de 100 kg de fleurs et de tiges pour obtenir un tout petit litre d'élixir doré et que la récolte se fait parfois à la main. Les petits budgets, à condition de faire preuve de patience, pourront se fabriquer une huile de lavande maison, en laissant macérer une bonne poignée de fleurs dans un bocal d'huile végétale, pendant plusieurs semaines. Bien sûr, le produit obtenu est infiniment moins concentré que l'huile essentielle, mais il est aussi directement utilisable sur la peau après filtration.

Soigner son animal

Si votre chien ou votre chat s'est fait une petite plaie, nettoyez-la soigneusement. Remplissez ensuite un spray d'eau et ajoutez-y quelques gouttes d'huile essentielle de lavande et quelques gouttes d'huile essentielle de thym ou d'arbre à thé. L'huile essentielle étant par nature très concentrée, n'en mettez que très peu. Vaporisez la lotion sur la plaie matin et soir, secouez avant emploi. Attention, cette astuce est uniquement valable pour les petites plaies. Si la blessure s'infecte, saigne abondamment ou dépasse le cadre de la simple morsure ou écorchure, conduisez votre animal chez le vétérinaire.

Antipou

Pour éviter que vos enfants n'attrapent des poux, ajoutez à leur flacon de shampoing quatre ou cinq gouttes d'huile essentielle de lavande. En période d'épidémie, mettez-leur chaque matin une goutte d'huile essentielle de lavande derrière les oreilles.

Des cicatrices d'acné

Vous pouvez estomper légèrement les marques d'acné en vous exposant régulièrement aux vapeurs de lavande. Faites bouillir de l'eau et versez-la dans un bol avec quelques gouttes d'huile essentielle de lavande. Penchez-vous au-dessus pendant cinq minutes.

Une brume d'oreiller

La lavande a pour principale vertu pour la santé une capacité à calmer les nerfs et à relaxer. Si vous peinez à trouver le sommeil, vaporisez sur votre oreiller un peu d'eau florale de lavande. Son parfum vous détendra et, qui sait, vous rappellera peut-être quelques lointaines et délicieuses vacances en Provence.

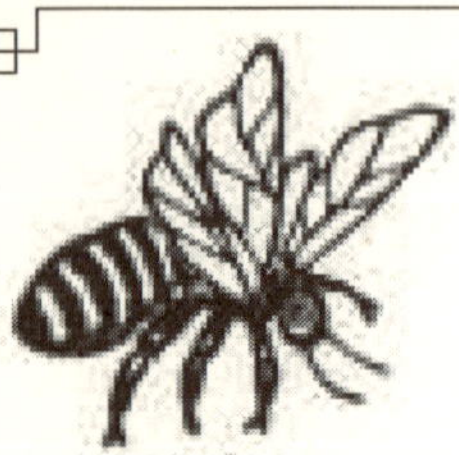

Une piqûre d'insecte

Vous calmerez les picotements et irritations qui suivent une piqûre d'insecte, en appliquant sur la peau une goutte d'huile essentielle de lavande et une goutte d'huile essentielle d'arbre à thé. Massez bien pour que les produits pénètrent.

Les maux de gorge

Voici un remède de grand-mère plein de douceur : lorsque vous commencez à avoir mal à la gorge, croquez un sucre sur lequel vous aurez versé une goutte d'huile essentielle de lavande bio.

Faire passer une migraine

Si vous souffrez régulièrement de migraines, gardez toujours à portée de main un petit flacon d'huile d'amande douce à laquelle vous aurez ajouté quelques gouttes d'huile essentielle de lavande. Lorsque vous commencez à ressentir des maux de tête, massez-vous les tempes en légers mouvements circulaires avec cette huile. Autant que possible, réfugiez-vous dans un endroit sombre et calme.

Antipuce

L'odeur de la lavande est radicale pour faire fuir ces satanées bestioles. Dans un petit récipient, faites couler de l'eau et ajoutez-y quelques gouttes d'huile essentielle de lavande. Trempez-y une brosse et balayez consciencieusement tout le pelage de votre animal avec cet antipuce 100 % naturel.

Calmer les douleurs hémorroïdaires

Pour faire passer la crise, appliquez, une fois par jour, après la douche, quelques gouttes d'huile essentielle de lavande au niveau de l'anus, sur les zones douloureuses. L'huile essentielle de lavande ne brûle pas. Néanmoins, si vous craignez de souffrir au moment de l'application, n'hésitez pas à la « couper » avec un peu d'huile végétale.

Un tonique pour peaux grasses

Versez deux cuillères à café d'huile essentielle de lavande dans 1 l de vinaigre de cidre ou laissez macérer une poignée de fleurs de lavande, pendant deux semaines, dans un bocal rempli de vinaigre blanc, avant de filtrer. Versez, dans un demi-verre d'eau, un petit trait de ce vinaigre de lavande et utilisez-le comme un tonique.

En cuisine

La lavande s'utilise aussi en cuisine. La crème brûlée, par exemple, peut être aromatisée à la lavande. Il suffit d'ajouter deux gouttes d'huile essentielle à la crème, en début de préparation. Vous pourrez aussi décorer vos crèmes avec quelques fleurs de lavande. Le parfum de la lavande se marie aussi très bien avec le chocolat et peut ainsi agrémenter toute une palette de desserts. Optez toujours pour une huile essentielle pure, bio de préférence, et limitez-vous à deux ou trois gouttes d'huile.

Chasser rhumatismes et douleurs articulaires

Ajoutez quelques gouttes d'huile essentielle de lavande à un flacon d'huile d'amande douce. Remuez bien et utilisez le mélange en frictions quotidiennes, lorsque vos articulations vous font souffrir.

Contre la fatigue et le stress

Si vous vous sentez tendu, faites-vous couler un bon bain chaud auquel vous ajouterez quelques gouttes d'huile de lavande ou une infusion de lavande.

Un bouton de fièvre

Dès qu'un bouton de fièvre s'annonce, commencez à le traiter, sans attendre sa complète apparition. Ajoutez quelques gouttes d'huile essentielle de lavande à un petit flacon d'huile d'amande douce. Secouez bien et appliquez une goutte de ce mélange d'huiles sur le bouton, trois fois par jour, jusqu'à ce qu'il soit définitivement parti.

Assainir la maison

Pour le nettoyage de vos sols, vitres et miroirs, vous pouvez combiner les propriétés du vinaigre blanc (assainit, dissout le calcaire) et de la lavande (antiseptique, antibactérienne et parfumée). Ajoutez à votre eau vinaigrée de nettoyage ou de rinçage une bonne cuillère à soupe d'huile essentielle de lavande.

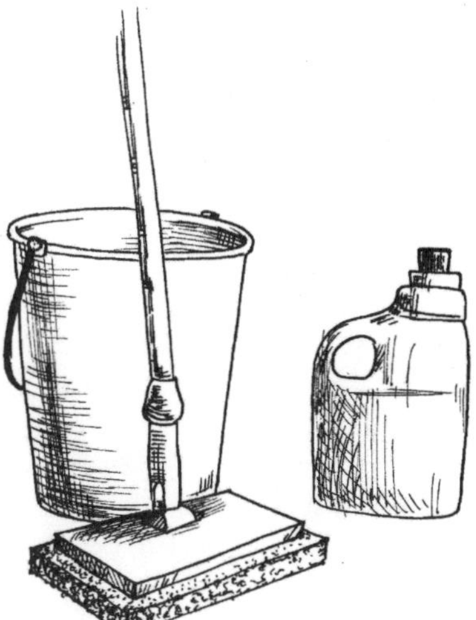

Le marc de café

À raison de trois cafés consommés par jour, la quantité de marc produite par une famille, semaine après semaine, est loin d'être négligeable. Celui-ci est loin d'être un déchet : il gomme la peau en douceur mais il peut aussi teinter, désodoriser, fertiliser.

Le caféier cache ses graines au cœur de grosses cerises rouges. Pour les libérer, il faut sécher le fruit, puis rompre son noyau. Le grain de café passera du vert au brun lors de la torréfaction qui consiste à le faire griller. C'est un moment rare pour les amateurs de café qui hantent les brûleries à la recherche de cette odeur âcre si particulière.

On trouve dans le commerce deux types de cafés, fruits de deux variétés de caféiers différentes : l'Arabica, doux et parfumé et le Robusta, plus tonique.

On attribue au café de nombreuses vertus : antioxydant, il participerait à la prévention de certains cancers, du diabète de type 2 et de certains troubles cardio-vasculaires. C'est avant tout pour ses qualités de stimulant intellectuel et de tonifiant que le café est si abondamment consommé. Contrairement à une idée reçue, un café long contient plus de caféine qu'un expresso, car la concentration de celle-ci dépend du temps de contact du café avec l'eau.

C'est bien connu, l'avenir se lit dans le marc de café. Cet « art » divinatoire porte un nom : la cafédomancie. Il existe plusieurs méthodes : soit on verse le café dans la tasse (sans le filtrer bien sûr), on boit celle-ci, puis on la retourne quelques instants sur sa soucoupe, soit on verse un peu de café corsé dans une assiette avant de la secouer et de jeter le liquide. Dans les deux cas, il convient d'identifier, au fond du contenant, de quelle figure (plus d'une centaine sont répertoriées) se rapproche la bouillie informe. Il s'agit d'avoir l'œil aiguisé, car des confusions sont possibles. Ainsi, une anguille est signe de mystère, mais un serpent, de trahison, une épine, de douleur mais une aiguille, de dispute.

De beaux cheveux bruns

Pour renforcer l'éclat des cheveux bruns et les rendre doux au toucher, après le shampoing, massez les longueurs et les pointes avec quelques poignées de marc de café, puis rincez bien.

Un gommage pour le visage

Voilà une excellente raison de renoncer au café en capsules : le marc de café dont les grains sont fins et doux constitue une excellente base pour un gommage du visage fait maison. Vous pouvez l'utiliser tel quel, frotté en gestes circulaires sur le visage. Pour qu'il soit plus facile d'emploi, ajoutez à une cuillère à soupe de marc une cuillère à café du gel nettoyant pour le visage que vous utilisez habituellement.

Un hâle plus vrai que nature

Enfiler une belle jupe d'été laisse quelques regrets lorsqu'on n'a pas, ou plus, le bronzage qui va avec. Pour relever le hâle de vos gambettes, appliquez cette astuce de grand-mère : massez vos jambes, de façon uniforme, avec du marc de café encore tiède et humide. Essuyez bien vos jambes et séchez-les soigneusement avant de vous habiller, surtout si vous avez choisi des vêtements clairs.

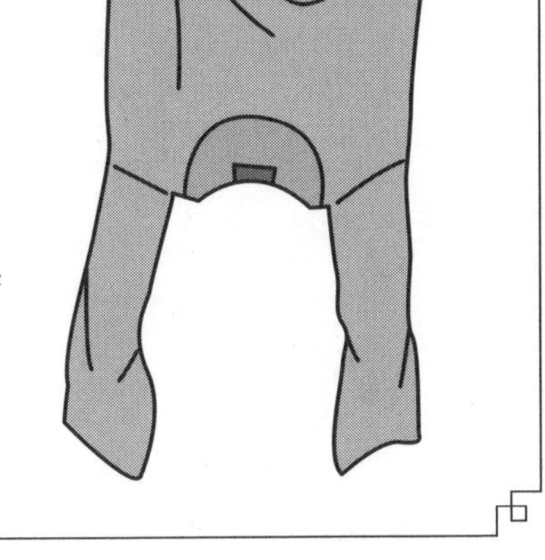

Colorer un vêtement

Pour brunir un vêtement, faites bouillir de l'eau avec une bonne quantité de marc de café. Plongez le linge dans l'eau chaude et patientez pendant quelques dizaines de minutes. L'intensité de la couleur obtenue dépendra de trois facteurs : la teinte de base du vêtement, la quantité de marc utilisée et le temps d'attente.

Anticellulite

Le café est l'une des astuces de grand-mère les plus connues pour lutter contre la cellulite. Pour un usage quotidien, vous pouvez incorporer le marc de café à votre gel douche, ou mélanger le marc de café à de l'huile d'amande douce. Vous pouvez aussi fabriquer une pâte à base de café très fort, d'argile et de marc de café. Dans tous les cas, ce qui compte avant tout, pour chasser la cellulite, est de bien masser les zones touchées et de faire ce soin le plus fréquemment possible.

Un réfrigérateur sans mauvaises odeurs

Vous chasserez définitivement les mauvaises odeurs de votre réfrigérateur si vous y laissez, en permanence, un ramequin contenant quelques cuillères à soupe de marc de café sec (pour éviter toute moisissure).

Des mains bien propres

Même le savon paraît incapable de venir à bout de certaines odeurs dont la peau semble littéralement imprégnée (l'ail, par exemple). Dans ces cas-là, massez patiemment vos doigts avec du marc de café.

Un engrais naturel

Le marc de café contient de l'azote, du phosphore et du potassium. Il gagne donc à être utilisé comme engrais, en le mélangeant de temps en temps à la terre qui entoure vos plantes, qu'elles soient en pot ou en pleine terre.

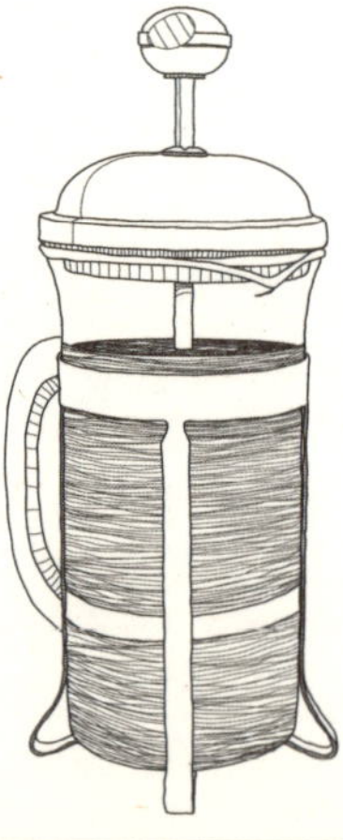

Éliminer les pucerons et les fourmis

Le goût du café déplaît aux pucerons. Pour les faire fuir, mélangez à la terre qui borde les plantes atteintes un peu de marc de café. Vous pouvez également passer un peu de café sur leurs feuilles. À noter que le marc de café est redoutablement efficace contre les fourmis. Il peut alors être aussi précieux au jardin que dans la maison, pour éviter ou stopper l'invasion.

Antipuce

Pour éviter que vos animaux ne soient infestés de puces, frottez régulièrement leur pelage avec du marc de café et brossez-les bien.

Désodoriser les canalisations

Si un fumet nauséabond remonte par le siphon de votre évier, lavabo ou baignoire, versez-y une ou deux poignées de marc de café. Cette astuce, utilisée de manière régulière, permettrait également d'éviter la formation de bouchons dans les canalisations. Avant de la tester, assurez-vous cependant que votre plomberie est bien conçue, avec une pente suffisante pour permettre une évacuation normale.

Semer clair

Pour éviter d'entasser vos graines lorsque vous les semez, mélangez-les à du marc de café. Ainsi, elles seront bien dispersées et bénéficieront, dès le début de leur croissance, d'un apport en engrais naturel.

Attendrir la viande

Pour rendre à la viande un peu de souplesse, il n'y a pas que la marinade. On peut aussi la laisser reposer dans une eau additionnée de bicarbonate de soude ou encore la rouler dans une bonne quantité de marc humide. Dans les deux cas, rincez bien la viande avant de la cuire.

Une tache sur un meuble

Le marc de café humide vient à bout des décolorations provoquées par un plat chaud sur un meuble, mais également des taches de boissons sucrées. Dans ce dernier cas, vous pouvez lui adjoindre un peu d'huile de lin pour réussir à bien pénétrer le meuble.

Teinter un meuble

Cette méthode fonctionne particulièrement bien sur un bois clair. Si le meuble est ciré, verni, ou a une surface accidentée, commencez par le poncer avec soin. Récupérez le contenu d'un filtre à café et mettez-le dans une casserole d'eau. Portez à ébullition et laissez chauffer à feu vif pendant une dizaine de minutes. Faites passer la mixture dans un filtre à café et utilisez le jus ultraconcentré ainsi obtenu. Plusieurs passages peuvent être nécessaires pour obtenir une teinte suffisamment intense. En guise de finition, cirez le meuble.

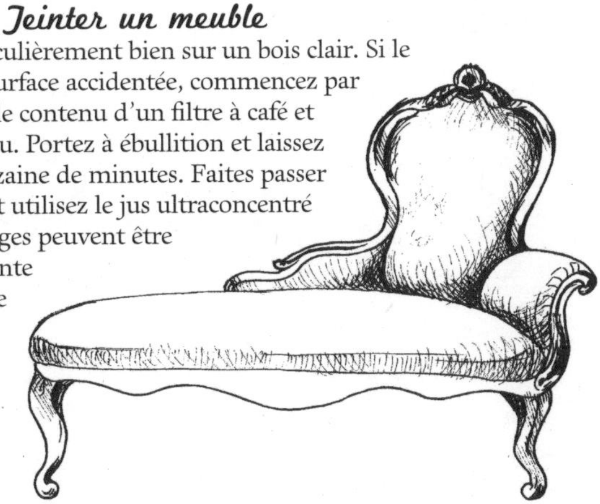

Produits

Le miel

Le miel a de longue date été utilisé comme un remède populaire. Cet usage est encouragé par certaines recherches qui ont confirmé ses propriétés antiseptiques, dont on tire profit aussi bien en avalant le miel, qu'en l'appliquant sur la peau.

C'est un produit quasi magique : une belle robe dorée, un parfum savoureux, une recette élaborée que l'homme serait en peine de reproduire seul et qui se fabrique pourtant naturellement, à partir du nectar que les abeilles travailleuses récoltent patiemment.

Le miel semble aujourd'hui réservé au petit-déjeuner et à la confection du pain d'épices. Avant la canne à sucre, avant la betterave, c'est pourtant du miel dont on se servait pour apporter un peu de douceur en cuisine. Si cet usage s'est un peu perdu, il n'est pourtant pas sans intérêt sur le plan nutritionnel. Le miel est, en effet, moins calorique que le sucre en poudre et il est composé de plus d'une dizaine de sucres différents. Le miel cristallise inévitablement, ce qui a le don d'énerver le consommateur, qui le croit alors bon à jeter. On reconnaît pourtant la qualité du miel à sa capacité à cristalliser en formant des grains très fins. Si vous souhaitez que votre miel reste liquide le plus longtemps possible, misez sur le miel d'acacia.

Les arômes, la couleur et la texture du miel varient considérablement selon sa provenance, et plus précisément selon les fleurs mellifères sur lesquelles les butineuses auront pu se promener. Pour acheter un miel de qualité, ou tout au moins vous repérer dans cet univers de parfums, vous pouvez vous baser sur les labels. Deux miels sont, en effet, protégés par une AOC (Appellation d'origine contrôlée) : le miel de Corse et le miel de sapin des Vosges. Il existe également trois labels rouges : le miel de lavande et de lavandin, le miel de sapin et le miel toutes fleurs. Enfin, le miel d'Alsace et le miel de Provence font l'objet d'une IGP (Indication géographique protégée).

Récupérer un miel cristallisé

Ne jetez pas à la poubelle un pot de miel qui a cristallisé. Vous pouvez, en effet, le rendre crémeux à nouveau de façon très simple : il suffit de le réchauffer quelques minutes au bain-marie, tout en remuant.

Remplacer le sucre

Au vu de toutes les vertus que l'on prête au miel, il est tentant de revenir à cette bonne vieille méthode oubliée : sucrer avec du miel. Bien sûr, il parfumera légèrement vos desserts, mais il améliorera aussi leur conservation : grâce au miel, vos gâteaux sécheront moins vite. Le miel a un pouvoir sucrant plus fort que le sucre en poudre, pensez donc à réduire la quantité d'un tiers. Par ailleurs, le miel étant liquide, vous devrez en tenir compte et diminuer en conséquence l'apport en lait, huile, etc.

Soigner une plaie

Le miel parvient à faire cicatriser des plaies de toutes les natures ; les médecins ont même été jusqu'à l'utiliser sur des escarres qui sont des plaies très profondes et douloureuses. Vous pouvez donc employer du miel sur toutes les petites lésions cutanées : brûlures, coupures, égratignures… Nettoyez la plaie à l'eau et au savon, puis enduisez-la d'une fine couche de miel. Protégez le tout avec une compresse et du sparadrap.

Antiacné

Le miel peut vous aider à vous débarrasser des petits boutons disgracieux. Nettoyez bien votre visage, puis appliquez sur chaque bouton une pointe de miel. Patientez dix minutes, essuyez et rincez. Renouvelez l'opération tous les jours.

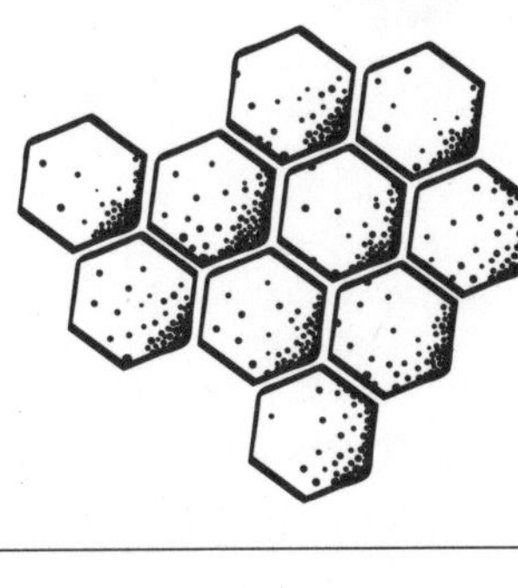

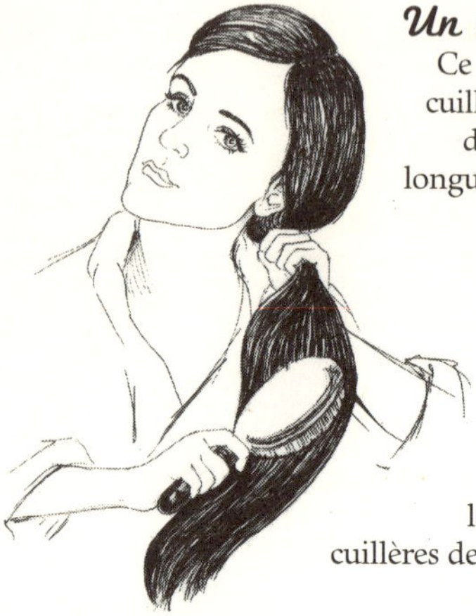

Un masque nourrissant pour les cheveux

Ce soin est ultrasimple à réaliser : il suffit de diluer une cuillère à soupe de miel dans trois cuillères à soupe d'huile d'olive. Appliquez sur les cheveux en insistant sur les longueurs et les pointes. Laissez poser vingt minutes avant de faire un shampoing.

Un masque éclat du visage

Le miel permet de réaliser un masque de beauté adapté à tout type de peau. Si vous avez la peau grasse, vous diluerez la cuillerée de miel dans une cuillère de jus de citron et un jaune d'œuf. Si vous avez la peau sèche, vous mélangerez le miel à une ou deux cuillères de purée de bananes. Laissez poser le masque pendant un petit quart d'heure.

Un tonique au miel

Pour fabriquer votre eau purifiante au miel, il suffit de dissoudre une petite cuillère de miel bien fluide dans un grand flacon d'eau chaude et de bien mélanger. À la place de l'eau, vous pouvez aussi utiliser le jus d'un concombre (pour l'exprimer, mixez-le et pressez-le dans un torchon) ou encore une eau florale de votre choix. La lotion obtenue se passe sur le visage avec un morceau de coton. Si vous avez un peu trop fortement dosé le miel, vous pouvez rincer votre visage après.

Un gommage au miel

Pour éliminer les impuretés de votre visage en douceur, mélangez une cuillère à café de miel avec une cuillère à café de sucre et une cuillère à café d'huile d'olive ou d'huile d'amande douce. Appliquez la mixture comme un gommage traditionnel et rincez bien.

Une cire à épiler maison

Pour fabriquer votre propre cire, il suffit de chauffer ensemble du miel, du sucre et du jus de citron. Les proportions sont variables, en fonction de la texture souhaitée. Pour un premier test, vous pouvez vous baser sur ces proportions : un demi-verre de miel, un demi-verre de jus de citron et un verre de sucre.

Vous pouvez modifier cette composition à votre guise : l'essentiel est d'obtenir une pâte bien collante. Lorsque les ingrédients sont dans la casserole, remuez constamment. La cire est prête lorsqu'elle a pris une belle couleur. Laissez-la refroidir et formez une petite boule que vous appliquerez et décollerez de vos gambettes en un mouvement rapide. Utilisez chaque boule de cire jusqu'à ce qu'elle ne colle plus. Pour que cette méthode d'épilation soit efficace, il faut que les poils fassent quelques millimètres et ne soient pas trop fins.

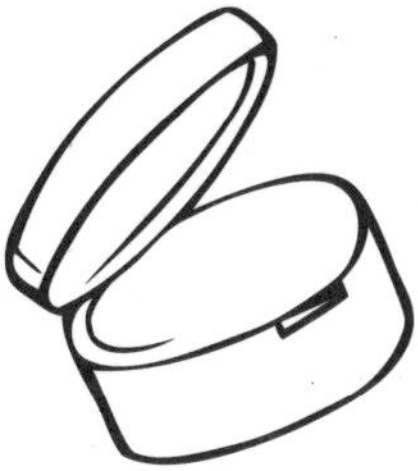

Un baume pour les lèvres

Si vous n'avez plus de stick à lèvres, rien de tel pour protéger votre bouche contre les attaques d'un hiver trop rude qu'une goutte de miel. Pour que vos lèvres ne gercent pas, il va falloir résister à votre envie de vous lécher les babines !

Une tache de miel

Raclez la tache pour enlever le plus de miel possible. Ensuite, passez-la sous de l'eau bien chaude, puis frottez-la au savon. Si la tache résiste, tamponnez-la avec de l'alcool ménager.

Un miel incollable

Si vous utilisez du miel en cuisine, vous remarquerez qu'il a une fâcheuse tendance à coller à la cuillère. Pour éviter cela, il vous suffit d'huiler la cuillère avant usage.

Une haleine fraîche

Pour garder l'haleine fraîche, gargarisez-vous avec une demi-cuillère à café de miel dissoute dans un verre d'eau tiède.

Empêcher le miel de cristalliser

Votre miel restera liquide éternellement ou presque si vous le conservez au congélateur.

La gorge irritée

Avaler une cuillère de miel soulage immédiatement une gorge irritée. Vous pouvez aussi ajouter une cuillère de miel à votre infusion préférée, ou vous préparer un bon grog : faites bouillir une tasse d'eau et ajoutez-y une cuillère à soupe de miel, une cuillère à soupe de jus de citron et une cuillère à soupe de rhum.

Produits

L'œuf

Incontournable en cuisine, l'œuf est aussi nourrissant pour la peau et les cheveux. Même ses parties moins nobles, le blanc et la coquille, peuvent vous rendre quelques services, respectivement en anticerne d'appoint ou au jardin.

Source de protéines à un prix toujours bas, l'œuf est aussi riche en minéraux, notamment le sélénium, et en vitamines, parmi lesquelles les vitamines B12 et B2. Les qualités nutritives de l'œuf sont évidentes puisqu'il est, en soi, la réserve d'énergie nécessaire et suffisante à la formation d'un être vivant. Les œufs de poule ne sont pas toujours d'un léger brun rosé. En effet, leur couleur varie en fonction des races. Certains peuvent être d'un blanc laiteux (poules de Bresse), les poules Marans donnent des œufs roux à chocolat et les poules Araucana de surprenants œufs vert clair.

Les œufs de poule se conservent un bon mois au réfrigérateur, à compter de la date de ponte toujours indiquée sur l'emballage. Le « calibre » de l'œuf y est aussi mentionné ; l'œuf peut être de taille S, s'il fait moins de 53 g, M, L ou XL s'il est supérieur à 73 g. La coquille constitue la couche de protection de l'œuf. Pour cette raison, on conseille de ne jamais laver les œufs, même lorsqu'un peu de duvet est resté accroché à leur surface. En les rinçant, on rend la coquille trop poreuse et les œufs deviennent alors vulnérables aux bactéries. Pour la même raison, il ne faut jamais consommer un œuf dont la coquille est fendillée (avant cuisson bien sûr). La carte d'identité de l'œuf est imprimée sur sa coquille, en caractères rouges. Le code commence invariablement par un chiffre ; plus celui-ci est bas, plus la poule a été élevée dans des conditions favorables (le 0 est ainsi réservé aux œufs bio). Suivent deux lettres qui indiquent le pays de provenance (FR pour la France), puis un code formé de trois lettres et deux chiffres qui sont les identifiants de l'élevage.

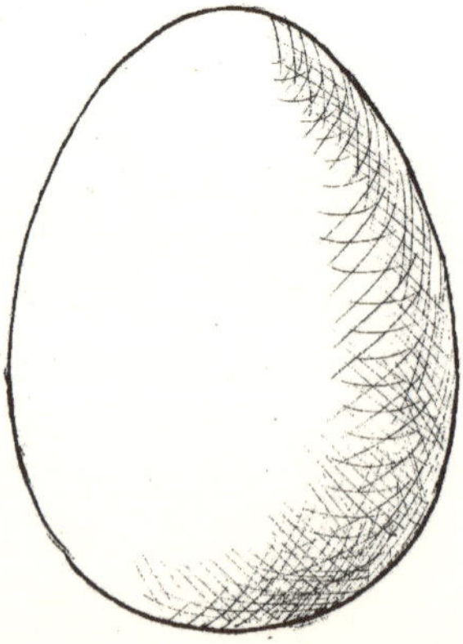

Apaiser un coup de soleil

Appliquez généreusement, sur la peau endolorie, du jaune d'œuf et laissez poser une ou deux heures. Si vous n'avez pas d'œufs sous la main, vous pouvez tout aussi bien utiliser des rondelles de pomme de terre ou de tomate bien fraîche.

Un shampoing aux œufs

Vous pouvez fabriquer un shampoing aussi efficace que les shampoings du commerce en mélangeant un jaune d'œuf, une cuillère à soupe de vinaigre de cidre et une cuillère à soupe de rhum. Si vos cheveux sont longs, utilisez deux jaunes d'œufs et s'ils sont très secs, ajoutez une cuillère à café d'huile d'amande douce.

Un masque capillaire

Mélangez un jaune d'œuf avec trois cuillères à soupe d'huile de pépins de raisin. Appliquez sur les longueurs et les pointes. Emballez vos cheveux dans une feuille d'aluminium et laissez poser vingt minutes. Lorsque vous enlèverez la feuille, vos cheveux vous paraîtront très collants, mais après un bon shampoing, ils auront retrouvé vigueur et éclat.

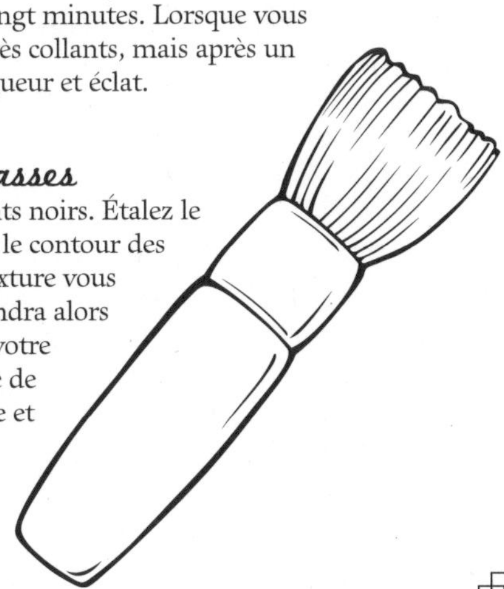

Un masque pour peaux grasses

Le blanc d'œuf resserre les pores et élimine les points noirs. Étalez le blanc d'œuf au pinceau sur votre visage en évitant le contour des yeux, les sourcils et la racine des cheveux. Si sa texture vous rebute, montez le blanc en neige : le masque deviendra alors beaucoup plus agréable. Vous pouvez ajouter à votre masque une cuillère à soupe de miel, ou de farine de maïs. Laissez poser le masque un bon quart d'heure et ôtez-le avec du coton imbibé d'eau citronnée.

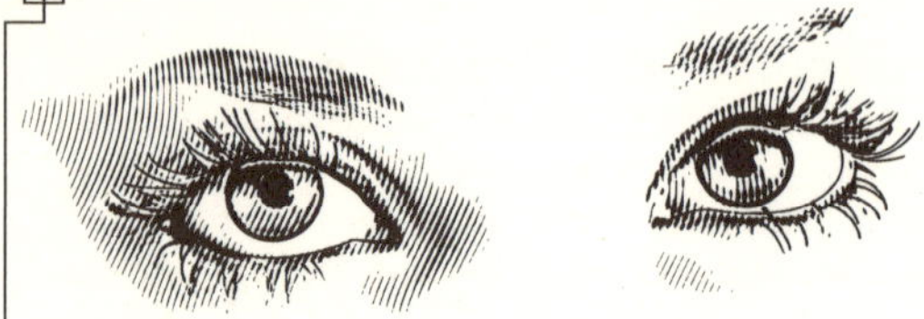

Un regard pétillant

Plus d'anticerne dans votre trousse à maquillage ? Le blanc d'œuf va vous permettre d'atténuer, en quelques instants, cernes et poches. Il suffit d'en passer une pointe sous chaque œil et de l'étaler sur toute l'étendue du cerne ou de la poche. En séchant, le blanc d'œuf va étirer votre peau. Votre regard paraîtra plus jeune et plus « réveillé ».

Soigner une brûlure

Sur une brûlure superficielle, appliquez, au pinceau, une fine couche de blanc d'œuf. Elle protégera la brûlure des frottements.

Un barrage antilimace

Récupérez les coquilles d'œuf et brisez-les en morceaux. Avec ces éclats, formez une petite barrière naturelle autour de vos plantes. Limaces et escargots ne sauront pas escalader cet obstacle.

Frais ou périmé ?

Un test très simple vous permet de savoir si un œuf est encore bon à consommer. Plongez-le dans un saladier plein d'eau. S'il coule, il est encore frais. S'il remonte, vous pouvez le jeter.

Une coquille intacte

Les coquilles des œufs se craquellent à la cuisson à cause d'une petite poche d'air qu'ils contiennent et qui se dilate à la chaleur. Vous éviterez cela en perçant la coquille au niveau de cette poche d'air. Avec une aiguille à coudre, faites un minuscule trou à la base de l'œuf, c'est-à-dire sur le côté le moins pointu.

Cru ou cuit ?

Pour distinguer un œuf cru d'un œuf dur, faites-le tourner sur lui-même comme une toupie. S'il tourne vite, il est dur. Dans le cas contraire, il est frais. Si vous interrompez sa course et qu'il s'arrête net, il est dur. S'il continue à bouger, mû par le blanc encore liquide, il est frais.

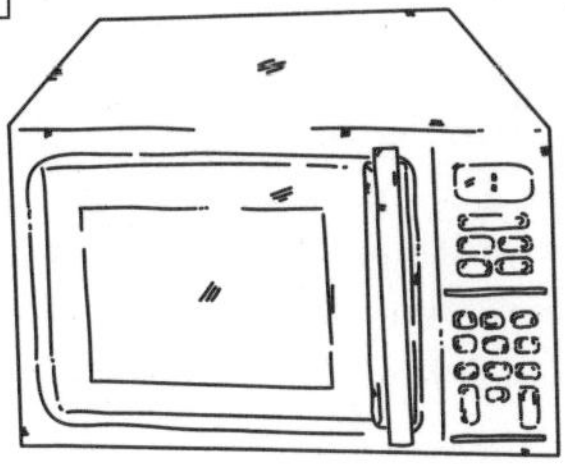

Une île flottante au micro-ondes

S'il ne vous reste que trois œufs, un peu de lait et de sucre dans votre réfrigérateur, vous pouvez improviser un dessert en moins de 7 minutes. Montez trois blancs en neige très ferme avec une pincée de sel, dans un récipient adapté à la cuisson au micro-ondes. Sucrez légèrement. Passez au micro-ondes 30 à 40 secondes. Pendant ce temps, battez les trois jaunes avec 0,5 lde lait, 50 g de sucre et, éventuellement, une cuillère à soupe de Maïzena. Faites chauffer 5 minutes. Pour que la crème soit bien homogène, vous pouvez interrompre la cuisson pour la remuer un peu. Ça y est, vos îles flottantes sont prêtes !

Faire coaguler le blanc

Si la coquille se fend faisant couler le blanc dans l'eau de cuisson, versez dans la casserole un trait de vinaigre : le blanc d'œuf coagulera et la fissure dans la coquille sera comme rebouchée.

Des œufs parfumés

Voici comment réaliser une omelette à la truffe sans abîmer le précieux champignon : il vous suffit d'enfermer vos œufs, pendant quelques jours, dans une boîte hermétique dans laquelle vous glisserez aussi la truffe. En suivant cette méthode, vous pouvez parfumer vos œufs à l'ail, à l'oignon…

Réussir ses semis

Offrez une deuxième vie aux boîtes d'œufs (en carton exclusivement). Garnissez-les d'une bonne dose de terreau qui accueillera les semis. Le moment venu, vous découperez les alvéoles et les planterez dans votre jardin : le carton fin des boîtes d'œufs se décomposera rapidement.

Des œufs bien cassés

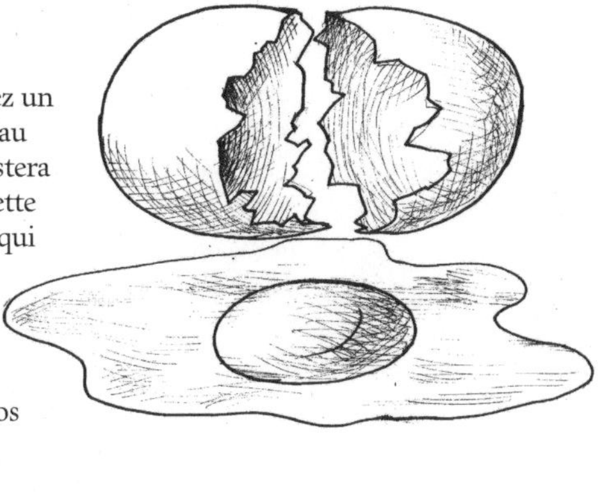

Pour bien séparer le blanc du jaune, posez un entonnoir sur un verre et cassez l'œuf au dessus : le blanc s'écoulera et le jaune restera dans l'entonnoir. Autre avantage de cette astuce : les petits morceaux de coquille qui parfois se brisent devraient eux aussi rester dans le cône. Si tel n'est pas le cas, le blanc d'œuf étant très poisseux, essayez de récupérer les éclats non pas avec vos doigts, mais plutôt avec un gros morceau de coquille.

Produits

L'ortie

Les feuilles dentelées de l'ortie sont couvertes de poils courts et fins qui pénètrent facilement la peau pour y libérer leur substance urticante. Lorsqu'on ne connaît pas les étonnantes propriétés de l'ortie, il est facile de la prendre en grippe.

Riche en azote, oligo-éléments et minéraux, l'ortie est un excellent engrais et éloigne quelques parasites. Son utilisation au jardin a été au centre d'une polémique voici quelques années. Il était reproché à un horticulteur le fait de promouvoir l'utilisation du purin d'ortie, alors que celui-ci n'avait jamais fait l'objet d'une autorisation de mise sur le marché. Et pour cause, puisqu'il s'agit là d'une recette de grand-mère, concoctée au fond des jardins depuis des générations. Il a fallu un nouveau texte de loi pour que le purin d'ortie, en sa qualité de préparation naturelle, sorte, en 2007, de la clandestinité. Si le purin d'ortie peut désormais être fabriqué en toute légalité, il n'est, en revanche, toujours pas possible de le commercialiser.

Cette mauvaise herbe qu'on ne laisse plus croître que sur les bas-côtés des routes de campagne a longtemps été un légume et un remède du pauvre. On en fait notamment une soupe au goût très particulier et elle s'utilisait autrefois pour soulager les douleurs rhumatismales et soigner les rhumes. L'ortie a aussi des indications toutes féminines : elle stimule la lactation et aide à traiter la cystite. C'est, en effet, une plante diurétique dont la consommation est recommandée pour le soulagement de toute affection touchant les reins et le système urinaire. Les messieurs ne sont pas en reste puisque l'une des propriétés les plus renommées de l'ortie est sa capacité à contenir les calvities naissantes.

L'ortie s'utilise généralement en infusion de feuilles sèches, en cataplasme de fleurs fraîches ou encore en sirop. Nul besoin de partir à la chasse aux herbes médicinales, on trouve également l'ortie sous forme de comprimés.

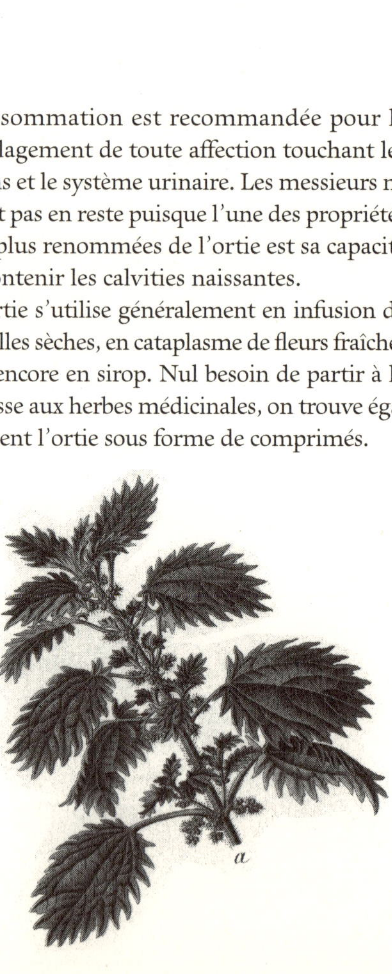

Des tomates épanouies

Vos tomates seront en pleine forme si, avant de les planter, vous couchez au fond du trou une poignée de feuilles d'ortie. Recouvrez d'un peu de terre, pour que les plants ne soient pas en contact direct avec les feuilles en décomposition, avant de semer.
L'ortie servira d'engrais.

Les vertus du purin d'ortie

Il sert d'engrais, protège contre certaines maladies (mildiou et oïdium notamment) et éloigne les pucerons : le purin d'ortie sait presque tout faire. Sa réalisation est simple ; il faut cependant préciser que le produit dégage une odeur particulièrement nauséabonde. Munissez-vous d'un bidon de grande contenance. Pour 10 l d'eau, jetez-y 1 kg d'orties fraîches. Patientez deux bonnes semaines en remuant chaque jour pour faciliter la fermentation, en répartissant bien les feuilles. Une fois le délai de repos achevé, filtrez le produit. Le purin d'ortie ne s'utilise jamais pur. En général, on en dilue 1 l dans 10 l d'eau.

Une crise d'urticaire

Cela peut surprendre, mais c'est bien la plus connue des plantes urticantes, l'ortie, qui va vous permettre de calmer vos irritations. Jusqu'à la fin de la crise, buvez plusieurs fois par jour une infusion de feuilles d'ortie. Vous pouvez également consommer l'ortie sous forme de granules homéopathiques.

Un saignement de nez

Pour calmer les saignements de nez chroniques, mixez des feuilles fraîches d'ortie pour en extraire le jus. Filtrez-le et mouillez-en deux petits morceaux de coton que vous introduirez dans vos narines pendant quelques minutes.

Stimuler les poules

Lorsque l'activité des poules faiblit, appliquez cette astuce de grand-mère. Pendant quelques jours, écrasez quelques feuilles d'ortie séchées et mélangez-les à la nourriture de vos poules. Si tout se passe bien, elles devraient recommencer à pondre selon leur rythme habituel.

Des cheveux en pleine santé

L'ortie est un vieux truc de grand-mère pour « traiter » de façon naturelle les débuts de calvitie. Cette plante active la repousse des cheveux et élimine en même temps les pellicules. Faites une infusion de feuilles d'ortie, laissez-la refroidir et ajoutez-y un trait de vinaigre de cidre. Secouez bien et utilisez cette lotion en dernière eau de rinçage après le shampoing.

Calmer les douleurs arthritiques

Plaquez sur vos articulations des feuilles d'ortie fraîches et maintenez-les avec une bande, sans trop serrer bien sûr. Vous pouvez passer la nuit avec ce pansement. Pour éviter que l'ortie n'irrite votre peau, choisissez de très jeunes feuilles.

Une piqûre d'ortie

Si l'on saisit les feuilles d'ortie par en dessous, on ne se pique pas. Lorsqu'on ne sait pas prendre l'ortie dans le sens du poil, en revanche, l'irritation est immédiate. Pour la faire passer, frottez-vous vigoureusement avec du vinaigre.

Le rhume des foins

Contre les rhinites allergiques, vous pouvez boire plusieurs infusions d'ortie par jour, ou fabriquer de la teinture mère d'ortie. Pour cela, hachez menu une poignée de feuilles, mettez-les dans un mortier, couvrez d'alcool très fort (vodka, par exemple) et écrasez au pilon pendant cinq minutes. Couvrez un grand bol d'un torchon propre. Retournez les feuilles et le liquide sur le torchon et pressez pour récupérer un maximum de jus. Mettez-le en bouteille. Attention, il s'agit d'alcool fort : une gorgée (ou un demi-verre à liqueur) par jour est suffisante.

Une soupe d'autrefois

Cette recette simple gagne à être redécouverte. Faites bouillir une brassée de jeunes feuilles d'ortie avec deux pommes de terre coupées en petits dés. Mixez le tout et pour renforcer la consistance, ajoutez, au choix, un trait de crème liquide ou un œuf dur mixé et un peu d'ail pour le goût. L'ortie se consomme aussi en quiches ou poêlées avec des oignons coupés en fines lamelles.

Contre la cystite

Si vous souffrez d'une infection urinaire, buvez à volonté de l'infusion de feuilles d'ortie. Cette plante, particulièrement diurétique, fait partie de celles qui sont conseillées de façon générale en cas de troubles urinaires ou rénaux.

Faire disparaître les aphtes

Vos aphtes ne résisteront pas longtemps à un bain de bouche à l'ortie. Pour cela, utilisez tout simplement une infusion d'ortie.

Un sirop d'ortie

Vous bénéficierez durablement des bienfaits de l'ortie, en avalant chaque jour une cuillère à soupe de sirop de cette plante. Faites infuser quelques poignées de feuilles d'ortie dans 1 l d'eau bouillante. Laissez reposer plusieurs heures et filtrez. Versez l'infusion dans une casserole et couvrez avec 1 kg de sucre. Chauffez tout en remuant jusqu'à ce que le sirop se forme.

Soigner une plaie

Pour panser une plaie légère, broyez ou hachez très finement quelques feuilles d'ortie et appliquez-les sur la peau. Maintenez en place avec une bande de tissu, ou une compresse et du sparadrap.

Un allaitement réussi

Pour favoriser la lactation, vous pouvez consommer l'ortie blanche en infusion ou opter pour les granules homéopathiques, en l'associant aux nombreuses autres plantes galactogènes (dont le fenouil, le galéga, le houblon, l'anis vert).

Produits

La pomme de terre

Originaire des Andes, la pomme de terre fait son entrée en Europe au 16e siècle. Souvent qualifié de légume le plus facile à cultiver, le tubercule est, en effet, peu exigeant : il se satisfait de tous les sols et ne demande que peu d'entretien.

Nourrissante, voire bourrative grâce à l'amidon qu'elle contient, la pomme de terre est une source de cuivre et de vitamines du groupe B, dont la vitamine B6. Sur le plan nutritionnel, il est préférable de consommer la pomme de terre cuite au four, si possible en conservant sa peau.

On classe les pommes de terre en deux grandes catégories : les tubercules à chair ferme dont les qualités gustatives sont supérieures et qui ne se délitent pas à la cuisson et les pommes de terre de consommation, un peu moins fines. La pomme de terre Bintje a beau appartenir à la deuxième catégorie, elle est incontestablement la chouchoute des Français, peut-être parce qu'elle produit des frites de qualité. Pour d'autres usages, il est néanmoins intéressant de se tourner vers d'autres variétés, ne serait-ce que pour faire mentir ceux qui accusent la pomme de terre de n'avoir aucun goût. On recommande souvent la pomme de terre Samba pour les pommes au four et la Belle de Fontenay pour les gratins. Les pommes de terre bleues d'Auvergne et Vitelotte surprendront vos enfants et vos convives avec leur chair violine. On les utilise d'ailleurs sous forme de chips pour la décoration des assiettes. Quant à la fameuse purée, on peut aussi lui donner un supplément d'âme en choisissant la bonne variété. Le chef étoilé Joël Robuchon ne jure que par la pomme de terre Ratte qu'il monte en purée avec un quart de leur poids en beurre. Ce ne sera certainement pas aussi savoureux ni aussi riche, mais vous pouvez aussi donner une touche plus rustique à votre purée en y ajoutant une grosse cuillère à café de moutarde à l'ancienne et plus aérienne en y incorporant un blanc d'œuf monté en neige.

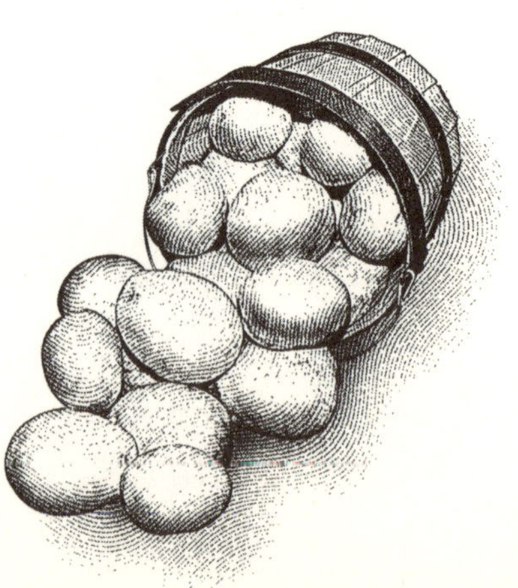

Un tabac trop sec

Si vous avez l'habitude de confectionner vos cigarettes vous-mêmes et que vous fumez peu, vous avez peut-être constaté avec dépit que le tabac finit par sécher dans son enveloppe. Pour remédier à ce désagrément, disposez dans le paquet une ou deux épluchures de pomme de terre.

Soulager les bronches

Nos grands-mères voyaient dans la pomme de terre un remède fort efficace pour soigner la bronchite. Il suffit d'écraser quelques pommes de terre, d'enrouler cette purée dans un chiffon fin et de la déposer, encore bien chaude (mais pas brûlante), sur le torse. Patientez ensuite jusqu'à ce que la purée refroidisse. Évidemment, ce remède d'autrefois ne dispense pas d'une visite chez le médecin.

Soulager une brûlure

C'est une astuce de grand-mère à n'utiliser que sur les brûlures très superficielles. Pour calmer la douleur, plaquez sur la peau, après l'avoir passée sous une eau bien fraîche, une rondelle de pomme de terre crue que vous maintiendrez en place quelques minutes.

Nettoyer une peluche

Ce serait trop dommage de faire rétrécir le doudou favori de votre petite dernière en le passant en machine… Mais alors comment le débarrasser de son odeur fétide de compote de pommes-biscuits-poussière ? Épluchez une pomme de terre et coupez-la en quarts. Frottez la peluche avec ces morceaux crus et bien juteux. Laissez sécher, puis frottez vigoureusement avec une brosse : le doudou aura repris du poil de la bête.

Un carrelage impeccable

L'eau de cuisson des pommes de terre se révélera très efficace pour nettoyer tous vos sols carrelés. S'il s'agit d'un sol très gras, n'hésitez pas à ajouter à votre eau un bouchon de savon noir.

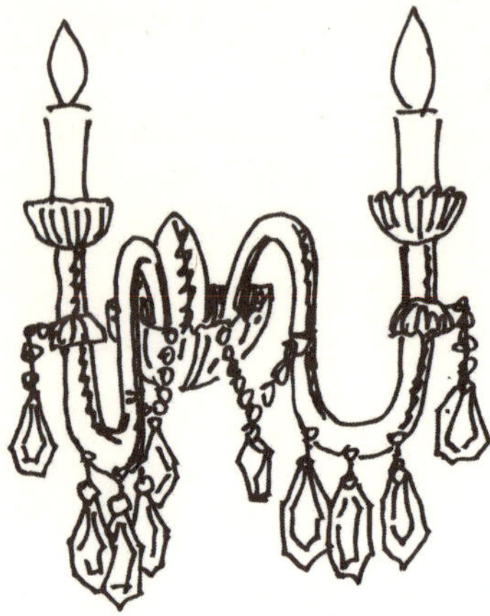

Faire briller le cristal

Frottez vos carafes en cristal avec l'intérieur des épluchures de pomme de terre pour les rendre bien brillantes.

Dessaler une sauce

Si vous vous apercevez, en cours de préparation d'un plat en sauce, que vous avez trop forcé sur le sel, pelez une pomme de terre et coupez-la en quarts que vous plongerez dans la sauce. La pomme de terre absorbera petit à petit l'excès de sel. Ne la laissez pas cuire au point de la voir tomber en purée. Retirez-la au bout d'une vingtaine de minutes et, au besoin, jetez une deuxième pomme de terre crue dans votre sauce pour continuer à la dessaler.

Des mains abîmées

Si le froid assèche vos mains et les abîme, faites-leur un masque à la pomme de terre. Écrasez une pomme de terre bouillie et étalez-la sur vos mains. Dans l'idéal, il faut conserver ce masque plusieurs heures : vous pouvez, par exemple, le poser juste avant d'aller vous coucher et protéger vos mains avec une paire de chaussettes. Vous renforcerez le pouvoir hydratant de ce masque en y ajoutant une cuillère à soupe d'huile d'amande douce.

Des joints bien nets

Quand on n'est pas carreleur de métier, il n'est pas évident de réussir la pose des joints en silicone autour des vasques. Voici une méthode plus efficace que le bout de carton déchiré à la va-vite pour lisser les joints. Coupez de grosses frites bien épaisses et assez larges. Coulez la silicone et, aussitôt, lissez le joint frais avec le morceau de pomme de terre, pour former un joint bien net, à 45 °C.

Désherber au naturel

Vous venez de faire bouillir des pommes de terre ? Ne jetez pas l'eau de cuisson ; répandez-la plutôt, lorsqu'elle est encore bien chaude, dans les allées de votre jardin pour éliminer sans effort toutes les mauvaises herbes.

Nettoyer l'argent

Pour restaurer l'aspect de vos objets en argent, vous pouvez les laisser tremper quelques heures dans l'eau de cuisson des pommes de terre, ou les frotter, s'ils n'ont pas trop de relief ou d'aspérités, avec des morceaux de pomme de terre cuite.

Conserver les pommes de terre

L'idéal, pour conserver les pommes de terre, est de les entreposer dans un endroit très sombre, frais et sec. Une cave saine ou un cagibi sans fenêtre sont tout indiqués. Si vous manquez de place, emballez vos tubercules dans du papier journal. Éliminez de vos cageots toutes les pommes de terre entaillées, mâchées. Vérifiez régulièrement que vos pommes de terre ne germent pas.

Des pommes de terre bien blanches

Ce n'est jamais une très bonne idée d'éplucher les pommes de terre à l'avance : même au réfrigérateur, elles finissent par noircir. Pour éviter qu'elles ne se colorent, plongez-les une fois coupées en rondelles (elles prendront moins de place) dans un saladier rempli d'eau.

Un allume-feu

Pour faire prendre rapidement une belle flambée, utilisez des épluchures de pomme de terre que vous aurez préalablement laissées sécher au coin du feu. En plus d'activer les flammes, les épluchures participeront à l'entretien du conduit de la cheminée. Cette astuce fonctionne avec toutes les épluchures et vous permet donc d'alléger considérablement votre poubelle en hiver.

Des chips gratuites

Qui a dit que les épluchures de pomme de terre étaient bonnes à jeter aux ordures ? Si vous avez épluché vos pommes de terre après les avoir bien brossées et lavées, vous pouvez faire frire ces peaux qui vous donneront des chips bien croustillantes.

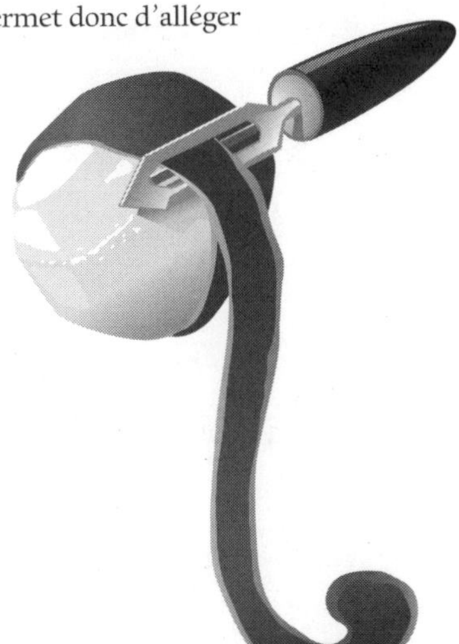

La sauge

Il suffit de froisser quelques feuilles de sauge pour retrouver un parfum de Provence ou de cuisine familiale. Mais la sauge n'est pas qu'un aromate, dont les touffes arrondies et les fleurs bleutées égaient les vieux murs de nos jardins.

L'étymologie de son nom évoque sa capacité à « sauver ». En effet, la sauge était un remède incontournable au Moyen Âge, prescrit pour une quantité de symptômes divers. C'est peut-être à cette époque que remonte ce proverbe resté célèbre : « Qui a de la sauge dans son jardin n'a pas besoin de médecin ». Il existe plusieurs dizaines de variétés, mais en herboristerie, c'est surtout la sauge dite officinale qu'on utilise.

Tonique et antispasmodique, la sauge facilite la digestion. Elle a également des propriétés antiseptiques et diurétiques. Elle soigne les maux de gorge et de bouche, des aphtes aux boutons de fièvre. Dans les temps anciens, la sauge était conseillée pour traiter les troubles respiratoires, l'asthme en particulier, et certaines maladies nerveuses. Pour se soulager, le patient devait fumer quotidiennement des feuilles de sauge ou boire du vin de sauge. Comme la camomille, la sauge est une plante précieuse pour les femmes puisqu'elle agit à la fois sur le syndrome prémenstruel et les bouffées de chaleur et a été recommandée, par des générations de grands-mères, pour accompagner le sevrage en stoppant les montées de lait. Autrefois, l'infusion de sauge calmait aussi les nausées des femmes enceintes. Aujourd'hui, elle n'est plus recommandée pendant la grossesse, si ce n'est parfois pour accélérer le travail et faciliter l'accouchement. La sauge se consomme en infusion, dont le goût est assez plaisant. Autant que possible, utilisez ses feuilles fraîches finement hachées sur vos petits plats. La sauge se marie particulièrement bien avec le veau, l'agneau et la viande de porc. Conservez les feuilles au congélateur pour ne rien perdre de leurs bienfaits.

Blanchir les dents

Frottez-vous les dents régulièrement avec des feuilles fraîches pour retrouver des dents bien blanches. Non abrasive, la sauge ne risque pas de fragiliser l'émail de vos dents.

Les maux de gorge

Si vous souffrez de maux de gorge, préparez une infusion de feuilles de sauge bien corsée et gargarisez-vous avec, matin et soir, jusqu'à ce que vos maux de gorge ne soient plus qu'un mauvais souvenir.

Soulager un aphte

Appliquez sur l'aphte une feuille de sauge et gardez-la aussi longtemps que vous le pouvez. En complément, faites un bain de bouche chaque jour avec de l'infusion de feuilles de sauge.

Panser une plaie

Commencez par bien nettoyer la plaie à l'eau et au savon de Marseille. Rincez, séchez bien, puis couchez des feuilles de sauge fraîches sur la plaie. Couvrez avec une compresse que vous retiendrez avec du sparadrap. Changez ce pansement tous les jours.

Mieux digérer

Une infusion de sauge vous aidera à oublier un repas un peu trop chargé. Pour faciliter la digestion, nos grands-mères fabriquaient du vin de sauge. Selon votre préférence (ou ce qu'il vous reste dans vos placards !), optez pour une bouteille de vin rouge ou blanc. Choisissez un vin agréable de préférence, mais pas trop onéreux tout de même, vu le traitement que vous allez lui faire subir. Faites-le chauffer dans une casserole, puis ajoutez-y deux grosses poignées de feuilles de sauge. Si vous avez choisi du vin blanc, vous pouvez ajouter une grosse cuillère à soupe de miel. Laissez reposer votre vin pendant une semaine. Vous pourrez le boire en guise de digestif mais souvenez-vous : cela reste de l'alcool ! Même si c'est pour la bonne cause, ce vin de sauge est à consommer avec modération.

De beaux cheveux bruns

L'infusion de sauge constitue une excellente eau de rinçage pour les cheveux bruns, du châtain moyen au noir profond. Elle les renforce et surtout, si vous l'utilisez à chaque shampoing, elle dissimule les premiers cheveux blancs.

Contre les douleurs prémenstruelles

L'infusion de sauge prise chaque jour, la semaine avant les règles, diminue les douleurs et la sensation de ballonnement. À noter également que la sauge est connue pour normaliser les cycles. Même si vous ne souffrez pas, n'hésitez donc pas à boire de l'infusion de sauge fréquemment pour retrouver des cycles réguliers.

Réguler la transpiration

La sauge est une plante naturelle à utiliser quotidiennement lorsque l'on souffre d'une transpiration excessive. Mais n'essayez pas de frotter vos aisselles avec des feuilles, la sauge agit de l'intérieur. Vous pouvez boire une infusion quotidienne ou utiliser la teinture mère de sauge. On privilégie souvent cette deuxième solution pour sa souplesse d'utilisation : il suffit d'ajouter 15 à 20 gouttes de produit à un verre d'eau et d'avaler le tout deux fois par jour. Vous ne vous passerez cependant pas d'un bon déodorant : la sauge ne stoppe pas la transpiration, elle la régule.

Stopper les montées de lait

Pour accompagner le sevrage ou si vous réagissez mal aux médicaments qui stoppent la montée de lait, buvez plusieurs fois par jour de l'infusion de sauge. Autre plante à adopter : le persil. Parsemez-en abondamment les tomates, pommes de terre, viandes… Bref, tout ce qui passe par votre assiette. Enfin, appliquez sur vos seins, toute la journée, des feuilles de chou vert, coincées entre votre peau et le soutien-gorge. Cela soulagera vos seins.

Les vers du chou et de la carotte

Pour protéger choux et carottes, plantez entre les allées de votre potager de la sauge. Les vers ne s'y risqueront pas.

Contre les tiques

Pour éviter que vos animaux de compagnie ne soient victimes des tiques et des puces, frottez leur pelage avec des feuilles de sauge.

Les bouffées de chaleur

La sauge, consommée en infusion ou en teinture mère (une vingtaine de gouttes dans un grand verre d'eau), élimine les bouffées de chaleur et est donc recommandée pour soulager les désagréments de la ménopause.

Contre le mildiou de la pomme de terre

En prévention comme en traitement, pulvérisez sur vos plants de pomme de terre de l'infusion de sauge. Certains jardiniers vont jusqu'à réaliser un purin de sauge, plus efficace car plus concentré, mais beaucoup plus long à réaliser. Sur un potager familial, l'infusion sera suffisante.

Sur un bouton de fièvre

L'infusion de sauge à boire et à appliquer sur la lèvre, dès que l'on sent qu'un bouton va y fleurir, permettra de l'éliminer rapidement. Pour une efficacité plus concentrée de la sauge, versez une goutte d'huile essentielle de sauge sur un coton-tige et appliquez-le sur le bouton. Vous obtiendrez également d'excellents résultats avec l'huile d'arbre à thé.

Contre l'eczéma

Les personnes qui en souffrent le savent bien : l'eczéma est coriace et l'on ne s'en débarrasse jamais vraiment. Néanmoins, la sauge peut avoir de bons effets. Trempez une compresse dans une infusion de sauge et posez-la sur la peau lésée. Vous pouvez procéder de même avec de l'huile d'amande douce à laquelle vous aurez ajouté quelques gouttes d'huile essentielle de sauge.

Le savon de Marseille

Le savon de Marseille fait partie de ces produits naturels, un temps dénigrés, qui font aujourd'hui un retour en force. On s'intéresse au fait qu'il soit produit localement, on redécouvre la simplicité de ses ingrédients de base…

Doux pour la peau, le savon de Marseille est généralement bien toléré par les personnes sujettes aux allergies ou les enfants en bas âge. Il permet de fabriquer sa propre lessive et peut être utilisé pour le nettoyage de toute partie du corps, de la peau du visage aux cheveux, en passant par les dents.

Le savon de Marseille est un produit durable à double titre : il est biodégradable et fond moins vite que les autres savons ; vous le conserverez plus longtemps.

Le vrai savon de Marseille n'est pas forcément produit dans la cité phocéenne, même si c'est bien là-bas qu'il s'est développé, à partir du 12e ou du 13e siècle. En revanche, il se doit d'être fabriqué en respectant une certaine méthode. Tout commence par l'empâtage : on fait chauffer à haute température l'huile végétale et la soude dans un grand chaudron. C'est à ce moment que se produit la réaction de saponification. Après cuisson, la pâte de savon est lavée avec une grande quantité d'eau saturée en sel : c'est le relargage. Puis survient la liquidation, c'est-à-dire la dernière cuisson du savon avant qu'il soit moulé, découpé en cubes et marqué du sceau de la savonnerie. Le savon de Marseille contient, en fin de fabrication, 72 % de graisse.

La matière première du véritable savon de Marseille est l'huile d'olive, mais ceci n'est que rarement respecté aujourd'hui. Pour vérifier que vous ne vous êtes pas trompé dans vos achats, un indicateur : la couleur du savon. Plus il contient d'huile d'olive, plus il est vert. Un savon clair contient sans doute une forte proportion d'huile de palme ou de coprah, toutes deux couramment employées. Bien sûr, un savon rose ne peut s'obtenir qu'avec une dose de colorant.

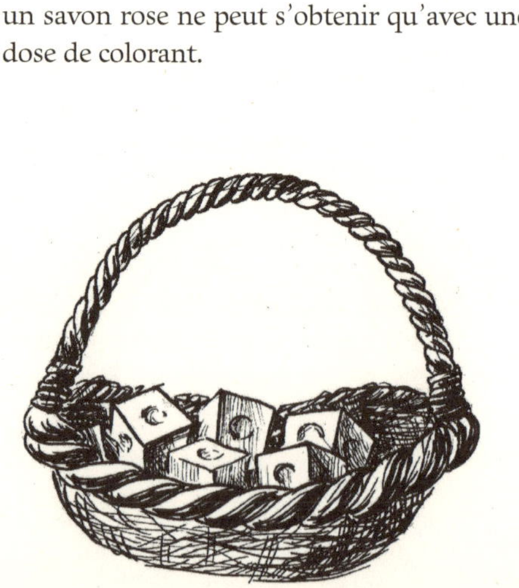

Tiroir qui coince

Lorsqu'un tiroir se ferme difficilement, il suffit de frotter tous ses angles avec un morceau de savon de Marseille. S'il se montre vraiment coriace, frottez aussi les angles de son « logement » dans le meuble.

Lavement maison

Si vous n'avez ni lavement, ni suppositoire à la glycérine chez vous, et que vous ne pouvez pas vous rendre à la pharmacie, taillez des lamelles assez épaisses de savon de Marseille et utilisez-les comme lavement de fortune sans toutefois les introduire (il suffit de frotter). C'est assez désagréable, mais cela permet de mettre fin rapidement, faute de mieux, à une crise de constipation douloureuse.

Utiliser les chutes de savon

Il est toujours désagréable de « finir » un savon de Marseille. Il glisse des mains, se brise... Pour éviter cela, réservez, dans un tiroir, vos chutes de savon de Marseille. Lorsque vous en avez suffisamment, rincez-les bien et faites-les fondre toutes ensemble au bain-marie avec un peu d'eau. Coulez-les dans un moule en silicone et laissez refroidir : vous voilà avec un savon tout neuf !

Lessive écologique

Râpez un demi-savon de Marseille dans 1,5 l d'eau bouillante. Ajoutez-y une cuillère à soupe de bicarbonate de soude et secouez vigoureusement jusqu'à ce que le savon soit bien dissous. Pour parfumer votre lessive, vous pouvez y ajouter une trentaine de gouttes d'huile d'arbre à thé. Votre lessive devra être secouée avant chaque utilisation car le savon a tendance à retomber au fond du bidon. Pour réussir votre lessive, achetez un savon de Marseille à l'huile d'olive et sans colorant.

Soigner un panaris

Plongez le doigt affecté dans une eau très chaude dans laquelle vous aurez dissous un gros morceau de savon de Marseille. L'opération est à renouveler deux fois par jour jusqu'à disparation du panaris, évidemment dans un bain d'eau savonneuse différent à chaque fois. Si le doigt continue à enfler ou à rougir et devient plus douloureux, consultez un médecin sans attendre.

Éviter les crampes

Cette astuce fait partie des trucs de grand-mère qui semblent tenir davantage de la légende que du réel « tuyau », mais après tout, on ne perd rien à essayer. Si vous souffrez régulièrement de crampes pendant la nuit, glissez au fond de votre lit un savon de Marseille. Vous pouvez également frotter la jambe qui vous fait habituellement souffrir avec le savon, juste avant de vous coucher. Si les crampes sont régulières, n'oubliez pas de consulter votre médecin. Elles ont peut-être une cause identifiable.

Repousser les pucerons

Faites fondre un morceau de savon de Marseille dans une bouteille d'eau chaude. La part de savon doit rester faible pour que votre mélange soit bien liquide. Pulvérisez la lotion froide sur vos plantes.

Désinfecter une plaie

Avant de vous jeter sur le produit désinfectant acheté en pharmacie, n'oubliez pas ce réflexe tout simple : on ne peut pas désinfecter une plaie encore gorgée d'impuretés. Commencez donc par laver les genoux écorchés et autres bobos avec du savon de Marseille et beaucoup d'eau. Rincez bien, laissez sécher et appliquez ensuite, si nécessaire, votre produit désinfectant.

Visser facilement

Pour introduire une vis dans une planche sans que celle-ci ne se fende et sans s'y reprendre à plusieurs fois, faites d'abord un « prétrou » avec votre perceuse et un foret au diamètre identique à celui de la vis, réalisez à l'emplacement de celle-ci un trou de quelques millimètres de profondeur. La vis s'enfoncera plus facilement si vous la tartinez de savon de Marseille.

Scie qui frotte

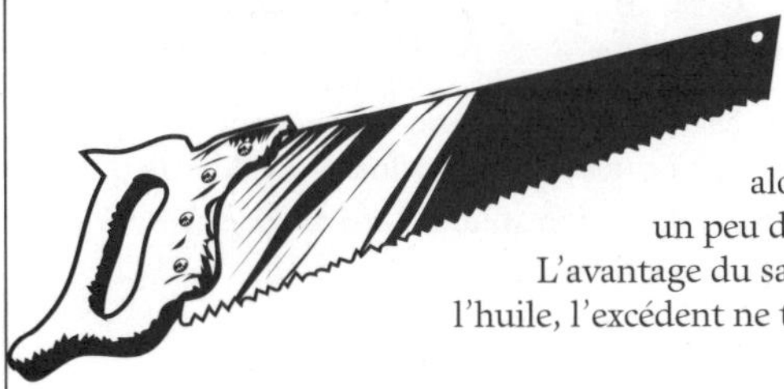

Si votre scie montre des signes d'usure et ne glisse plus sur le bois, ne continuez pas à l'utiliser ainsi : elle se voilerait et serait alors bonne à jeter à la poubelle. Frottez-la avec un peu d'huile alimentaire ou de savon de Marseille. L'avantage du savon de Marseille, c'est que, contrairement à l'huile, l'excédent ne tachera pas les planches que vous couperez.

Éponge mousseuse

Si votre éponge, trop gorgée de produit vaisselle, reste mousseuse après plusieurs rinçages, frottez-la sur un savon de Marseille.

Fermeture coincée

Quand la fermeture éclair de l'un de vos vêtements devient difficile à ouvrir et à fermer, tartinez-la, aux endroits qui coincent, de savon sur ses deux faces.

Antimite

Pour vous assurer que les mites ne viendront pas visiter vos placards, laissez sur vos étagères quelques morceaux de savon de Marseille.

Enlever une tache de sang

Les taches de sang font partie des plus coriaces… mais seulement lorsque l'on ne s'y prend pas à temps ! Vous éliminerez toute trace, même sur un tissu blanc, si vous nettoyez la tache lorsqu'elle est encore humide. Pour cela, il vous suffit de la frotter vigoureusement avec du savon de Marseille et de l'eau très froide. N'utilisez jamais d'eau chaude, cela incrusterait la tache.

Douleurs rhumatismales

Si vous souffrez de rhumatismes ou de douleurs musculaires ou articulaires, plongez bras ou jambes dans une bassine remplie d'eau bien chaude à laquelle vous aurez ajouté, à « saturation », du savon de Marseille.

Produits

Le savon noir

Ce sont les soins de beauté qui ont remis le savon noir au goût du jour. Ce savon, à l'aspect peu attrayant car collant et brunâtre, est traditionnellement utilisé dans les hammams afin de procéder à un gommage corporel tonique et profond.

Le savon noir a fait son come-back lorsque les magazines féminins ont commencé à célébrer les vertus des produits naturels marocains : huile d'argan, savon d'Alep…

Pourtant, cette pâte à tout faire produite à base d'huile de lin était bien connue de nos grands-mères. On le fabriquait aussi en France et en quantité, jusqu'à ce que soient inventés les détergents et crèmes à récurer modernes. Il y a quelques mois, une marque bretonne a d'ailleurs relancé la production de savon noir, vendu sous un emballage vintage : les petits pots métalliques se sont arrachés !

Il faut cependant préciser qu'à l'époque de nos grands-mères, le savon noir vivait bien loin des salles de bains. Et pour cause : c'est avant tout un formidable produit ménager. Difficile de citer une surface qu'il ne nettoie pas. On peut l'utiliser pour entretenir les sols, les vasques, les plans de travail, la vaisselle. Il peut aussi lessiver les murs, le linge.

Il est commercialisé en bouteilles ou en pots, qui ressemblent davantage à de petits seaux. Dans le premier cas, il est liquide ; dans le deuxième, il est pâteux (on parle alors de savon noir mou). Il s'agit globalement du même produit. La différence intervient au moment de l'utilisation. Le savon noir liquide est un peu plus facile d'emploi et le savon mou, plus concentré, est aussi beaucoup plus économique : un pot de 1 kg permettra de nettoyer un appartement de taille moyenne, pendant au moins six mois.

Enfin, le savon noir commercialisé à des fins cosmétiques est fabriqué avec plus de soin que le savon noir ménager. Il coûte un peu plus cher, mais il est important, pour préserver votre peau, de ne pas utiliser le deuxième à la place du premier.

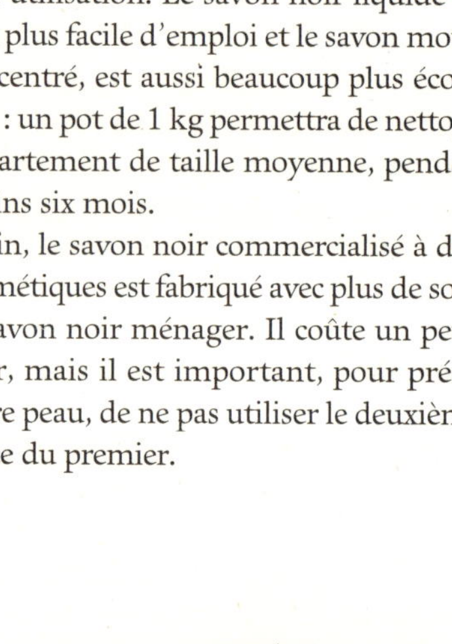

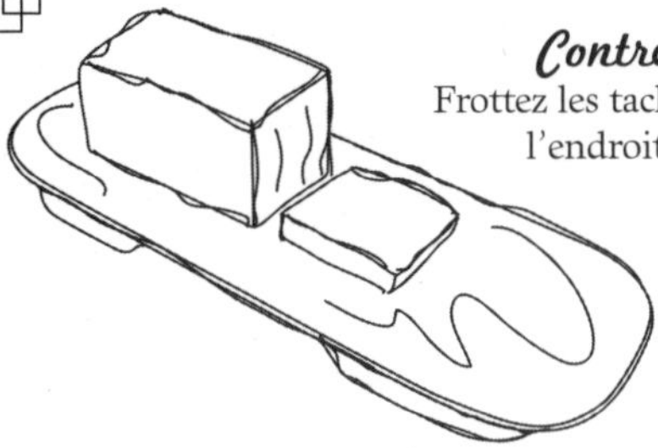

Contre toutes les taches de graisse

Frottez les taches de graisse, cambouis et goudron sur l'envers et l'endroit du tissu avec du savon noir jusqu'à ce que les traces soient dissoutes. Rincez et renouvelez l'opération si vous avez l'impression qu'il reste encore une auréole.

Des cuivres impeccables

Pour nettoyer et faire briller vos objets en cuivre, faites-les tremper dans une eau additionnée de savon noir et d'une cuillère à soupe d'ammoniaque. Séchez-les bien et terminez leur « mise en beauté » en les frottant avec un chiffon doux.

Un gommage au savon noir

Le savon noir, traditionnellement utilisé dans les hammams, est aussi efficace qu'un gel gommant, même s'il est dépourvu de grains. Il suffit de l'étaler sur votre corps, de patienter cinq minutes et de frotter vigoureusement, pour décoller le savon, avec un gant de crin. Si vous voulez rester fidèle à l'esprit du hammam, vous pouvez utiliser un gant « kessa » qui donne le même résultat. On ressort de la douche tout rouge et gonflé, mais après quelques minutes, ces désagréments s'estompent et laissent découvrir une peau nette et douce. Pour réaliser votre gommage, achetez impérativement un savon noir spécialement dédié aux soins du corps.

Chasser les petites bestioles

En pulvérisant sur vos plantes un mélange d'eau et de savon noir (à faible dose), vous éliminerez de votre jardin les araignées et les aleurodes (mouches blanches). Pour éloigner les chenilles et les petites bêtes plus coriaces, vous pouvez ajouter à votre bouteille d'eau savonneuse deux cuillères à soupe d'alcool ménager et une grosse pincée de sel. Mélangez bien avant chaque pulvérisation.

Lessiver les sols

Pour nettoyer vos sols carrelés, en plastique ou les parquets vitrifiés, diluez deux à trois cuillères à soupe (selon que vos sols sont plus ou moins sales) de savon noir dans un seau d'eau bien chaude.

Entretenir les tomettes

Les tomettes ne réagissent pas toujours bien aux produits nettoyants. À carreaux anciens, produits anciens ! Vous raviverez vos tomettes en les brossant au savon noir liquide dilué dans de l'eau. Si elles sont marquées de taches ou de traces, laissez poser le savon plusieurs heures. Rincez à l'eau vinaigrée, séchez bien et cirez. On peut aussi se contenter d'essuyer vigoureusement ses tomettes avec un chiffon, sans même rincer. Le savon noir protège suffisamment les tomettes pour qu'il n'y ait pas besoin de cirer. Attention tout de même : votre sol sera glissant pendant quelque temps.

Détacher avant lavage

Il est toujours préférable de détacher un vêtement avant lavage. Si vous manquez de temps, pour donner plus de chances de réussite à votre machine à laver, enduisez la tache, sur les deux faces du tissu, de savon noir mou, avant de glisser le vêtement dans le tambour.

Blanchir les ongles

Le savon noir blanchit les ongles. Vous pouvez, au choix, laisser tremper vos doigts dans un bain d'eau et de savon noir, ou tout simplement utiliser le savon noir à la place de votre savon habituel.

Entretenir le marbre

Le marbre a tendance à ternir avec le temps. Pour nettoyer, sans les abîmer, vos plans de travail ou sols en marbre, utilisez du savon noir dilué dans l'eau. Rincez et frottez bien pour donner de la brillance au matériau.

Des pinceaux endurcis

Les pinceaux qui ont déjà servi, même lorsqu'ils ont été bien nettoyés après usage, finissent parfois par durcir. Vous leur rendrez toute leur souplesse en les lavant à l'eau et au savon noir.

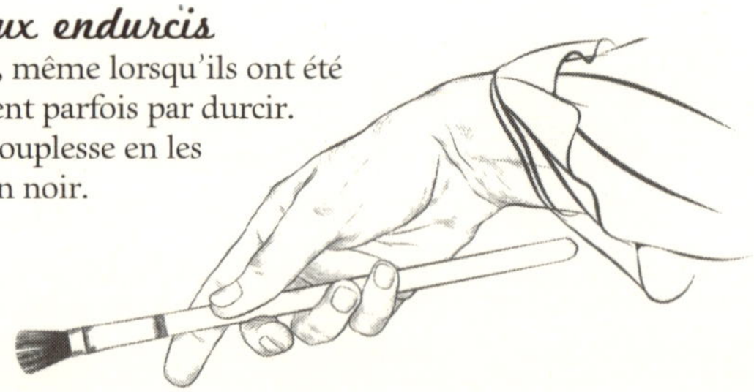

Le shampoing de Médor

Le savon noir est doux pour la peau. Acheté pur, il ne contient aucun colorant ou produit chimique potentiellement irritant. C'est donc un produit idéal pour la douche de votre animal de compagnie. Utilisez du savon liquide, préalablement dilué dans de l'eau tiède. Attention : comme le savon noir mousse beaucoup moins qu'un shampoing traditionnel, on peut avoir tendance à trop forcer la dose.

Nettoyer les plaques en vitrocéramique

Les plaques en vitrocéramique se rayent facilement. Pour les nettoyer sans les abîmer, diluez une forte dose de savon noir dans de l'eau chaude. Appliquez le mélange sur vos plaques. Attendez un bon quart d'heure que les dépôts se décollent et passez un coup d'éponge (sans utiliser le grattoir). Renouvelez l'opération autant de fois que nécessaire.

Un shampoing maison

Vous obtiendrez un shampoing qui assainit durablement le cuir chevelu en mélangeant vigoureusement un volume de savon noir, un volume de bicarbonate de soude et deux volumes d'eau. Laissez reposer votre shampoing quelques heures et éliminez le dépôt. Secouez-le avant chaque utilisation.

Un liquide vaisselle maison

Récupérez un flacon de produit vaisselle et remplissez-le aux deux tiers d'eau chaude. Ajoutez-y deux cuillères à soupe de savon noir liquide, deux ou trois gouttes d'une huile essentielle dont le parfum vous plaît (souvent, on utilise la lavande). Mélangez bien : votre liquide vaisselle est prêt.

Raviver l'argenterie

Un bain dans une eau additionnée de savon noir est aussi très efficace pour rendre leur brillance aux couverts en argent.

Produits

Le sel

Le sel n'est pas seulement le plus important de nos condiments. Outre ses qualités gustatives, le sel, qu'il soit fin ou gros, dispose de deux qualités fort utiles à la maison : son pouvoir abrasif et sa capacité d'absorption.

Excellent conservateur, le sel est capable de freiner le développement des bactéries. On l'utilise « à sec », en en enduisant, par exemple, un morceau de viande, ou en version saumure. Ainsi, les olives sont conservées dans une solution d'eau salée. Le sel permet aussi de cuire, les volailles principalement, à l'étouffée en conservant leur saveur et leur souplesse. Pour cela, on fabrique une « croûte de sel » en mélangeant 2 kg de gros sel, un blanc d'œuf, un peu de farine et d'eau. On prépare, avec une part de ce mélange, un lit à la volaille au fond d'une cocotte, puis on la recouvre entièrement.

Nous avons tous en tête les belles images des marais salants ; pourtant, le sel est pour l'essentiel extrait de mines. Dans le commerce, on le rencontre principalement sous trois états : sel fin, gros sel, fleur de sel. La fleur de sel a les faveurs des gourmets. Il s'agit exclusivement d'un sel de mer puisque c'est la pellicule de sel qui flotte à la surface des marais salants. Le gros sel offre une texture croquante appréciable, mais il incite à saler davantage. Or, selon l'Agence nationale de sécurité sanitaire, une consommation trop importante de sel favoriserait le développement des troubles cardio-vasculaires. L'agence conseille de consommer de 2 à 4 g de sel par jour. Mesurer sa consommation de sel est un véritable défi car le sel se cache partout, dans les conserves, les plats cuisinés, le pain... Ainsi, une enquête réalisée il y a quelques années par *60 millions de consommateurs* évaluait la quantité moyenne de sel contenue dans 100 g de pain à 1,9 g. Avec une demi-baguette par jour, vous atteignez presque votre quota de sel !

Absorber une tache de vin

La méthode est parfois critiquée en raison du côté abrasif du sel. Si nous ne la recommandons pas pour les tissus délicats, elle est en revanche très efficace pour agir dans l'urgence lorsque du vin rouge est renversé sur un fauteuil, une moquette, une nappe… Couvrez la tache de sel en la massant. Tant que le sel rosit (signe que tout le vin n'est pas encore absorbé), rajoutez-en. Frottez quelques minutes, puis laissez reposer plusieurs heures avant d'aspirer et de nettoyer à l'eau et au savon.

Un sel incollable

En quelques semaines, l'humidité présente dans la cuisine pénètre dans la salière et agglomère tout son contenu : tous les trous sont bouchés et le sel constitue une sorte de bloc. Pour éviter ce désagrément, il vous suffit d'ajouter à la salière une dizaine de grains de riz et de secouer la salière pour bien les répartir. Ainsi, le sel ne se collera jamais. Le riz ne s'abîme pas, il vous suffira de remplacer les grains quand vous remplirez à nouveau la salière.

Des blancs en neige bien ferme

Vos blancs en neige monteront plus vite si vous leur ajoutez, avant de les battre, une petite pincée de sel.

Un champagne bien frais

Pour rafraîchir une bouteille de champagne en dix minutes, ajoutez, aux glaçons du seau à champagne, une poignée de gros sel.

Un fer à repasser net

Pour entretenir la semelle d'un fer à repasser, frottez-la régulièrement avec du sel de table.

De la pâte à sel

C'est dimanche, il pleut et vous aimeriez que vos enfants fassent autre chose que regarder la télé. Vous avez certainement tout ce qu'il faut dans vos placards pour les divertir. La recette de la pâte à sel est archisimple et ne nécessite que trois ingrédients : eau, sel, farine. Dans un saladier, mélangez un volume de sel pour deux de farine. Tout en malaxant, ajoutez un volume d'eau. Votre pâte ne doit pas être collante ; si tel est le cas, ajoutez un peu de farine. Vos enfants n'ont plus qu'à laisser libre cours à leur imagination. Pour colorer votre pâte, deux solutions : la peindre après cuisson, ou ajouter du colorant alimentaire dans l'eau de préparation. Il est conseillé de laisser sécher les chefs-d'œuvre toute une nuit, avant de les cuire au four à 110 °C, sur une feuille de papier sulfurisé. La cuisson est terminée dès que la pâte est uniformément durcie. Vos restes de pâte à sel se conservent au congélateur.

Des légumes farcis réussis

Courgettes et tomates rendent beaucoup d'eau à la cuisson. Pour qu'elles gardent leur tenue, avant de les farcir, frottez l'intérieur des tomates et courgettes préalablement creusées avec du gros sel et laissez-les reposer tête en bas sur une grille pendant une bonne demi-heure.

Un régime presque sans sel

Ceci est une astuce de grand-mère… japonaise ! Si votre médecin vous recommande de consommer moins de sel ou si vous vous rendez compte que vous avez, de manière générale, tendance à trop saler vos plats, voici comment vous pouvez réduire les apports sans affadir vos mets. Il suffit de préparer du gomasio, un condiment très utilisé dans la cuisine japonaise. Pour cela, versez dans un plat allant au four un volume de sel pour cinq à dix volumes de graines de sésame (selon que vous voulez réduire plus ou moins votre consommation de sel). Laissez griller quelques minutes, puis écrasez le tout dans un mortier. Le mélange se conserve des semaines dans une boîte hermétique.

Des bougies longue durée

Pour que vos bougies se consument moins vite, empêchez la cire de s'écouler grâce à quelques grains de gros sel. Allumez la bougie et lorsque la cire commence à fondre autour de la mèche, incrustez-y vos grains de sel.

Un café parfait

Pour renforcer l'arôme du café et en diminuer l'amertume, ajoutez, dans le filtre à café, cinq ou six grains de gros sel.

Fixer les couleurs

Tout comme le vinaigre blanc, le sel peut être utilisé pour fixer les couleurs d'un vêtement neuf, c'est-à-dire pour éviter que celui-ci ne se délave trop rapidement. Avant de laver le vêtement pour la première fois, laissez-le tremper toute une nuit dans une eau fortement salée.

Dégager le nez

L'eau salée débouche efficacement le nez, même en cas d'un gros rhume. On trouve des solutions toutes prêtes en pharmacie. Vous pouvez aussi vous débrouiller seul, en injectant dans chaque narine, avec une pipette, un tout petit peu d'eau faiblement salée et en respirant à fond. C'est aussi désagréable qu'efficace.

Contre les rhumatismes

Le gros sel aurait la propriété de calmer les douleurs rhumatismales. Il suffit d'en mettre une bonne poignée dans une baignoire d'eau chaude.

Un gommage maison

Vous pouvez remplacer les gommages corporels du commerce par une poignée de gros sel mouillé d'une cuillère à soupe d'huile d'amande douce. Attention, ce gommage ne s'utilise pas sur le visage.

Contre les jambes lourdes

Si vous avez les jambes lourdes, les pieds gonflés, préparez-vous un bain de pieds en jetant dans une bassine d'eau bien fraîche une poignée de gros sel. Vous pouvez ajouter quelques gouttes d'huile essentielle de menthe poivrée.

Le vinaigre blanc

Vinaigre blanc, vinaigre d'alcool ou vinaigre cristal : ces trois noms désignent le même produit : un vinaigre transparent, produit à partir d'alcool de betterave ou d'amidon de maïs fermenté et dont le taux d'alcool ne dépasse guère les 8 °C.

Le vinaigre blanc n'a aucune espèce d'attrait gustatif et pour cause : il est produit à la seule fin d'entretenir la maison. C'est un produit nettoyant très efficace s'il est utilisé régulièrement. On l'emploie dilué dans de l'eau, parfois chauffé, pour augmenter son pouvoir nettoyant. Il dissout le calcaire, blanchit, assainit et désodorise. En revanche, il ne vous dispensera pas d'une bonne dose d'huile de coude si vous avez un peu tardé à faire le ménage.

Comme c'est un produit naturel, il est particulièrement recommandé pour nettoyer les jouets que les enfants portent fréquemment à la bouche ou les sols, lorsqu'ils marchent encore à quatre pattes. Il remplace ponctuellement tous les produits conçus par les fabricants pour le détartrage des appareils ménagers. Il gagne à être utilisé pour nettoyer gourdes et thermos : il permet, en effet, d'éviter que ces contenants ne communiquent aux boissons leur goût de métal. On peut même s'en servir au jardin pour désherber. Quelques gouttes de vinaigre blanc dans l'eau d'un vase préserveront le bouquet plus longtemps et une bonne dose de vinaigre passée à la brosse sur les roues d'un vélo l'aidera à tenir la route.

Si le vinaigre blanc est tout à fait inoffensif, il faut quand même faire preuve de prudence dans certains cas. Chauffer du vinaigre provoque quelques vapeurs désagréables, il est donc préférable d'ouvrir une fenêtre. Ensuite, il ne faut jamais utiliser vinaigre et eau de javel en même temps. On est parfois tenté de faire ce genre de mélange lorsque l'on s'escrime en vain sur une surface impossible à blanchir, mais ce réflexe est à bannir : les deux produits réagissent et deviennent alors fortement toxiques.

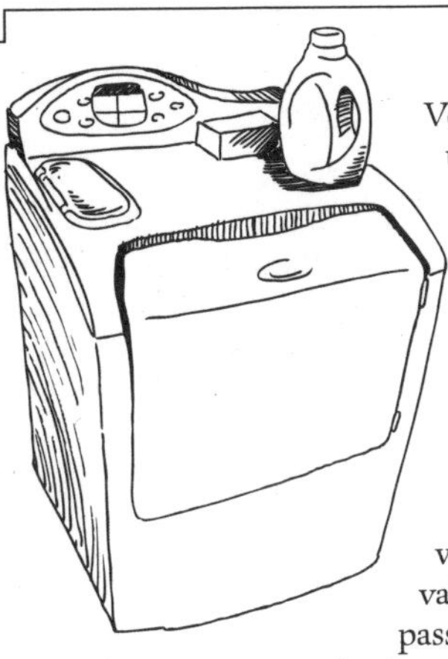

Une machine à laver qui déborde

Vous avez mis trop de lessive et la machine déborde ? Versez un verre de vinaigre blanc au-dessus du tambour, ou dans le tiroir à lessive et la mousse disparaîtra.

Détartrer les appareils ménagers

Il existe des produits spécifiquement formulés pour entretenir et détartrer les appareils ménagers. En entretien courant, vous pouvez les remplacer par le vinaigre blanc, qui dissout le calcaire. Il vous suffit de faire chauffer bouilloire et cafetière avec pour tout contenu un verre de vinaigre. Vous pouvez utiliser la même méthode pour le lave-vaisselle ou la machine à laver. Pour détartrer un fer à repasser, passez un coton mouillé de vinaigre sur la semelle et remplissez le réservoir de vinaigre avant de mettre le fer en position vapeur.

Un four à micro-ondes propre

Si votre micro-ondes est encrassé, ne vous jetez pas sur le grattoir. Remplissez à demi un bol de vinaigre blanc et faites-le chauffer deux ou trois minutes au micro-ondes. Les vapeurs de vinaigre chasseront les mauvaises odeurs et décolleront la saleté qui partira d'un coup d'éponge.

Faire briller ses sols

Vos carrelages seront plus brillants et paraîtront plus propres si vous les rincez avec de l'eau additionnée de vinaigre blanc.

Mieux laver fruits et légumes

On se contente souvent de passer fruits et légumes sous un simple filet d'eau, qui ne suffit pourtant pas à les assainir. Vous les débarrasserez de davantage d'impuretés en les plongeant dans une eau vinaigrée et en les brossant.

Nettoyer le fond d'une carafe

Les alcools (vins, liqueurs, rhums arrangés) laissent des traces et des dépôts au fond des carafes. Si la vôtre a un goulot trop étroit pour y introduire un goupillon, vous pouvez la nettoyer en versant à l'intérieur une poignée de riz cru et un verre de vinaigre blanc. Ensuite, secouez vigoureusement, pendant plusieurs minutes.

Des vitres sans traces

Quand on n'a pas le coup de main, les vitres, couvertes de traces et de coulures, paraissent parfois plus sales après lavage qu'avant. Vous éviterez les traces en nettoyant vos carreaux à l'aide de vinaigre blanc que vous essuierez avec des feuilles de papier journal roulées en boules.

Faire briller les verres

Pour des verres brillants et sans taches, terminez votre vaisselle par un rinçage à l'eau vinaigrée.

Ôter les taches de transpiration

Si vous avez tendance à transpirer abondamment, frottez les aisselles de vos tee-shirts et chemises avec du vinaigre blanc avant de les passer en machine. Cela évitera que le tissu ne jaunisse à la longue.

Fixer les couleurs

Pour éviter que vos vêtements neufs aux couleurs sombres ou vives ne virent trop vite au pastel, avant de les passer pour la première fois en machine, plongez-les, pendant une nuit, dans une bassine d'eau froide vinaigrée. Attention, cela n'empêchera pas la couleur de « dégorger », il ne faut donc toujours pas laver ensemble couleurs sombres et couleurs claires.

Nettoyer les pinceaux couverts de peinture

Après usage, nettoyez soigneusement vos pinceaux au vinaigre blanc. Si des résidus de peinture ont séché sur vos pinceaux et les rendent inutilisables, plongez-les dans du vinaigre bouillant. Dans un cas comme dans l'autre, dès que le vinaigre est saturé de peinture, il devient inefficace ; il faut donc préparer un deuxième bain.

Nettoyer les joints qui moisissent

Pour éliminer les traces de moisissure qui apparaissent sur les joints de la salle de bains, et particulièrement dans la douche, frottez-les avec une brosse trempée dans un mélange de liquide vaisselle et de vinaigre blanc. Pensez à aérer votre salle de bains après chaque douche, et si elle est mal (ou pas) ventilée, utilisez le mélange vinaigre blanc/liquide vaisselle une fois par mois à titre préventif.

Enlever la rouille

Faites bouillir du vinaigre blanc et plongez-y vos couteaux. Après une demi-heure, sortez-les de leur bain et chassez la rouille en utilisant, au choix, une brosse métallique, ou un demi-oignon avec du gros sel.

Blanchir du linge piqué ou moisi

Vous avez rangé le linge trop vite et il s'est piqué de moisissure ? Faites-le tremper dans une bassine d'eau vinaigrée. Si des traces résistent, massez-les avec du bicarbonate de soude. Vous avez oublié d'étendre votre linge ? En quelques heures, il n'a pas pu moisir ; en revanche, il a certainement pris une odeur de moisi. Pour vous en débarrasser, inutile de relaver le linge. Versez dans le tambour un demi-verre de vinaigre blanc, en essayant de bien le répartir, et faites repartir votre machine sur un cycle rinçage/essorage. Et comme le vinaigre blanc est un excellent assouplissant, non seulement votre linge sera propre, mais en plus, il sera doux au toucher.

Raviver les couleurs d'un tapis

Si les couleurs de votre tapis se sont un peu affadies avec les années, brossez-le avec une eau légèrement vinaigrée. Comme toujours, en matière de textile, testez cette astuce sur une petite partie du tapis afin de vérifier qu'il réagit comme vous le souhaitez à ce traitement.

Les astuces de grand-mère

Beauté

Tous les fabricants de cosmétiques nous le disent : leurs produits sont naturels car la nature et ses plantes nous offrent tous les actifs nécessaires à notre beauté. Prenons-les au mot en fabriquant nos propres produits, du masque au déodorant. À l'époque de nos grands-mères, on ne trouvait pas de parfumerie à chaque coin de rue. La beauté était souvent l'affaire de quelques produits, judicieusement choisis et bon marché. Pour le plaisir de la découverte (ou plutôt de la redécouverte), pour dépanner quand on a terminé son pot de crème miracle, réapproprions-nous donc ces petites recettes qui n'ont pas pris une ride. Ces basiques de la beauté faits maison sont aussi un appel à la créativité. Une fois que l'on a compris les règles de base, on peut improviser ! Nos astuces vous inspireront certainement de nouvelles recettes bien à vous qui deviendront peut-être un jour des astuces de grand-mère.

Agrandir son regard

La nature n'a pas doté toutes les femmes de grands yeux en amande. Heureusement, le maquillage vient à notre secours ! Posez un peu de fard blanc sur le coin interne de l'œil et sous l'arcade sourcilière. À la place de votre crayon khôl habituel, utilisez un crayon blanc-rosé pour souligner l'intérieur de l'œil. Tracez enfin un trait de khôl brun ou noir sous les cils inférieurs, du coin extérieur jusqu'au milieu de l'œil. Estompez ce trait vers l'extérieur.

Allonger son vernis à ongles

Votre vernis à ongles préféré est presque fini ? Vous aviez mal refermé le pot et le vernis est devenu tout pâteux et collant ? Vous lui rendrez sa fluidité et l'allongerez un peu en ajoutant quelques gouttes de dissolvant et en secouant le pot vigoureusement.

Anticerne minute

Votre pot d'anticerne est vide ? Pas de panique : si vous avez un peu de temps devant vous, vous pouvez atténuer vos cernes en plaçant sous chaque œil une compresse imbibée de lait écrémé. Laissez reposer pendant un bon quart d'heure pour une plus grande efficacité.

Anti-rougeurs

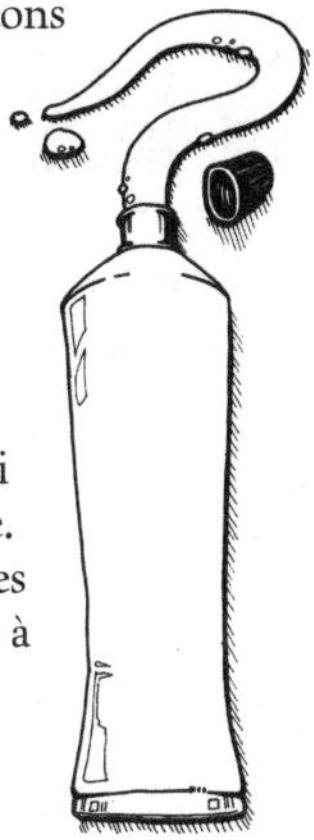

Des compresses d'eau de mauve ou un masque réalisé en mélangeant des flocons d'avoine et un yaourt peuvent aider à limiter les rougeurs. Si votre peau est réactive, évitez les repas trop épicés ou trop arrosés, l'exposition au soleil ou les sorties sans cache-nez par grand froid. Optez pour une base de teint verte qui cachera les petites rougeurs.

Autobronzant en excès

Avec l'autobronzant, l'effet bonne mine au naturel n'est au rendez-vous que si l'on sait étaler uniformément le produit et qu'on en connaît bien la teinte finale. Si des traînées orange apparaissent sur votre peau, inutile de faire trois gommages d'affilée sous la douche. Appliquez sur la zone une bonne couche de dentifrice à la menthe forte, laissez reposer un quart d'heure et rincez.

Bain de bouche maison

Pour confectionner votre propre bain de bouche, faites bouillir de l'eau et ajoutez-y une bonne poignée de feuilles de menthe, quelques pétales de rose et quelques grains de café. Laissez infuser ce mélange jusqu'à ce qu'il refroidisse, filtrez-le et conservez-le dans une bouteille.

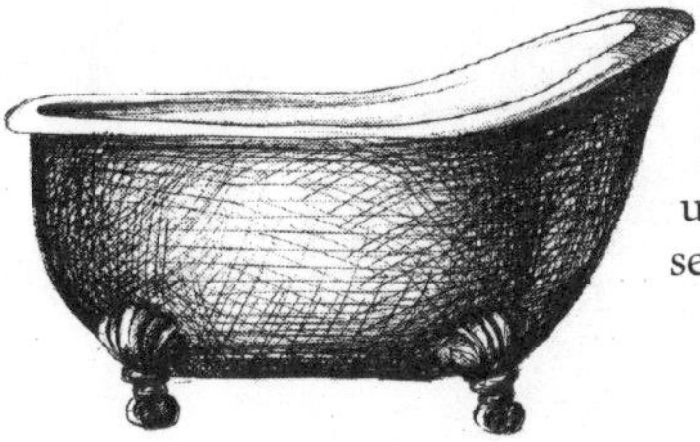

Bain relaxant

La lavande a des propriétés destressantes. Faites-vous couler un grand bain chaud et ajoutez-y quelques gouttes d'huile essentielle de lavande.

Bien choisir son soutien-gorge

Trouver un soutien-gorge bien ajusté n'est pas simple. Sa taille est définie par deux éléments : une lettre, correspondant à la profondeur du bonnet, et un nombre, correspondant au tour de buste. Mesurez votre tour de buste avec un mètre ruban que vous placerez sous vos seins. Mesurez ensuite votre tour de poitrine et soustrayez-lui votre tour de buste. Si le nombre obtenu est 13, choisissez un bonnet A, si c'est 15, un bonnet B, etc. Enfin, ajoutez 15 à votre tour de buste pour trouver la taille de soutien-gorge qui vous correspond. Ainsi, si votre tour de poitrine mesure 89 cm et votre tour de buste 75 cm, vous opterez pour la taille 90 A. Ces mesures ne vous dispensent pas d'un essayage en cabine. Dernière astuce, n'achetez pas un soutien-gorge que vous fermez avec la troisième agrafe : machine après machine, l'élastique va se distendre. Un soutien-gorge bien ajusté se ferme, au moment de l'achat, avec la première agrafe.

Chewing-gum dans les cheveux

Vous pourrez retirer le plus gros en tirant dessus. Une fois ceci fait, il restera une multitude de résidus. Plutôt que de triturer cette pauvre mèche de cheveux, versez généreusement, sur les restes de chewing-gum, de l'huile alimentaire et massez patiemment jusqu'à ce que tout se décolle.

Astuces

Cire d'épilation maison

La cire d'épilation est simple à réaliser : il suffit de faire chauffer un mélange de sucre, de miel et de jus de citron. Plusieurs proportions sont envisageables : ainsi, vous pouvez mélanger un verre de sucre et un demi-verre de miel avec le jus d'un demi-citron, ou encore deux verres de sucre, un demi-verre d'eau, une cuillère à soupe de jus de citron et deux de miel. Si vous chauffez les ingrédients à la casserole, retirez du feu quand le mélange blondit. Au micro-ondes, deux minutes sont suffisantes. Dans un cas comme dans l'autre, pour que le mélange prenne, il faut remuer très régulièrement.

Couleur sans fausse note

Quand on essaie pour la première fois une couleur, on craint toujours la catastrophe. Parfois, elle se produit ! Pour être certaine que la couleur que vous avez choisie ne vous décevra pas, collectez, pendant quelques jours, les cheveux qui tombent lorsque vous vous peignez. Vous n'aurez plus qu'à tester la couleur sur cette mèche de cheveux « morts » pour avoir un aperçu valable. Attention : lisez avec attention l'emballage, car la plupart des couleurs chimiques ne peuvent pas se conserver une fois qu'elles ont été mélangées. D'autre part, ce test sur une mèche de cheveux ne vous dispense pas d'un éventuel test sur une zone de peau, pour détecter une allergie au produit.

Dégonfler les paupières

Les yeux gonflés au réveil rendent toute tentative de maquillage hasardeuse. Pour que vos paupières retrouvent leur volume normal, roulez des glaçons dans un linge et posez-le sur vos yeux. À défaut, vous pouvez également mettre sur vos yeux deux cuillères à soupe passées quelques minutes au réfrigérateur. Si ce problème de paupières lourdes est récurrent, prenez un quart d'heure, le week-end, pour reposer vos yeux en déposant sur vos paupières des sachets d'infusion de camomille déjà utilisés (mouillés et froids).

Démaquillant maison

Moitié eau de chaux, moitié huile d'olive bio : en mélangeant vigoureusement ces deux ingrédients, on obtient du liniment oléocalcaire, un produit naturel utile à toute la famille. Le liniment est principalement employé pour le change des bébés : il nettoie et apaise les rougeurs. Les mamans en auront un tout autre usage : c'est un excellent démaquillant qui laisse la peau souple et hydratée. S'il n'est utilisé que par des adultes, vous pouvez y ajouter une ou deux gouttes d'huile essentielle de votre choix. Le liniment se conserve un mois, mais il se déphase rapidement : il faut le secouer à chaque utilisation. Le mélange sera plus stable si vous remplacez, au moment de la préparation, un peu d'huile d'olive par du beurre de karité fondu.

Démêlant maison

Faites infuser pendant 20 minutes une petite poignée de flocons d'avoine dans de l'eau chaude. Filtrez soigneusement ce mélange (en utilisant un vieux bas, par exemple). Le lait ainsi obtenu est à la fois démêlant et très nourrissant. Appliquez-le deux minutes sur les longueurs et les pointes et rincez.

Dentifrice maison

Il existe de nombreuses recettes de dentifrice. En voici une, peu onéreuse : remplissez à moitié un pot d'argile verte ultra-ventilée, ajoutez de l'infusion de romarin et un trait d'huile d'olive pour former une crème onctueuse et terminez par quelques gouttes d'huile essentielle de menthe, pour une haleine bien fraîche.

Déodorant maison

Mélangez à parts égales de la poudre d'alun et de la poudre d'iris. Ajoutez quelques gouttes d'une huile essentielle dont le parfum vous plaît. Ce déodorant en poudre s'applique avec une houppette, certains ajoutent à sa composition un volume de bicarbonate de soude. Le bicarbonate de soude peut également s'employer seul, en le frottant directement sous les aisselles. Si vous êtes adepte des déodorants en spray, il vous suffit de diluer une ou deux cuillerées à café de poudre dans un petit pulvérisateur rempli d'eau.

Dissoudre la colle du pansement

Lorsqu'on enlève un pansement en place depuis plusieurs jours, il reste sur la peau une zone imprégnée de colle. L'eau savonneuse n'en viendra pas à bout. En revanche, ces résidus peuvent être enlevés très simplement avec un morceau de coton imbibé de dissolvant. Attention, cette méthode n'est à utiliser que si vous pouvez contourner la plaie.

Eau de rose maison

Plus besoin de l'acheter dans le commerce ! Voici une recette toute simple : faites bouillir de l'eau. Hors du feu, ajoutez-y une grosse poignée de roses ou de toute autre fleur que vous aurez choisie pour réaliser votre eau florale. Laissez infuser 20 à 30 minutes. Attention, avant d'utiliser des fleurs à des fins cosmétiques, il convient de toujours vérifier qu'elles n'appartiennent pas à la liste des plantes toxiques et qu'elles n'ont pas subi de traitement chimique. Autrement dit, cette eau florale est à faire uniquement avec les roses de son jardin, pas avec celles du commerce ! L'eau florale s'utilise notamment en tonique, après le démaquillage.

Astuces

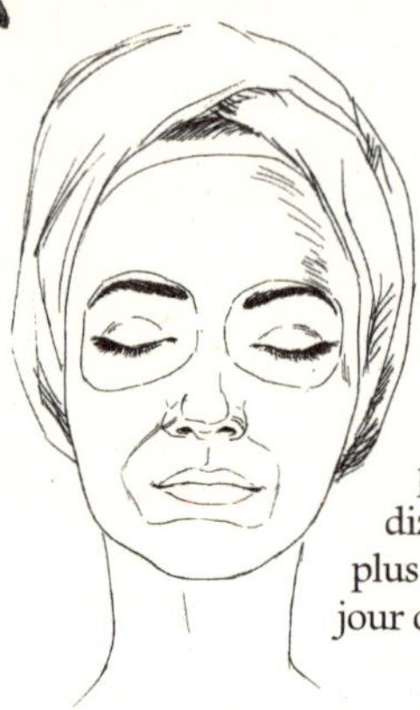

Éliminer les points noirs

Pour venir à bout plus facilement des points noirs qui vous gâchent la vie, faites bouillir de l'eau, versez-la dans un saladier et restez penchée au-dessus, la tête couverte par une serviette pour garder le plus longtemps possible cette vapeur qui va dilater vos pores. Lorsque vous vous attaquez à vos points noirs, faites-le toujours avec un mouchoir en papier (avec les ongles seuls, vous risquez de vous faire de petites plaies et de les infecter). Une fois par semaine, faites un masque à la papaye : étalez sur votre visage la chair d'une demi-papaye mixée, une dizaine de minutes au plus (ne laissez pas la papaye sécher, elle est alors plus difficile à enlever). Bien entendu, ce masque ne doit pas être réalisé le jour où vous éliminez manuellement vos points noirs.

Faire briller les yeux

Pour avoir un regard pétillant jusqu'au soir, même après une longue journée de travail, misez sur le bleuet, qui va rehausser la couleur du blanc de l'œil. Des gouttes d'eau de bleuet, à mettre dans les yeux tous les matins, s'achètent en parapharmacie. Elles ont pour autre vertu de reposer les yeux, avantage précieux notamment pour les personnes qui travaillent derrière un écran d'ordinateur.

Faire ressortir ses lèvres

Vos lèvres sont fines et vous voudriez les mettre en valeur sans avoir recours au rouge à lèvres ? Dessinez le contour de votre bouche, au-delà des lèvres, avec un crayon beige clair-rosé, ou légèrement plus clair que la couleur de votre peau. Estompez le tracé, toujours vers l'extérieur : effet volume naturel garanti !

Fard en excès

Lorsqu'on a eu la main lourde sur le fard à joues ou à paupières, l'erreur à ne pas commettre est de l'estomper avec le doigt. Cela aura pour effet d'écraser le pigment et de le fixer sur la peau. Pour supprimer l'excédent de poudre, utilisez un pinceau de bon diamètre, bien entendu parfaitement propre, et balayez la zone que vous voulez alléger en couleur.

Faux ongles impeccables

Pour nettoyer le dessous des faux ongles, suivez cette petite recette toute simple : diluez une pastille de nettoyant pour dentier dans une tasse d'eau et laissez vos doigts faire trempette quelques minutes.

Gommage naturel

Pour obtenir un gommage maison digne des meilleurs instituts, mélangez une demi-tasse de sucre, un quart de tasse d'huile et deux cuillères de miel bien fluide. Pour liquéfier un peu ce mélange et lui donner une texture plus crémeuse, vous pouvez y ajouter votre gel douche habituel.

Huile de massage anti-âge

Remplacez le dixième d'une bouteille d'huile d'amande douce par de l'huile de bourrache. Nourrissante, elle répare la peau d'où sa réputation d'huile anti-âge. Cette huile de massage constituera également un excellent soin des ongles et cheveux (longueurs et pointes uniquement) cassants.

Huile de massage tonifiante

Ajoutez à votre flacon d'huile d'amande douce ou d'huile de pépin de raisin un trait d'huiles essentielles de pamplemousse et de gingembre. Mélangez bien et souvenez-vous : si l'huile est tonifiante, le massage doit lui aussi être tonique pour produire ses effets.

Lèvres douces

Pour enlever les peaux mortes qui percent sous votre gloss et donnent à votre bouche un aspect peu soigné, réalisez régulièrement un gommage de vos lèvres : frottez-les avec une brosse à dents enduite d'huile d'amande douce.

Manucure sans vernis

Pas besoin de vernis pour avoir des ongles impeccables : faites-leur prendre un bain de jus de citron chaque semaine. Tout aussi efficace que le vernis, un polissoir quatre faces leur donnera un aspect lisse et brillant que vous pourrez parfaire par un bain de quelques secondes dans un peu d'huile d'olive réchauffée.

Maquillage à portée de main

Crayons à lèvres ou pour les yeux, mascaras et autres rouges à lèvres ont une fâcheuse tendance à se renverser et à tomber par terre. Si vous détestez perdre du temps à farfouiller dans votre trousse à produits de beauté le matin, récupérez un pot d'une dizaine de centimètres de profondeur et dont la forme est bien adaptée à votre étagère à maquillage. Remplissez ce pot de pop-corn ou de légumes secs et plantez-y vos cosmétiques. Ils seront toujours à portée de main !

Astuces

Maquillage des yeux sans faute

Pour souligner vos yeux à la perfection et sans bavure, laissez votre crayon khôl dans le bac à légumes du réfrigérateur ou brûlez le bout de sa mine avec un briquet.

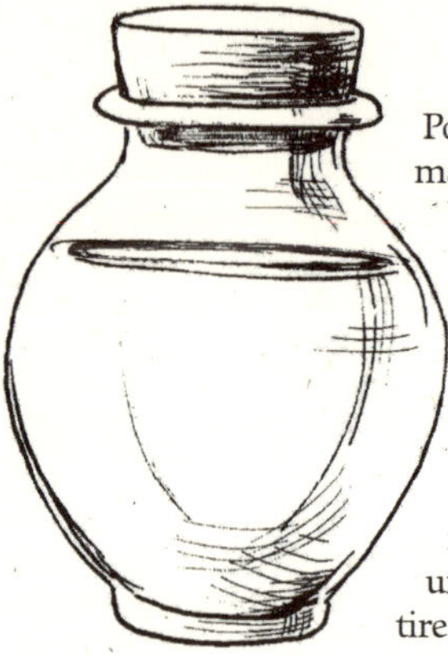

Mascara trop pâteux

Pour fluidifier un mascara qui s'est desséché pour cause de tube mal refermé, ajoutez-y quelques gouttes d'huile d'amande douce bio. Attention, si votre tube est trop ancien, mieux vaut le jeter et en acheter un neuf, pour éviter irritations et autres conjonctivites.

Masque antirides

Appliquez sur votre visage un blanc d'œuf, tel quel ou monté en neige, si la texture vous semble plus appétissante. Laissez poser une vingtaine de minutes et rincez dès que le masque sèche ou tire. Le blanc d'œuf resserre les pores et donne à la peau du visage un aspect plus tendu et tonique. On peut y ajouter un trait de citron, une cuillère à soupe de farine ou un trait d'huile…

Masque anti-peau grasse

L'argile verte fait des miracles contre les peaux grasses. Chaque semaine, réalisez un masque en formant une pâte moyennement épaisse avec de l'argile verte et de l'eau froide. Appliquez sur la peau en évitant les contours de la bouche et des yeux. Laissez poser une dizaine de minutes (ne laissez pas l'argile sécher). Si votre peau est à tendance mixte, n'appliquez ce masque que sur la zone dite T (front, nez et éventuellement menton).

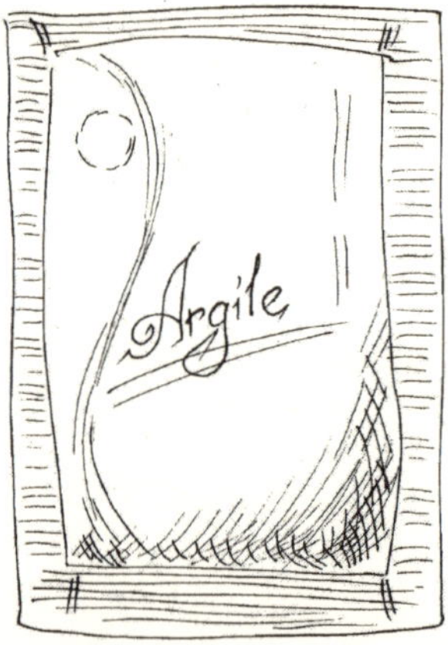

Masque anti-peau sèche

Prenez un avocat bien mûr, écrasez sa chair et ajoutez-y un trait d'huile d'olive, bio de préférence. À défaut d'avocat, vous pouvez également utiliser une banane. Laissez poser une dizaine de minutes.

Masque pour les cheveux à tendance grasse

Mélangez de l'argile verte et de l'eau. Étalez cette pâte sur le cuir chevelu, en évitant les pointes, puisque ce sont en général les racines qu'il convient de dégraisser. Laissez reposer 15 à 20 minutes, rincez et procédez à votre shampoing habituel : vos cheveux regraisseront moins vite.

Masque pour les cheveux secs

Mixez une banane et quatre cuillères à soupe d'huile d'olive. Appliquez ce masque et laissez reposer entre 45 minutes et une heure. Rincez vos cheveux à l'eau tiède puis lavez-les.

Massage anticellulite

Il ne faut pas se mentir, la cellulite bien installée est presque impossible à déloger. En revanche, des massages réguliers peuvent la réduire. Ils seront encore plus efficaces si vous utilisez les propriétés de certaines plantes. Pour préparer votre huile de massage, prenez pour base une huile d'olive. Ajoutez-y quelques gouttes d'huiles essentielles de géranium, de cyprès, de lemon grass et de romarin.

Peau éclatante

Pour redonner un coup d'éclat à votre peau, si celle-ci est terne à la fin de l'hiver ou après un petit virus, additionnez l'eau de votre bain d'une dizaine de cuillères à soupe d'argile blanche.

Péremption des cosmétiques

Un mascara se jette au bout de trois à six mois, un fond de teint ou une crème bronzante au bout de six mois en moyenne, un crayon, un rouge à lèvres au bout d'un an. Dès qu'un produit change de texture ou prend une odeur, jetez-le. Sinon, gare aux réactions cutanées.

Redonner du volume aux cheveux

Pour redonner du volume aux cheveux raplapla, rien de mieux que l'utilisation d'un shampoing sec. Pulvérisez-le un peu partout sur les racines. Laissez agir quelques minutes puis brossez votre chevelure avec vigueur. La chevelure gonfle instantanément et l'effet dure toute la journée. Cette méthode est d'usage ponctuel et n'est pas recommandée aux personnes qui ont les cheveux secs (puisque le shampoing sec agit en absorbant le gras et fragiliserait donc leurs cheveux).

Astuces

Regard fumé

Réussir un maquillage « smoky » de bon matin demande du temps et du travail. Pourquoi vous fatiguer à estomper et étirer une ombre alors que cela peut se faire naturellement ? Avant de vous coucher, tracez un large trait de khôl sur et sous vos yeux. Au réveil, vous n'aurez qu'à effacer, avec un peu de démaquillant, les coulures indésirables et parfaire votre maquillage par un nouveau trait de crayon, fin cette fois-ci, au ras des cils.

Regard glossy

Même si votre trousse à maquillage n'est pas bien garnie, vous pouvez mettre en valeur très simplement vos yeux dans la perspective d'une soirée. Appliquez votre ombre à paupières habituelle en forçant un peu la dose. Sur chaque paupière mobile, étalez un soupçon de gloss pour les lèvres. Plus l'ombre à paupières (ou le crayon) est foncée, plus l'effet est impressionnant. Si vous avez la chance de posséder plusieurs gloss, optez pour celui qui vous paraît le moins collant.

Remplacer le blush

Un peu de rouge à lèvres à la texture crémeuse étalé au doigt remplace avantageusement le blush. L'effet bonne mine peut être augmenté en posant une touche de cette même teinte sous l'arcade sourcilière. Naturellement, il convient d'utiliser un rouge à lèvres rose ou orangé (oubliez le rouge pompier !).

Rinçage pour des cheveux brillants

Pour donner de l'éclat à votre chevelure, après le shampoing, utilisez comme dernière eau de rinçage un bon litre d'eau additionné, au choix, d'un trait de vinaigre de cidre, ou d'un trait de jus de citron.

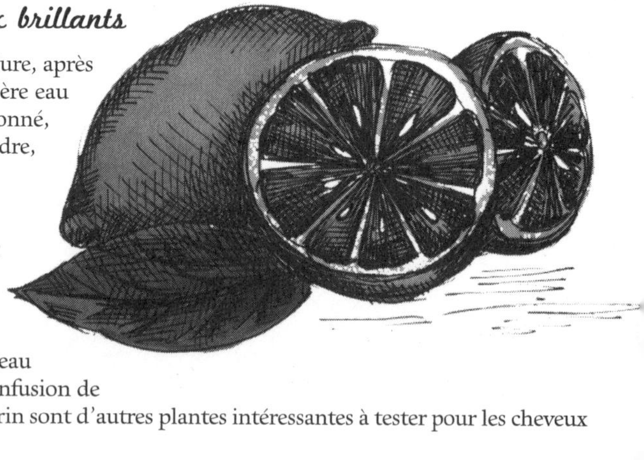

Rinçage pour des cheveux d'un brun profond

Pour renforcer la couleur de vos cheveux bruns, utilisez, en dernière eau de rinçage après le shampoing, une infusion de feuilles de noyer. La sauge et le romarin sont d'autres plantes intéressantes à tester pour les cheveux châtains à bruns.

Astuces

Récupérer, bricoler et aménager

Avant que les grandes surfaces et les jardineries nous proposent des sacs de terreau horticole, de la tourbe et autres terres diverses en sacs de 25 ou 50 l, nos grands-mères (et nos grands-pères) recyclaient tout ce qui pouvait l'être et limitaient déjà les déchets à leur manière… Aujourd'hui comme hier certains déchets permettent de créer un bon compost, bien noir et très fertile qu'il est facile de recréer au fond du jardin et ce gratuitement. N'oublions pas ces astuces et ces recettes, et pourquoi ne pas ajouter les nôtres, comme les nouveaux emballages et autres encombrants qui finissent généralement à la poubelle. Ces recyclages familiaux seront certainement, à leur tour, les trucs et les astuces de demain…

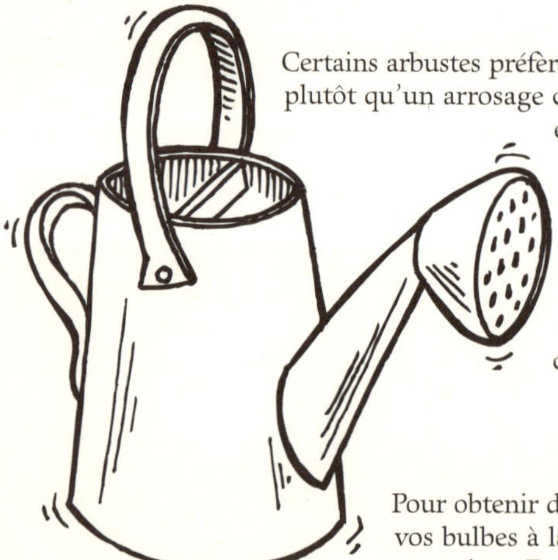

Arroser profond

Certains arbustes préfèrent un arrosage léger aux racines, en profondeur, plutôt qu'un arrosage copieux en surface. Au moment des plantations, enfouissez un tube cartonné de récupération (emballage de bouteille, protection de posters, etc.) à 5 cm de la surface du sol. Il vous servira de conduit direct pour arroser profondément et il se dégradera tout seul au fil du temps pour finalement disparaître complètement. Un apport direct d'engrais aux racines est aussi facilité avec ce « conduit temporaire ».

Barquettes alimentaires

Pour obtenir des paniers pas chers et ainsi stocker ou conserver vos bulbes à la cave ou au cellier, conservez les barquettes alimentaires. De plus en plus les grandes surfaces proposent des emballages standards pour les salades ou les fruits de mer. Après les avoir bien nettoyés à l'eau additionnée de javel, faites sécher et percer le fond de quelques trous. Vous bénéficierez de paniers à bon marché.

Boucher les trous

Avant de teindre ou de peindre le bois extérieur, il vous faut boucher les trous, et si possible avec le même bois ! Poncez au papier de verre un morceau de bois de la même espèce et récupérez la sciure obtenue.

Mélangez-la avec de la colle à bois.

Bouchez les trous avec ce mastic fait maison

Une mini serre en bouteille en plastique

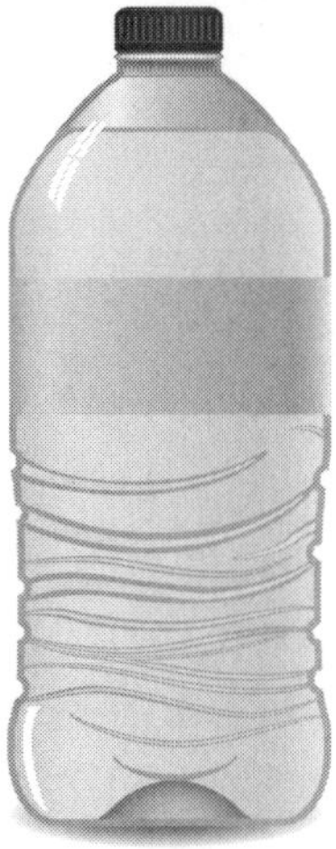

Les bouteilles en plastique sont une aubaine pour le jardinier.

Découpez le cul de la bouteille sur une hauteur de 5 cm. Ce socle vous servira de petite cuvette pour faciliter l'arrosage individuel des godets de semences.

Avec cette bouteille sans fond et après avoir rempli un pot de terre d'un diamètre supérieur à celui de la bouteille, semez vos graines et placez la bouteille par-dessus en enfonçant légèrement cette dernière. Tournez d'un demi-tour pour recouvrir les graines. Laissez le bouchon la nuit pour conserver la chaleur et ôtez-le jour pour supprimer le trop plein d'humidité.

Avec ces bouteilles plastiques recyclées, vous obtiendrez des mini serres à peu de frais.

Une réserve d'eau au jardin

Lorsque vos plants sont suffisamment forts pour être replantés au jardin, conservez la bouteille sans fond (astuce précédente) pour l'enfouir dans la terre, le goulot vers le bas.

Elle servira de réserve d'eau individuelle pour vos plantes qui auront une humidité constante, même si vous vous absentez quelques jours.

Pour une diffusion plus lente, obturez le goulot avec du coton ou laissez le bouchon après avoir percé deux ou trois trous avec une pique passée à la flamme.

Vous pouvez également ajouter au fond du goulot des engrais sous forme de granulés qui se dilueront lentement...

Pour pousser droit

Pour favoriser la croissance des tulipes, placez une bouteille plastique ouverte au-dessus des jeunes plants et créez un microclimat supérieur de 2 à 3 °C.

Vous pouvez également utiliser cette astuce pour vos légumes et fruits en les glissant à l'intérieur. Ainsi vos concombres mûriront plus vite et, de plus, garderont une forme droite, celle de la bouteille, pendant leur développement.

Astuces

Pour un jardin sans mauvaises herbes

Si des plantes indésirables poussent dans votre jardin, coupez-les à ras, pulvérisez un désherbant naturel (eau de cuisson de pommes de terre par exemple), puis posez dessus une bouteille plastique sans fond, avec son bouchon. Condensation extrême et chaleur intense viendront à bout des souches restantes.

Renouvelez l'opération si nécessaire en déversant du désherbant (naturel) par le goulot.

Une bouteille en plastique pour recueillir les fruits

Décidément le recyclage des bouteilles en plastique est infini…

Confectionnez un cueille-fruits en découpant deux trous dans une demi-bouteille, permettant le passage du pouce dans l'un et des trois doigts centraux dans l'autre. Vous pourrez ainsi cueillir les mûres, les groseilles ou même les graines des volubilis sans être obligé de faire des allers-retours inutiles de la plante au panier.

Protéger les bords coupants avec du sparadrap.

Cacher un vieux mur

Une guirlande de lierre est une chose assez facile à réaliser pour cacher un muret sans pour autant le dégrader davantage.

À un mètre de distance les uns des autres, vissez des pitons de plus de 10 cm dans des chevilles que vous introduirez dans le mur à l'aide d'une perceuse.

Accrochez une chaîne en formant des festons et plantez du lierre au pied du mur, à chaque extrémité de la guirlande. Laissez pousser et attachez le lierre à la chaîne avec une ficelle tous les 10 cm. La chaîne éloignera du mur le lierre qui sera plus facile à contrôler et vous obtiendrez également une croissance plus dense.

Vous pouvez aussi utiliser la même méthode pour délimiter une parcelle après avoir planté des piquets ou des planches épaisses (de 10 à 15 cm de largeur*). Vissez les pitons aux faîtes du piquet pour accrocher la chaîne. Un pied de lierre à chaque piquet donnera de l'ampleur à votre installation.

(*) La récupération des planches de palettes est parfaite pour réaliser cela.

Carreaux de céramique

Vous envisagez de remplacer les carreaux de céramique qui se sont cassés sous l'action du froid dans la vasque du jardin ?

Chauffez ces éclats avec un fer à repasser et ôtez les morceaux au grattoir, ils se décolleront facilement. S'il reste encore de la colle, passez de la vapeur (Kärcher, fer à vapeur, nettoyeur moquette) et grattez immédiatement.

Compostage : comment faire son compost

Savoir créer un vrai compost, plutôt qu'un tas d'épluchures au fond du jardin, est indispensable et ne peut être laissé au hasard.

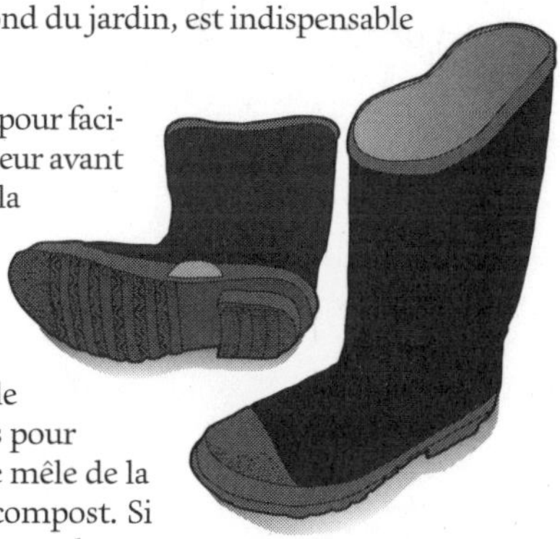

D'abord il faut créer une bonne aération à ce nouveau compost et pour faciliter cela vous placerez sur le sol des branchettes sur 10 cm d'épaisseur avant même de commencer à déposer vos déchets. Sur ces branchettes, la première couche est un activateur de décomposition : du fumier fera l'affaire. Ensuite vous placerez des déchets végétaux et ceux de la cuisine. Pour obtenir un excellent compost, vous alternerez fumier, déchets, une fine couche de tontes de gazon, un peu de carton ondulé ou du papier. Arrosez régulièrement car lorsque le compost chauffe, l'eau s'évapore. Il est conseillé de couvrir le tas pour atténuer cette évaporation ou éviter la noyade lorsque la pluie se mêle de la partie ce qui dégrade rapidement les substances nutritives du compost. Si possible intercalez de temps à autre une couche de feuilles de consoude.

Compostage : la bonne santé du compost

Votre compost nécessite quelques soins pour obtenir un compost qui ressemble à un bon terreau noir, friable et sans odeur (entre 6 mois à 1 an). Arrosez-le de temps en temps avec du purin d'orties.

Au bout du premier mois, accélérez le processus de dégradation en le retournant entièrement.

Le second mois déplacez le compost à la fourche et mettez les matières des bords au centre du nouveau tas.

Certains déchets n'entrent pas dans la composition du compost : les épluchures d'agrumes, le pain et pâtisseries, les mauvaises herbes montées en graines, le bois peint ou traité, la viande, le poisson, les produits laitiers et bien évidemment le plastique, le métal, le verre… et toutes les autres matières non dégradables.

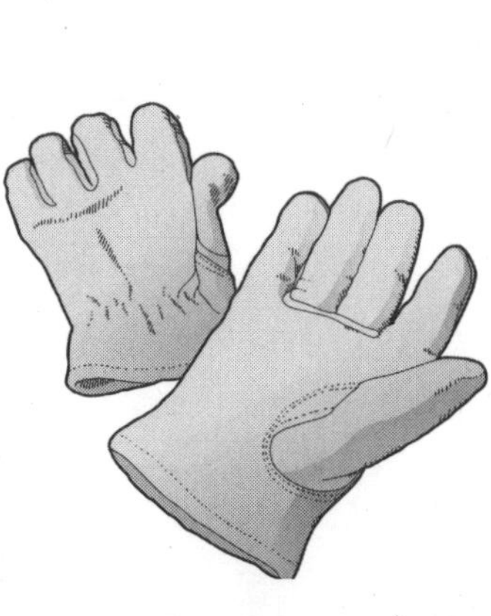

Si votre compost dégage de fortes odeurs d'ammoniac c'est que les matières pourrissent : trop humide ou manque d'air.

Si votre compost présente des tâches de moisissures blanches, c'est qu'il est trop sec.

Astuces

Les bacs à composter

Posséder plusieurs bacs à compost est un sérieux avantage car la dégradation diffère dans le temps. Les matériaux de récupération sont facilement utilisables et les modèles peuvent être conçus de manières différentes.

Pour réaliser un bac à compost bon marché, plantez quatre piquets pour former un cube que vous clôturerez avec un grillage fin. Placez du carton sur les côtés pour former des cloisons, ceci favorisera l'échauffement et l'aération. Lorsque le compost est « mûr », ces cartons seront aussi décomposés.

Vous pouvez aussi utiliser des palettes reliées entre elles par du fil de fer et vous comblerez les interstices avec du papier journal roulé en boule.

Une vieille poubelle en plastique, posée sur des parpaings, à laquelle vous aurez préalablement percé le fond fera aussi un bon bac à compostage. Vous récupérerez le purin dans un bidon.

Un compost de feuilles mortes

Un bon compost de feuilles mortes est compliqué à obtenir avec le procédé classique du conteneur au fond du jardin. Pour que celui-ci soit de bonne qualité voici une astuce pratique et facile à réaliser. Creusez une tranchée de la profondeur de deux bêches. Placez sur le fond des débris végétaux comme un « mulch de branchage » et des herbes (non montées en graines) pour assurer un bon drainage. Ajoutez une épaisseur de 15 à 20 cm de feuilles mortes (il est préférable que les feuilles soient mouillées, après une journée de pluie, sinon arrosez). Étalez dessus une couche de terre de 5 cm, puis à nouveau 15 cm de débris végétaux grossiers puis une couche de feuilles mortes, puis une couche de terre. Renouvelez l'opération jusqu'à obtenir un petit talus de 60 à 80 cm d'épaisseur. Laissez faire l'hiver et les pluies, au printemps vous bénéficierez d'un bon compost à gazon pour boucher les trous du jardin et obtenir un terrain plat et régulier.

Concentration de chaleur

Pour offrir un peu de chaleur à vos jeunes semis de mars, ne jetez pas vos vieilles fenêtres.

Récupérez les vitres, plantez 2 piquets et inclinez la vitre au-dessus de ces semis.

Attention toutefois aux rayons brûlants entre 11 heures et 14 heures s'il n'y a pas de nuages.

Conteneur toujours propre

L'entretien du jardin est accompagné de petits travaux indispensables comme repeindre la clôture ou passer une lasure sur le banc de bois ou le cabanon.

Évitez le coût prohibitif des produits de nettoyage des récipients en mettant un sac plastique dans le fond du bac à peinture. Les travaux terminés, récupérez le trop plein dans le pot d'origine et jetez le sac plastique (à la déchetterie de préférence !).

Contre le gel du bassin

Si vous possédez un petit bassin avec des poissons rouges, une couche de glace se forme aux moments les plus rudes de l'hiver.

Tranquillisez-vous ! Cela n'a aucune incidence sur les poissons qui resteront tranquillement dans la couche inférieure de la glace (entre 3 et 6 °C). Mais ceci provoque parfois quelques incidents lorsque la couche de glace se dilate.

Pour remédier à cette contrainte des très basses températures, posez des objets semi-flottants qui joueront un rôle élastique compensateur : un pneu, un fagot de bois vertical, un bidon aux 4/5 vide ou des bouteilles plastiques légèrement lestées avec de la terre pour qu'elles tiennent droites.

De temps à autre, versez un peu d'eau chaude sur la glace pour créer une ouverture permettant de libérer les gaz dus à la fermentation des végétaux dans le fond.

Contre le silicone

Si vous avez des travaux à base de silicone à réaliser au jardin et pour éviter qu'il adhère à la peau, trempez vos doigts dans une eau contenant du liquide vaisselle.

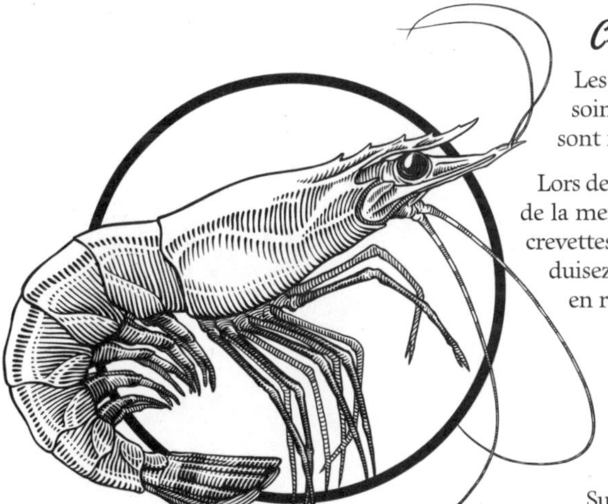

Crevettes et poissons rouges

Les poissons rouges de votre bassin ont besoin de nourriture et les boîtes de daphnies sont insuffisantes…

Lors de votre prochain repas à base de produits de la mer, récupérez la carapace et les têtes des crevettes. Faites-les sécher (à l'extérieur) et réduisez-les en miettes très fines. Les poissons en raffolent !

Daller les allées

Lorsqu'il pleut, il est désagréable de marcher sur un sol boueux.

Suivant sa composition, votre terre a besoin d'être amendée soit par du sable fin ou au contraire par de l'argile. Une fois que vous aurez modifié sur 10 à 12 cm la composition de votre sol, il vous faudra pendant l'hiver tasser cette allée.

Fabriquez-vous deux planchettes de bois de 20 cm de largeur sur 40 cm de longueur sur lesquelles vous placerez des sangles pour y maintenir vos pieds.

Lorsque vous devrez passer dans l'allée travaillée, attachez ces « raquettes » improvisées et au printemps, vous aurez une superbe allée praticable.

Astuces

Débouche-drain

Le drain de votre évier de jardin est bouché ?

Voici une recette écologique qui ne détruira pas la flore de votre sous-sol : 1 bouteille de soda, 1 tasse de bicarbonate de soude, 1 tasse de gros sel, 1 tasse de vinaigre blanc, 0,5 l d'eau bouillante

Mélangez le soda, le bicarbonate et le sel, versez lentement dans le siphon, puis ajoutez le vinaigre.

Vingt minutes plus tard, versez l'eau bouillante.

Débouche-tout

Votre conduite souterraine d'évacuation des eaux de pluie est bouchée ? Celle qui passe sous terre pour rejoindre le bassin est obturée et malgré vos tentatives avec une grande tige métallique ou un furet, rien n'y fait ? Prenez votre tuyau d'arrosage, réglez le jet au maximum et poussez le tuyau en utilisant la force de la pression de l'eau. Il serait étonnant que la conduite bouchée résiste très longtemps à votre insistance.

Dépoter et rempoter

Pour rempoter un pot correctement, placez l'ancien pot dans le nouveau qui sera plus grand que l'ancien.

Remplissez de terre l'espace qui se trouve entre les deux et tassez fortement au fur et à mesure.

En ôtant l'ancien pot, la forme reste et il vous suffit de déposer la plante et de la placer dans l'espace moulé pour que celle-ci ainsi que ses racines trouvent correctement leur place.

Des étiquettes à bas coût

L'été est le moment idéal pour terminer le repas avec un esquimau glacé.

Conservez les bâtonnets, ils vous serviront à étiqueter vos semis en inscrivant au crayon gras ou au feutre indélébile le nom des plantes semées sur une face et la date du semis ou de la plantation sur l'autre face.

Un coup de vernis transparent permet de les conserver une année sur l'autre, mais ceci dépend surtout de votre consommation d'esquimaux !

Des godets pas chers

Les pots de yaourts sont de véritables outils pour le jardinier. Percez quelques trous au fond du pot et vous obtiendrez un semoir facile d'utilisation (pour les graines de radis par exemple).

Ajoutez de la terre et faites votre semis. En plaçant un autre godet, à l'envers sur le dessus attaché par deux trombones sur les bords, vous obtiendrez une mini serre.

Au moment de la plantation, il vous suffira de fendre l'un des côtés pour récupérer la motte à mettre en terre.

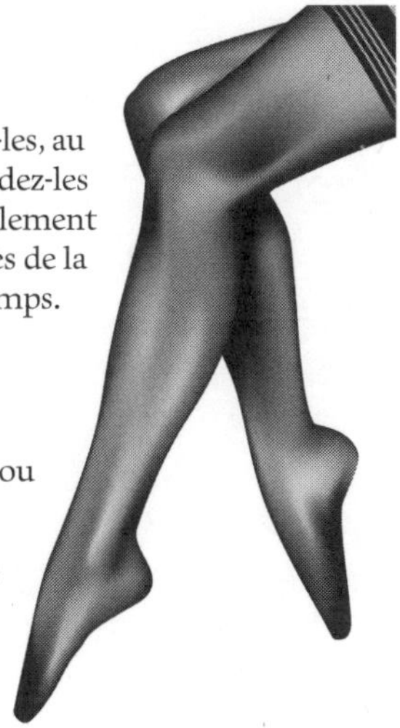

Des oignons en bas Nylon

Pour entreposer vos bulbes de fleurs dans un minimum de place, mettez-les, au printemps, dans des bas Nylon remplis à leur base de terreau et suspendez-les au plafond du cellier ou du garage. En un coup d'œil, vous saurez facilement de quelle plante il s'agit et vous pourrez également visualiser les progrès de la germination. Vaporisez un peu d'eau pour humidifier de temps en temps.

Des poubelles à compost

Lors de vos travaux de jardinage, il est inutile de déplacer la brouette ou de faire plusieurs allers-retours jusqu'au tas de compost.

Fabriquez-vous des petites « poubelles » en récupérant des bidons d'une contenance de 20 l (pétrole de chauffage). Découpez la partie supérieure et placez le bidon dans un petit enclos de 40 cm sur 40 cm pour 60 cm de hauteur que vous aurez réalisé avec de la « volige » traitée à l'huile de lin et enterrée pour cacher le bidon.

Dans cet espace clos, les herbes folles que vous déposerez perdront de leur volume et vous récupérerez une fois par semaine ce que vous transportiez une fois par jour !

Désherber entre les dalles

Compliqué de désherber les interstices entre les dalles du patio…

Saupoudrez de sucre régulièrement, l'herbe ne résistera pas long-temps.

Engrais au maïs

Pour obtenir un engrais naturel pour vos rosiers et vos plantes d'intérieur, conservez l'eau de cuisson du maïs.

Plutôt que de jeter les feuilles, faites un broyat guyanais (purée de feuilles) dans une eau que vous porterez à ébullition 15 minutes.

Elles sont riches en minéraux et favorisent le développement de boutons floraux.

Astuces

Entonnoir multi-usages

Pour se fabriquer son propre entonnoir d'une capacité ajustable et être certain qu'il sera facile à nettoyer, rien de plus simple.

Récupérez une vieille radiographie et enroulez la feuille en forme de cornet au diamètre voulu. Une agrafe suffira à garder la forme voulue le temps de l'usage.

Ôtez la fixation et passez-la sous l'eau. La radio servira encore la prochaine fois.

Garder le vinaigre

Ne jetez plus le vinaigre des cornichons lorsque le pot est vide.

Filtrez-le et vous pourrez vous en servir à la maison comme détartrant pour les toilettes, la machine à café ou le fer à vapeur (0,5 l de vinaigre pour 0,30 l d'eau bouillante).

Jolis galets nominatifs

Lors de vos balades au bord de la rivière ou de la mer, récupérez des galets plats pour y inscrire le nom de vos massifs.

Marquez au feutre indélébile ou mieux, à la peinture de couleurs, le nom des fleurs et placez le galet à leur pied.

Les enfants adorent participer à cette activité qui devient vite un jeu de devinettes : quel est le nom de cette fleur ? La réponse est au pied… du plant !

La peau est en dessous

Les pots de peinture du jardin s'accumulent au garage en attendant une prochaine utilisation au printemps.

Pour éviter qu'une pellicule épaisse et sèche recouvre la peinture, retournez-les !

La peau sera dessous et non dessus au moment de vous en servir !

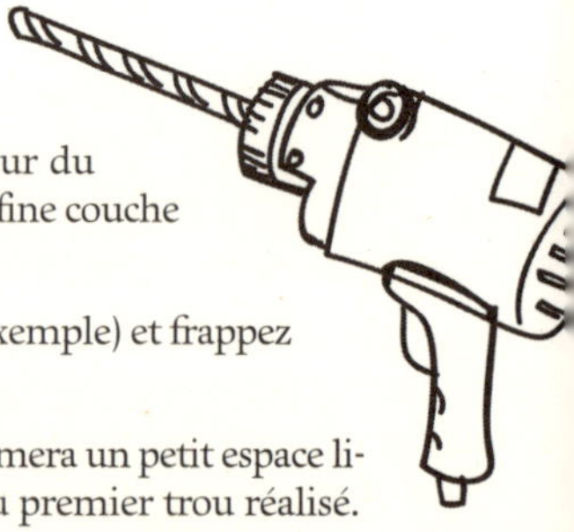

Le foret est trop court

Pour percer une planche dont l'épaisseur est supérieure à la longueur du foret, percez tout d'abord un trou au-dessous. Sur le dessus, étalez une fine couche de farine.

Placez dans le trou réalisé une baguette de bois (bâton de sucette par exemple) et frappez très doucement à plusieurs reprises.

Les vibrations créées par les petits chocs vont chasser la farine et il se formera un petit espace libre, comme le cratère d'une sorte de volcan, exactement au-dessus du premier trou réalisé.

Vous pourrez ainsi percer dans l'autre sens pour tomber exactement dans le trou percé précédemment.

Manches en bois

Le soleil et la chaleur ont tendance à éclater les manches en bois des outils du jardin.

Pour nourrir ces outils, il suffit de les oindre avec un chiffon doux imprégné de quelques gouttes d'huile d'olive.

Laissez sécher avant de les réutiliser ; une nuit suffit.

Nettoyer la grille du barbecue

Il n'est pas facile de nettoyer la grille du barbecue. Les graisses se sont solidifiées et une croûte noirâtre recouvre le gril.

Dans un premier temps, faites fondre de la paraffine et recouvrez au pinceau le gril, laissez sécher puis passez à la braise ; les graisses s'élimineront en partie.

Une fois le gril froid, frottez avec une petite brosse métallique douce (brosse à bougie de moteur) pour éliminer les restes.

Pour éviter la rouille, recouvrez d'huile de paraffine jusqu'à la prochaine utilisation.

Ouvrir une fenêtre

Pour éviter que la fenêtre en bois du cellier ou du cabanon gonfle sous l'action de l'humidité, et en attendant que le soleil réparateur propose ses bons offices, saupoudrez régulièrement les montants avec du talc, elle s'ouvrira très facilement en toute saison.

Poubelle pratique

Lorsque vous achetez de la lessive en baril, conservez la boîte cylindrique.

Elle vous sera utile comme petite poubelle pour jeter vos sachets de graines vides et autres papiers divers, comme l'essuie-tout près de l'évier du jardin.

C'est aussi un excellent contenant pour stocker vos godets vides de semis, le charbon de bois, la tourbe, les écorces et les pommes de pin.

Surélevez cette boîte cartonnée dans la cabane du jardin, le fond déteste l'humidité.

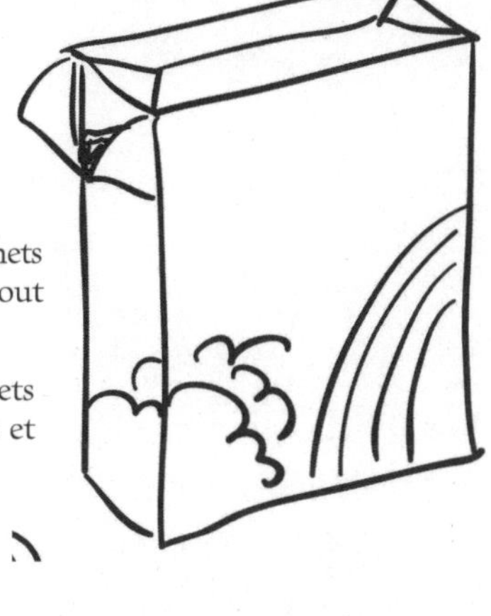

Astuces

Protège-gouttière

Les feuilles ont tendance à boucher votre gouttière l'automne venu ? Faites une pelote grossière avec du fil de fer de dimension légèrement supérieure au conduit. L'eau continuera de couler mais les mailles arrêteront les feuilles mortes et autres détritus accumulés ! Les feuilles rejoindront ainsi le tas de compost…

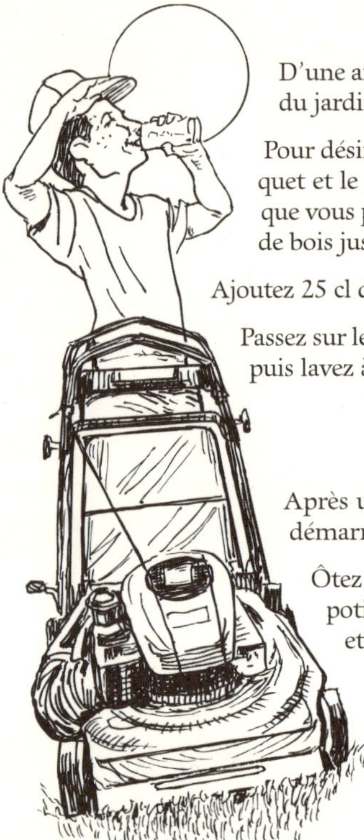

Purifier le cabanon du jardin

D'une année sur l'autre, des maladies peuvent s'installer dans le cabanon du jardin.

Pour désinfecter correctement les planches qui recouvrent les murs, le parquet et le plafond, utilisez une solution de lessive St Marc dans 10 l d'eau que vous porterez à ébullition tout en mélangeant avec une grande cuillère de bois jusqu'à épaississement.

Ajoutez 25 cl d'huile camphrée.

Passez sur les murs à l'aide d'un gros pinceau, laissez imprégner 2 à 4 heures, puis lavez à l'eau claire.

Redémarrer la tondeuse

Après une longue période de repos, votre tondeuse a un peu de mal à démarrer ?

Ôtez la bougie et injectez à l'aide d'une petite seringue une potion magique composée pour moitié d'alcool dénaturé et moitié d'éther.

Elle repartira au premier coup de lanceur…

Redresser une dent de fourche

Il arrive régulièrement qu'une dent de la fourche-bêche se torde en rencontrant une pierre enfouie.

Pour la redresser, plantez près de la cabane de jardin un tube galvanisé de 70 cm en le laissant dépasser de 20 cm. Ce tuyau vous servira, en mettant à l'intérieur la dent tordue, à la redresser lentement. Obturez le tuyau avec un pot non percé pour qu'il ne devienne pas l'abri d'indésirables.

Sachet de graines

Si vous recueillez les graines de vos fruits ou « légumes fruits » pour les semer l'année suivante, placez-les dans des sachets de papier qui laissent passer l'air.

Pour toutes les autres graines, dont les fleurs, les boîtes en plastique de pellicules photo sont parfaites.

Placez-les en bas du réfrigérateur après avoir identifié, par une étiquette, les variétés.

Semis et coquilles d'œufs

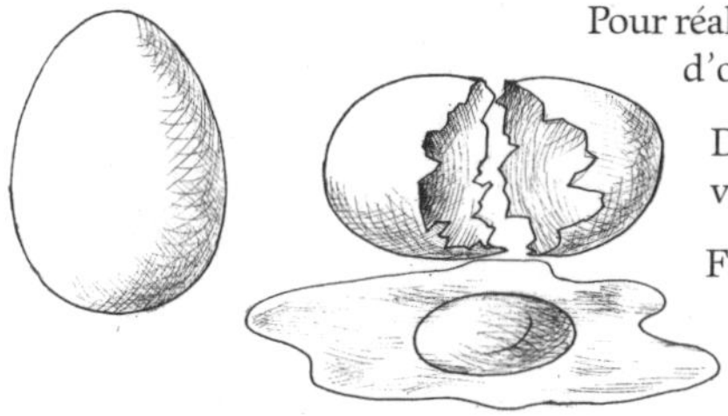

Pour réaliser vos semis à coût modique, conservez les emballages d'œufs.

Dans un second temps, toutes les coquilles d'œufs seront lavées, nettoyées, séchées et remplies de terreau horticole.

Faites vos semis dans ces coquilles et indiquez au feutre l'espèce semée. Placez vos « godets naturels » dans les boîtes à œufs qui serviront de support. La porosité des coquilles suffit théoriquement à éliminer le trop plein d'humidité, mais si vous avez la main lourde, faites un petit trou à la base de la coquille avec une aiguille.

Lorsque le plant est prêt à être planté, écrasez la coquille qui le contient et mettez en terre le tout. La coquille apportera un peu de minéraux à votre terrain.

Stimuler la plante

Pour qu'une plante s'enracine plus facilement, il existe des méthodes simples et naturelles comme celle qui consiste à mettre un bol d'avoine dans le trou prévu pour la plantation.

L'activité hormonale qui s'en dégage favorise la pousse des racines.

Stop rouille

Vous avez oublié de nettoyer votre serpette lors de votre dernière utilisation et la lame est rouillée ?

Humectez les deux faces avec un oignon cru et frottez ensuite énergiquement avec du sucre en poudre.

Séchez avec un papier absorbant et lustrez avec une bougie pour protéger la lame.

Cet hiver, pour protéger de l'humidité vos petits outils (ciseau, couteau et sécateur), mettez-les dans une cassette en bois et placez des craies. Elles absorberont l'humidité ambiante.

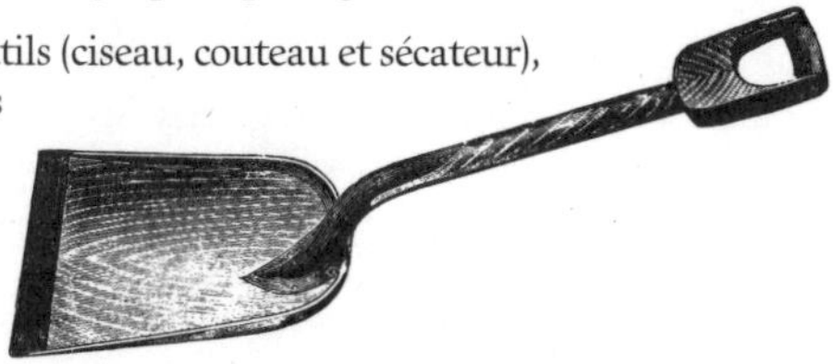

Astuces

Contre la rouille sur les outils

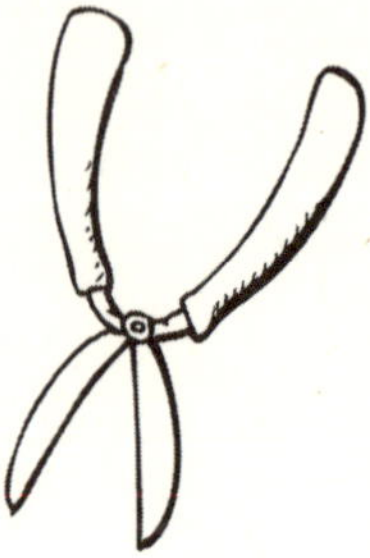

De la rouille recouvre vos petits outils métalliques, les boulons et écrous de vos tuyaux d'arrosage, la clé du cabanon, la chaîne du poulailler ?

Faites bouillir de l'eau avec du vinaigre blanc et laissez tremper pendant une heure.

Ensuite, frictionnez les endroits rouillés avec un tissu en coton ; ils retrouveront l'éclat du neuf.

Puis protégez-les avec de l'huile de paraffine.

Taches de goudron

La texture du goudron et sa forte tendance à se coller partout sont des inconvénients majeurs pour travailler de ses mains et manipuler les plants, les fleurs, les fruits.

Pour ôter ce goudron, frictionnez-vous les mains avec un insecticide liquide (autrefois le célèbre Fly-Tox), puis lavez-les avec du savon noir.

Rincez-vous à grande eau. Cette astuce est valable également pour ôter du goudron sur les tissus.

Sur du métal, frottez avec du fuel.

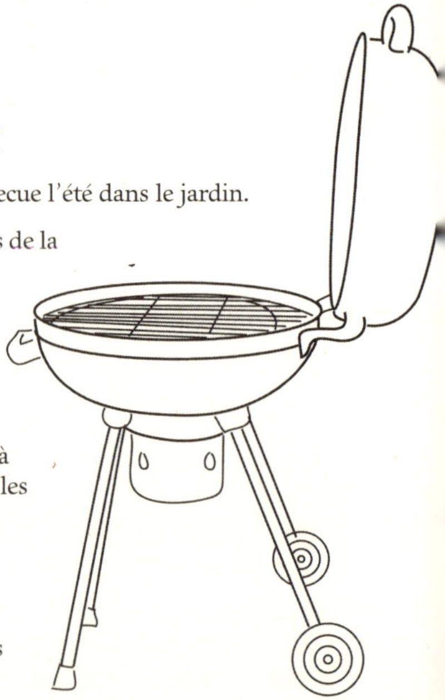

Un barbecue bon marché

Il est, sauf arrêté préfectoral, bien séduisant de faire un barbecue l'été dans le jardin.

Inutile de faire des frais superflus, la reconversion des briques de la ruine voisine est parfaite pour faire le socle et les 3 côtés.

Votre région est peut-être riche en schiste bleu, c'est encore mieux !

Vous pouvez aussi récupérer un Caddie de supermarché à la décharge de votre commune et d'un coup de scie à métaux, vous conserverez une des parois pour faire la grille. Voilà un barbecue prêt à recevoir les prochaines brochettes… avec les légumes du jardin bien entendu.

Un treillage amovible

Pourquoi ne pas créer un treillage pour faire courir des volubilis en reliant entre elles des cannelles ?
La fixation se fait avec un morceau de bas Nylon au niveau des angles.

Cette clôture murale peu coûteuse pourra être supprimée à l'automne, mais si vous désirez installer ce treillage le long d'un mur, et que vous voulez en conserver l'accès, fixez le bas du treillage sur des charnières.
En cas de nécessité, vous pourrez « ouvrir » ce treillage comme un livre et y accéder facilement pour le nettoyer, le peindre, etc.

Un vieil épouvantail modernisé

Autrefois, les jardiniers recouvraient d'aluminium des vieux 45 tours usés en vinyle ou des couvercles de boîtes de conserve qu'ils installaient dans les arbres fruitiers pour éloigner les oiseaux.

Si la recette est toujours bonne, vous pouvez aujourd'hui utiliser le même principe en récupérant des DVD défectueux qui joueront de leurs feux étincelants sous le soleil et les bourrasques de vent.

Une allée de rondins

Lorsque la pluie transforme vos petites allées en chemin boueux, le plaisir d'aller couper quelques fleurs ou des herbes aromatiques en est gâché.

Créez un « pas à pas » en découpant des rondelles de pin maritime de 8 à 10 cm d'épaisseur, sur lesquelles vous pourrez marcher. Pour une meilleure protection dans le temps, notamment contre les champignons, vous les nettoierez à la brosse à chiendent avec du savon noir additionné de jus de citron.

Traitez-les avec un produit que vous fabriquerez vous-même : 1 l d'huile de lin + 1 l d'essence de térébenthine + 1 bouchon de siccatif.

Pulvérisez-le sur les rondins secs deux fois par an : au printemps et juste avant l'hiver.

Une bouillotte pour les plantes

Pour garantir vos semis de fleurs contre les dernières gelées, remplissez une chambre à air d'eau en ôtant la vis qui se trouve dans la valve.

Rebouchez et entourez vos plants de cette chambre noire qui absorbe la chaleur le jour et la restitue la nuit.

Cuisine

Un bon cuisinier, c'est l'addition de tout un tas de qualités : un peu d'imagination, beaucoup de rigueur, un choix avisé pour les recettes comme pour les produits et une parfaite gestion du temps. Nos astuces vous permettront aussi de découvrir le petit je-ne-sais-quoi qui améliore quelques-unes des recettes les plus traditionnelles : comment faire un gâteau au yaourt plus léger, servir une purée moins banale ou un hachis parmentier aérien, présenter un soufflé vraiment gonflé ou encore donner un peu plus de saveur à une vinaigrette toute bête. Car, finalement, le cordon-bleu n'est pas nécessairement celui qui propose les plats les plus compliqués. Nous gardons tous la mémoire d'un dessert, d'une viande, en apparence tout simple, mais que notre grand-mère réussissait mieux que personne. Voilà bien la preuve que la perfection se cache dans les petites astuces et les menus détails.

Accélérer le mûrissement des fruits

Pour faire mûrir vos fruits (avocats, kiwis), enfermez-les dans une boîte avec une pomme. Celle-ci libère, en petite quantité, de l'éthylène qui amènera rapidement les autres fruits à maturité. Pour faire mûrir plus rapidement des bananes, enfermez-les dans un sac en papier que vous entreposerez dans une pièce à température ambiante (voire chaude, si possible). Ne mettez jamais vos bananes au réfrigérateur : elles se couvriraient de taches brunes.

Adoucir une sauce

Vous avez eu la main un peu lourde sur le curry ? Pour récupérer une sauce trop épicée, vous pouvez l'allonger avec un peu de bouillon. Si elle vous paraît déjà suffisamment fluide ou salée, délayez-la plutôt avec quelques cuillerées à soupe de crème fraîche, en fin de cuisson.

Agrumes bien juteux

Pour tirer plus de jus de vos citrons et oranges, avant de les couper en deux, massez-les ! Faites-les rouler sur le plan de travail en exerçant une forte pression avec la main.

Ajoutez du vert

Si après cuisson, vos légumes ne sont pas suffisamment verts et risquent de déplaire à vos convives, dès la fin de la cuisson, après les avoir égouttés, plongez-les quelques instants dans une bassine d'eau froide avec des glaçons.

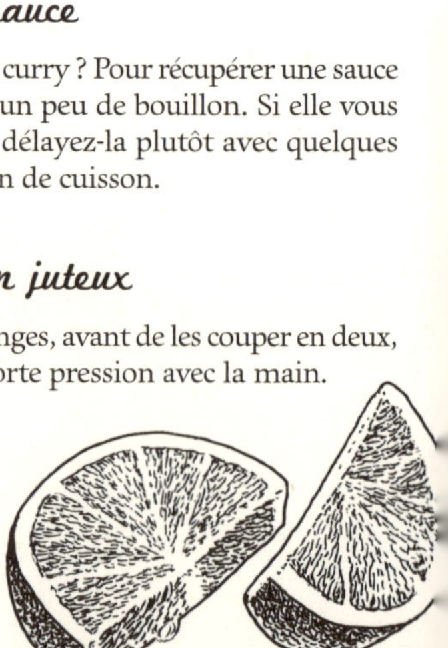

Alléger les pâtes à la carbonara

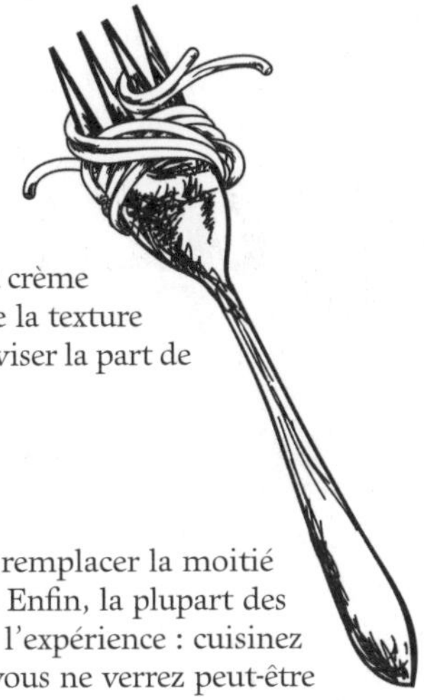

Les pâtes à la carbonara sont une spécialité savoureuse. En général, les enfants en raffolent. Avec le beurre, la crème fraîche, les lardons et le jaune d'œuf, l'assiette devient bien vite beaucoup trop calorique. Pour minimiser la dose de gras, vous pouvez bien sûr opter pour de la crème allégée, mais pensez également aux champignons de Paris. Ils ont de la texture et absorbent le goût des sauces. Grâce à eux, vous pouvez sans mal diviser la part de lardons par deux.

Alléger un gâteau

Pour qu'un gâteau paraisse moins écœurant ou bourratif, on peut remplacer la moitié de la farine par de la fécule et la moitié du sucre par du sucre glace. Enfin, la plupart des recettes prévoient des quantités de beurre trop importantes. Faites l'expérience : cuisinez votre gâteau préféré avec une quantité de beurre divisée par deux, vous ne verrez peut-être pas la différence.

Antiprojections

Lorsque l'huile ou le beurre sont bien chauds au fond de la poêle et que vous y déposez votre morceau de viande, des projections surviennent à coup sûr. Pour les éviter, mettez une pincée de sel dans la graisse ou saupoudrez-la d'une petite poignée de farine avant d'y jeter les ingrédients à cuire.

Appétissante angélique confite

Riche en coumarine, huile essentielle et glucoside, l'angélique est un stimulant de l'appareil digestif et un antiseptique. Autrefois, elle avait la réputation de guérir la peste.

Recette d'angélique confite : taillez des morceaux de tige de 3 à 4 cm et plongez-les dans un bain d'eau froide sucrée. Mettez sur le feu et laissez frémir jusqu'à ce que les bâtonnets soient mous. Filtrez, puis recommencez encore une fois pendant une heure, dans un sirop composé de 450 g de sucre et de 300 ml d'eau. Séchez et saupoudrez de sucre glace. Mettez dans un bocal bien fermé.

Aromatiser vinaigre et huile

C'est un excellent moyen pour donner à vos salades un parfum discret que vos invités ne retrouveront nulle part ailleurs. Sur toutes les tables des pizzerias, on retrouve un flacon d'huile au piment. Suivez l'exemple des restaurateurs et aromatisez vos huiles et vinaigres. L'huile d'olive, naturellement bien parfumée, se prête à de nombreux mélanges. Vous pouvez y ajouter des graines de poivre ou de moutarde, de l'ail écrasé, du basilic, du romarin, des rondelles de citron, de la coriandre ou même de la menthe. Pour parfumer le vinaigre de vin rouge, misez sur l'ail ou l'échalote écrasée. Le vinaigre de vin blanc quant à lui se marie bien avec l'estragon, la ciboulette ou les framboises fraîches. Patientez 3 semaines à 1 mois avant de goûter votre préparation et filtrez-la pour la débarrasser des herbes et fruits au bout de 2 mois.

Astuces

Artichaut sans tâches

Pour éviter que les artichauts ne prennent une vilaine teinte, badigeonnez le haut du légume (là où la tige a été coupée) de jus de citron et versez également un grand trait de jus de citron dans l'eau de cuisson.

Attendrir une dinde

Une dinde moelleuse, c'est possible ! Pendant la cuisson, arrosez régulièrement la bête. Vous pouvez même poser dans le four un petit récipient contenant de l'eau qui s'évaporera pendant la cuisson. Si malgré toutes vos précautions, votre dinde prend une texture de semelle, agissez rapidement dès la sortie du four : tartinez-la de beurre et emballez-la dans du film plastique. Laissez-la reposer un quart d'heure ainsi. Ce traitement au beurre peut être fait de manière préventive : il suffit de décoller la peau de la volaille pour glisser en dessous quelques dés avant cuisson.

Barbecue réussi

Lorsque l'on fait un barbecue, il peut arriver que la viande colle à la grille. Pour éviter ce désagrément, entre chaque grillade, huilez la grille en utilisant un vieux torchon (bien sûr, il faut retirer la grille du barbecue pour que le torchon n'entre pas en contact avec les braises !).

Beurre bien blond

Vous avez pour habitude de cuisiner au beurre, mais son brunissement gâche le goût de vos petits plats ? Si vous ajoutez quelques gouttes d'huile au beurre au moment où vous le mettez dans la poêle, il se colorera moins. Il faudra cependant privilégier une cuisson à feu doux : le beurre brunit dès 120 °C.

Beurre jamais rance

Pour que votre beurre ne rancisse pas, faites l'acquisition d'un beurrier breton, ou beurrier à eau. L'objet en question est composé de deux parties. D'un côté, un récipient que l'on remplit d'eau, de l'autre, son couvercle qui est équipé d'une petite réserve dans laquelle on moule le beurre. Toujours au contact de l'eau, mais jamais au contact de l'air, le beurre ne devient pas rance. En outre, ce mode de conservation vous dispense de ranger le beurre au réfrigérateur et le garde toujours à bonne consistance pour réaliser des tartines. Si vous ne trouvez pas ce précieux beurrier, une simple terrine munie d'un couvercle fera l'affaire. Moulez tout simplement le beurre au fond et couvrez d'eau. Dans un cas comme dans l'autre, changez l'eau tous les jours. Si le beurre rancit, pétrissez-le dans un saladier rempli d'eau additionnée de bicarbonate de soude et rincez-le avant de le consommer.

Beurrer un moule

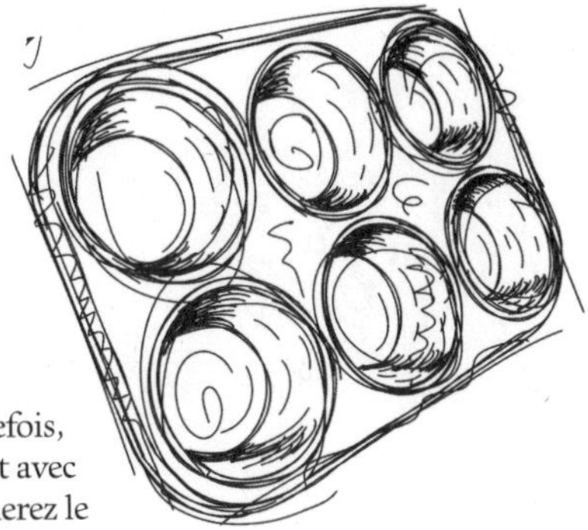

C'est tout simple, mais il fallait y penser : pour beurrer un moule plus facilement, il suffit de le laisser quelques secondes dans le four. Sur la tôle chaude, le beurre glissera en un clin d'œil !

Bouillon de lapin

Il y a de nombreuses manières de cuisiner le lapin mais autrefois, c'était la viande du dimanche et la cuisinière l'accompagnait avec des choux-fleurs et des pommes de terre. Lorsque vous cuisinerez le lapin en rillettes (elles se consommaient surtout en entrée au moment des fêtes de fin d'année), ne jetez plus l'eau de cuisson, elle aromatisera le risotto et lui donnera un fumet vraiment exceptionnel.

Bouquet d'artichauts

Si vous ne consommez pas immédiatement les artichauts que vous venez de récolter, placez-les, comme les fleurs et les queues, dans un récipient d'eau (broc ou chope de bière). Vous les conserverez frais plus longtemps.

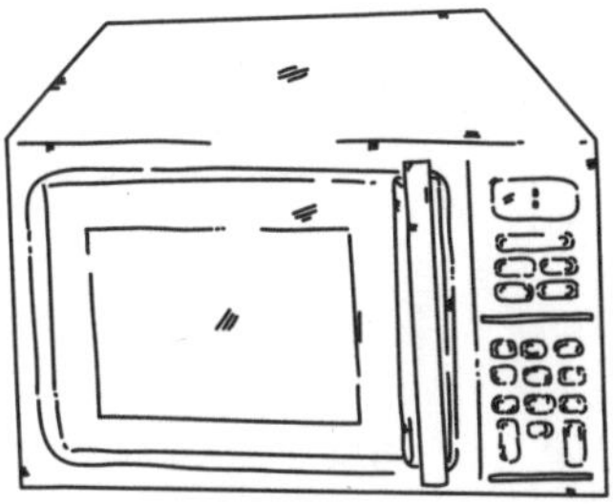

Caramel au micro-ondes

Le caramel peut se faire tout seul ou presque. Mouillez quelques morceaux de sucre (il faut simplement les humecter, mais pas les gorger d'eau). Déposez-les dans un récipient et passez au micro-ondes à forte puissance, pendant 3 à 5 minutes. Bien sûr, il est préférable de rester à proximité du micro-ondes pendant la cuisson, pour agir vite en cas d'ébullition.

Caramel bien consistant

Il n'est pas toujours évident de maîtriser la consistance du caramel. Pour réaliser un caramel bien épais, essayez la méthode sans eau. Nappez de sucre le fond de la casserole et mettez-la sur feu moyen. Ne quittez pas la casserole des yeux et, dès que le sucre devient translucide (signe qu'il fond), recouvrez cette partie d'une nouvelle couche de sucre. Procédez ainsi jusqu'à obtenir la quantité voulue. Nul besoin de remuer. Dès que le caramel est prêt, retirez du feu, posez un couvercle sur la casserole (pour éviter les éclaboussures) et arrêtez la cuisson en la plongeant dans un évier plein d'eau fraîche.

Caramel mou

Lorsque mamie préparait nos desserts à base de fruits de son verger, de sublimes odeurs de pâtisserie embaumaient toute la maison. Elle aimait déposer sur ses préparations du caramel « fait maison », qu'elle réalisait avec du sucre en poudre dans un peu d'eau portée à ébullition. Son « truc » était d'ajouter un filet de citron pour qu'il ne durcisse pas immédiatement… un vrai régal !

Astuces

Casser des œufs sans problème

Vous êtes une incorrigible maladroite qui ne parvient pas à séparer blanc et jaune d'œuf ? Cassez vos œufs au-dessus d'un entonnoir : le blanc s'écoulera et vous laissera un jaune d'œuf intact

Chips et céréales croustillantes

Des chips ramollies au fond de leur sachet, des céréales qui ne croustillent plus au contact du lait, voilà de quoi gâcher au choix un plateau télé ou un petit déjeuner. Chips et céréales peuvent retrouver un peu de croustillant si vous les séchez quelques minutes au four.

Combattre l'oïdium du laurier

De belles branches de laurier dans la cuisine, un tableau agréable accroché à la poutre ou au mur lorsque les feuilles sont belles et brillantes. Si elles sont percées d'une multitude de petits trous, le tableau est déjà moins charmant. C'est une période chaude et humide qui a favorisé l'attaque de l'oïdium perforant, responsable de ces minuscules petits trous. La solution réside dans une vaporisation de bouillie bordelaise, dès que le temps est sec. Traitement que vous renouvellerez au début du printemps.

Confiture de pommes de terre

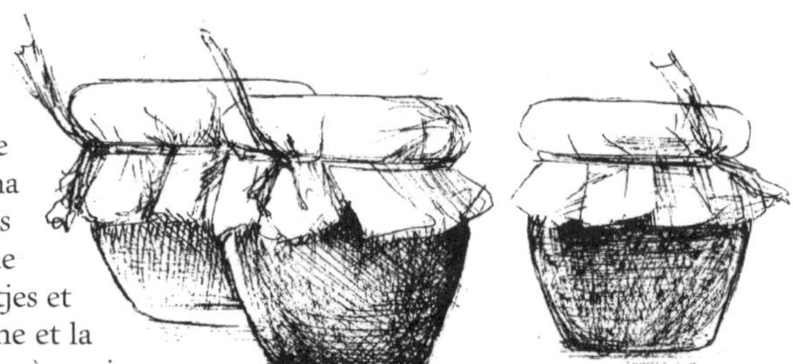

En hiver, il ne faut pas partir à l'école le ventre vide, se plaisait à répéter ma grand-mère et elle nous préparait des tartines de confiture de pommes de terre ! Elle faisait une purée de bintjes et ajoutait 50 cl de lait cru de la ferme et la même dose de noix de coco râpée. Après avoir bien remué le tout, elle ajoutait le même poids de sucre à confiture et elle portait le tout à ébullition pendant 5 à 6 minutes. Elle plaçait la préparation dans des bocaux qu'elle recouvrait d'un papier sulfurisé maintenu par un élastique et conservait ces petits pots au cellier de huit à dix jours au maximum ; mais il est vrai que nous consommions très rapidement cette « confiture de pommes de terre ».

Confiture express

Quelques fruits un peu trop matures : ne les jetez pas, faites-en de la confiture. Pour une livre de fruits ou moins, pas besoin de sortir la cocotte. Mettez le même poids de sucre (si possible avec gélifiant) que de fruits, laissez reposer quelques heures au réfrigérateur puis chauffez au micro-ondes 6 minutes à pleine puissance. Vous pouvez interrompre la cuisson toutes les minutes pour remuer.

Confiture pâteuse

Une confiture mal dosée en eau prend vite des allures de pâte de fruits. Elle n'est pas bonne à jeter pour autant : vous pouvez encore la récupérer en la faisant chauffer à feu doux avec un supplément d'eau.

Conservation des légumes-racines

Pour garder les légumes-racines en bon état pendant l'hiver, mettez-les dans une lessiveuse percée de multiples petits trous laissant passer l'air. Faites un trou de la grandeur de la lessiveuse, placez de la paille autour et dessous, enfouissez la lessiveuse et déposez les légumes auxquels vous aurez ôté le collet et l'extrémité. Recouvrez le couvercle avec une brique et de la paille. Servez-vous suivant vos besoins en carottes, navets et betteraves pour faire un bon potage.

Conserver la couleur des légumes

Haricots et brocolis qui font grise mine dans l'assiette, voilà qui n'est pas très appétissant. Pour préserver le vert de ces légumes, dès la fin de la cuisson, il faut les égoutter et les plonger dans un saladier d'eau froide additionnée de glaçons.

Conserver les herbes aromatiques

Même au réfrigérateur, les herbes aromatiques flétrissent très rapidement. Pour prolonger leur vie et conserver plus longtemps leur saveur, roulez-les dans un torchon humide ou immergez-les dans un bol d'eau que vous placerez au réfrigérateur.

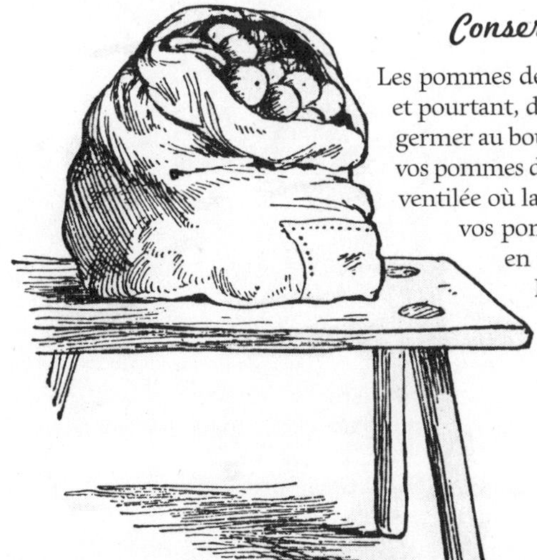

Conserver les pommes de terre

Les pommes de terre peuvent se conserver plusieurs mois et pourtant, dans nos cuisines, elles se mettent souvent à germer au bout de deux ou trois semaines. Pour préserver vos pommes de terre, l'idéal est de disposer d'une cave bien ventilée où la température flirte avec les 4 °C. Déposez-y vos pommes de terre, sans les laver, dans des sacs en toile ou des cageots (pas de sac plastique). Mettre une pomme (fruit) dans chaque sac ou cageot retardera la germination.

Astuces

Conserver un citron déjà utilisé

Ne coupez plus le citron, percez-le : lorsque vous coupez un citron pour en extraire le jus, la moitié de fruit, même conservée au réfrigérateur, sèche et se racornit vite. Vous aurez moins de peine à conserver le citron si vous lui faites simplement quelques entailles. Il sera facile d'en extraire le jus et, autre avantage, les pépins ne tomberont pas.

Conserver un plat préparé

Mettre les restes du repas de midi au réfrigérateur, c'est bien, mais pas suffisant. Votre repas se conservera mieux sous vide, c'est-à-dire à l'abri de l'air. Couvrez votre assiette de film plastique spécial micro-ondes. Passez votre plat une ou deux minutes au micro-ondes : le film se dilate et l'intérieur se couvre d'humidité. Patientez quelques instants à l'air libre : le film va naturellement venir se coller à l'assiette et à son contenu, prêt à être mis au frais.

Conserver une salade

Les deux ennemis de la salade sont l'humidité et l'air. Pour conserver les feuilles d'une salade pendant plusieurs jours, essuyez-les très soigneusement puis enfermez-les dans une boîte hermétique en mettant, sur le dessous et sur le dessus, du papier absorbant que vous changerez au besoin. L'ensemble se conserve au réfrigérateur. Autre méthode, un peu moins rigoureuse mais qui fonctionne assez bien : enroulez votre salade dans un torchon propre. Glissez l'ensemble dans une poche plastique et entreposez au réfrigérateur.

Cuisiner les champignons de Paris

Les champignons de Paris ont un goût très discret et une fâcheuse tendance à se gorger d'eau. Pour qu'ils ne se transforment pas en petites éponges, nettoyez-les avec un minimum d'eau. Débarrassez-les des saletés visibles en les grattant avec un couteau puis frottez-les avec un torchon humide.

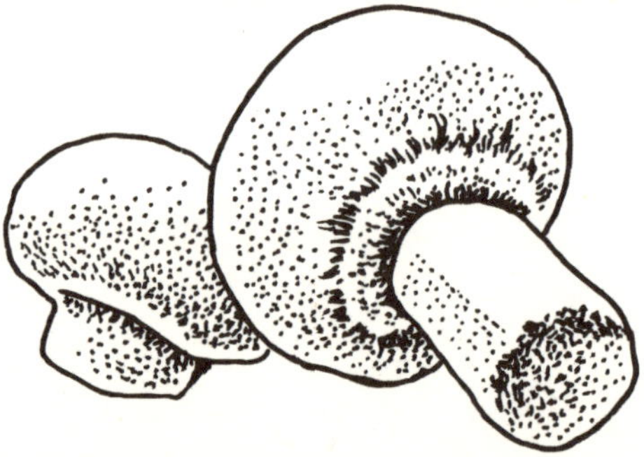

Démouler facilement un gâteau

Tout le monde en a fait l'expérience : lorsqu'on essaie de démouler un gâteau à la sortie du four, celui-ci adhère au moule, se casse et le cuisinier amateur se brûle. Il est donc préférable d'attendre que le gâteau refroidisse et qu'il se rétracte pour le démouler facilement. Si vous êtes vraiment trop impatient pour attendre, hâtez ce refroidissement en faisant couler deux ou trois centimètres d'eau bien fraîche dans l'évier et en y déposant le moule.

Des aubergines au miel

Il serait dommage de ne pas déguster des aubergines toute l'année. Grand-mère avait créé une recette qui lui permettait de nous régaler d'aubergines en dehors des vacances d'été. Elle découpait des rondelles épaisses et elle les arrosait de jus de citron avant de les badigeonner de miel. Ensuite elle les laissait macérer dans un bocal qu'elle remplissait d'huile d'olive puis elle ajoutait une gousse d'ail, du basilic, de la coriandre et un petit piment. Après 6 à 8 semaines nous attendions le moment enchanté où elle ouvrait le bocal pour enfin déguster ces exquises tranches d'aubergines.

Des endives toujours fraîches

Les endives ont tendance à se ramollir et les coques à perdre de leur fraîcheur ? Pour les conserver plus longtemps, mettez les endives dans le noir et à l'abri de la chaleur. En hiver, un carton placé dans le garage ou la serre suffit à maintenir les endives propres à la consommation pendant six à huit jours.

Des haricots sans charançons

Si vous oubliez vos haricots secs, fraîchement cueillis, les charançons vont s'attaquer rapidement à vos réserves. Les bocaux à fermeture mécanique avec un joint de caoutchouc sont les plus performants pour les conserver.

Versez une cuillère à soupe d'huile d'arachide pour 0,5 l de haricots secs. Remuez bien le tout et mettez dans un bocal.

Vous pouvez aussi déposer sur le dessus un morceau de coton imbibé d'alcool à 90° ; enflammez le coton et fermez aussitôt.

Dessaler un poisson

Vous aviez prévu une recette raffinée au saumon fumé mais vous avez eu la malchance de tomber sur un poisson beaucoup trop salé. Vous lui ferez perdre ce goût trop prononcé en le plongeant dans une assiette à soupe pleine de lait. Laissez reposer 1 heure au réfrigérateur, égouttez et séchez le poisson. Si celui-ci vous paraît encore trop chargé en sel, renouvelez l'opération et remplacez le lait contenu dans l'assiette, peut-être déjà saturé en sel.

Dessaler une sauce

Si votre fond de sauce est trop salé, mais si vous ne voulez pas l'allonger avec un bouillon, coupez une ou deux pommes de terre et jetez-les dans la sauce. Elles cuiront et absorberont l'excès de sel. Bien entendu, il faut les retirer de la sauce avant qu'elles ne soient trop cuites et ne se transforment en purée.

Astuces

Dorer un gâteau

Comment faire pour dorer un gâteau quand on n'a plus d'œuf dans son réfrigérateur ? Il suffit de passer au pinceau un peu de lait sur votre gâteau. Vous pouvez renforcer sa couleur et lui donner un côté caramélisé en ajoutant au lait une cuillerée à café de sucre en poudre.

Du citron dans les bettes

Pour supprimer l'amertume terreuse des bettes, faites-les cuire avec un demi-citron pour 2 l d'eau, cela relèvera le goût. Ensuite, accommodez-les à votre convenance.

Du sureau chez les patates

La conservation des pommes de terre est une tâche qui tourne parfois au cauchemar. Malgré tous les soins prodigués, des germes apparaissent et les « patates » se flétrissent rapidement, devenant vite inconsommables.

Pour retarder la germination ajouter quelques fleurs de sureau dans les cagettes.

Épaissir une sauce

La sauce de votre blanquette est trop liquide et vous n'avez pas de Maïzena sous la main ? Pour l'épaissir, mélangez dans un récipient à parts égales un morceau de beurre et un peu de farine. Sur feu très doux, incorporez, petit à petit, ce beurre manié à votre préparation. Si vous avez peur que des grumeaux se forment, délayez votre beurre manié à quelques cuillerées de sauce avant de l'incorporer. Enfin, si votre plat vous paraît trop gras pour y ajouter encore du beurre, coupez la cuisson. Attendez quelques minutes que le gras remonte à la surface, saupoudrez-le de farine. Patientez encore quelques minutes, le temps que le gras absorbe la farine, et reprenez la cuisson à feu doux.

Équivalence degrés/thermostat

DPour réussir un plat à la perfection, la précision est la règle. Il n'est pourtant pas facile d'appliquer les consignes de cuisson des livres de recettes, données en degrés, lorsqu'on est devant un four réglé avec un thermostat. Souvenez-vous d'une chose : le thermostat 1 correspond à une température de 30 °C. Vous n'avez plus qu'à multiplier : thermostat 2 = 60 °C, 3 = 90 °C, etc.

Éviter que les piques à brochette ne noircissent

La chaleur intense du barbecue a tendance à noircir, voire brûler, les piques à brochette. Cela n'arrivera pas si, avant de les utiliser, vous trempez les piques pendant un bon quart d'heure dans une bassine d'eau.

Éviter que les saucisses n'éclatent

Pour éviter que boudins, saucisses et autres andouillettes n'éclatent à la cuisson, pochez-les deux minutes dans une eau frémissante avant de les griller. Quant au boudin, vous pouvez aussi le « peler » et le couper en tranches avant la cuisson.

Foie gras au micro-ondes

Une fois le foie dénervé, salez-le et poivrez-le. Mettez-le dans un petit récipient muni d'un couvercle dans votre micro-ondes et faites-le tourner deux minutes trente. Vérifiez la cuisson avec la pointe d'un couteau : si elle ressort tiède du foie, il est prêt. Dans le cas contraire, poursuivez la cuisson, par tranche de 30 secondes (même un foie de très bon poids doit cuire en moins de 4 minutes). À la sortie de four, éliminez, avec une cuillère, l'excès de gras. Posez un film sur le récipient et ajoutez un poids pour compresser le foie. Laissez refroidir à l'air libre puis réservez au réfrigérateur. Votre foie sera encore meilleur si, avant de le cuire, vous le faites mariner quelques heures dans deux cuillerées de porto ou de vin blanc liquoreux.

Fraises bien parfumées

Les fraises de commerce sont en général bien colorées et calibrées, mais leur parfum est rarement à la hauteur. Vous renforcerez leur goût en versant dessus un trait de citron et un soupçon de vinaigre balsamique. Pensez à les sucrer et à les laisser reposer une demi-heure hors du réfrigérateur avant de les servir pour qu'elles aient le temps de donner un peu de jus.

Fromage jamais sec

Emmental, comté, cantal… Les fromages à pâte dure sèchent rapidement, sauf si on prend la précaution de les enrouler dans un linge que l'on peut également imbiber légèrement de vin blanc.

Garder le sel au sec

Dans une cuisine mal ventilée, l'humidité ambiante gagne vite la salière dont les trous finissent par se boucher. Mettez une dizaine de grains de riz dans votre salière : ils absorberont l'excès d'humidité et votre sel ne s'agglutinera plus. Ces grains de riz doivent être changés à chaque fois que vous remplissez la salière. Par ailleurs, entreposez celle-ci de préférence dans un placard, et non pas près de la cuisinière, où elle serait trop exposée aux vapeurs de cuisson.

Astuces

Garniture de cake bien répartie

Quand on fait un cake, on est souvent déçu, à la découpe, de constater que les fruits ou légumes de garniture sont tombés au fond du moule. Pour éviter leur chute, roulez cerises, tomates et autres olives dans la farine avant de les ajouter à la pâte.

Gâteaux et soufflés gonflés

Pour que vos gâteaux, soufflés et autres préparations prennent un maximum de volume à la cuisson, soyez attentif à la préparation du moule. Beurrez celui-ci avec un pinceau (spécial cuisine) et de façon verticale : avec le beurre fondu, les poils du pinceau tracent sur les parois du moule des traits verticaux qui guideront l'appareil et lui permettront de mieux gonfler.

Glace maison

La recette de la glace prend pour base celle d'une crème anglaise que l'on va ensuite aromatiser. On peut cependant réaliser une glace beaucoup plus simplement et en un rien de temps. Pour cela, il suffit de battre 400 g de lait concentré non sucré jusqu'à ce qu'il devienne mousseux. Ajoutez-y 150 g de sucre glace et une cuillère à soupe d'extrait de vanille ou de café et continuez à fouetter. Placez votre crème pendant plusieurs heures au congélateur. Pour faire de la glace au chocolat, il suffit de remplacer le sucre par le poids équivalent en chocolat (fondu bien entendu). Attention, si vous utilisez un chocolat noir, faiblement sucré, vous aurez intérêt à faire un mélange (moitié chocolat, moitié sucre) en renforçant au besoin l'arôme chocolat en ajoutant du cacao amer. Pour que la glace prenne sans cristalliser, il est conseillé de la remuer toutes les 2 heures.

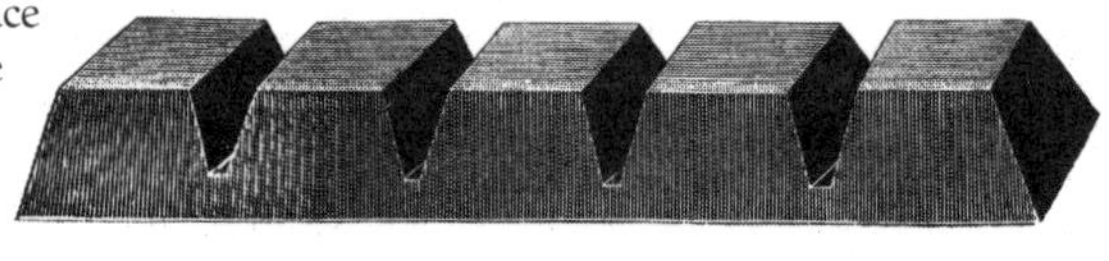

Golden et pomme de terre

Si vous craignez la germination de vos pommes de terre, placez-les dans des cagettes que vous entreposerez dans un endroit frais et ventilé (4 à 7 °C). Pour retarder la germination, ajoutez une pomme à croquer (golden, canada, gala…) dans chaque cagette.

Hachis parmentier aérien

Le hachis parmentier est un plat facile à réaliser mais qui a tendance à être bourratif. Pour l'alléger un peu, ajoutez à votre purée de pommes de terre (avant de « monter » votre hachis et de le mettre au four) 2 ou 3 blancs d'œufs montés en neige ferme. Votre purée sera plus légère et aussi savoureuse qu'une part de gâteau.

Ile flottante minute

On peut désormais acheter de la crème anglaise en brique, dans le commerce, mais pour servir une savoureuse île flottante, il manque encore « l'île ». Vous l'obtiendrez en battant 3 blancs en neige ferme avec 30 g de sucre glace et en passant le tout 1 minute au micro-ondes.

La cuisine au vinaigre

Ma grand-mère avait la faculté de solliciter le vinaigre à tous les instants de la journée. Pour nettoyer les moisissures, éliminer le chewing-gum sur les fauteuils et cuisiner bien entendu...

Après avoir fait frire le poisson que papy ramenait de sa pêche, elle vaporisait chaque morceau chaud de vinaigre de cidre qui donnait une adorable saveur piquante aux poissons blancs trop souvent fades. Pour les poissons forts, elle atténuait le goût persistant en les faisant mariner 24 heures, crus, avec une tasse d'eau additionnée d'une demi-tasse de vinaigre blanc.

Je me souviens aussi de sa « sauce chinoise dont elle nappait les pâtes », une sauce qu'elle avait empruntée à un colporteur de passage dans le village : 1/3 d'une tasse de gelée de prune + 1/3 d'une tasse de sauce à la pomme + 1/3 de tasse de vinaigre de cidre de pomme + ½ cuillère à café de sucre roux.

La cuisine au vinaigre de fruits

Pour réaliser un vinaigre de fruits de pêches, fraises, mûres ou myrtilles, il est important de choisir des fruits frais et bien mûrs.

Après avoir lavé les fruits, réduisez-les en purée et ajoutez deux tasses de vinaigre pour une tasse de purée de fruits.

Mettez au réfrigérateur pendant cinq jours.

Ensuite, vous filtrerez le vinaigre parfumé et le mettrez à ébullition.

Vous ajouterez ½ tasse de sucre pour une tasse de vinaigre en laissant frémir jusqu'à complète dissolution.

Laissez refroidir et versez dans un bocal.

Écologie

L'écologie s'impose aujourd'hui dans tous les domaines de notre vie. Le débat politique avance, en France comme à l'international, les entreprises s'adaptent : peu à peu, la société mesure l'importance de ce problème autrefois considéré avec légèreté. À l'école, au travail, par le biais de la télévision, chacun découvre les bons gestes, ces attentions infimes qui, mises bout à bout, parviendront à rétablir l'équilibre d'une planète malmenée par les émissions de dioxyde de carbone et autres gaz à effet de serre. Parce que l'écologie se vit au quotidien, vous trouverez ici près de 150 astuces faciles à adopter : penser la construction au plus près du développement durable, aménager son intérieur et son jardin, modifier ses habitudes au bureau, dans les transports ou pendant ses loisirs. Mais à travers ces idées et conseils, c'est aussi votre budget qui se trouvera préservé ! Car bien souvent, respecter la nature implique de réinventer son rapport à la consommation. Prendre conscience de ses inattentions quotidiennes, de ses excès et étourderies conduit véritablement à une réduction visible de ses factures.

Adopter le chauffage au bois

Le choix du chauffage est épineux : efficacité, coût, respect de l'environnement... Le chauffage au bois est une solution intelligente et performante. Les chaudières actuelles sont généralement automatiques et programmables, ils présentent une excellente autonomie (jusqu'à plusieurs mois) et peuvent assurer le chauffage de la maison. Pour l'alimentation de ces appareils, on utilise les pellets ou granulés de bois, fabriqués à partir de copeaux ou sciure de bois compressés : un carburant totalement écologique et économique (de 180 à 300 € la tonne, ce qui représente 4 700 à 5 200 kWh). De plus, cet équipement donne accès au crédit d'impôt, mais cette aide sera ciblée, dans les années à venir, sur les appareils les plus performants en termes d'émissions de particules.

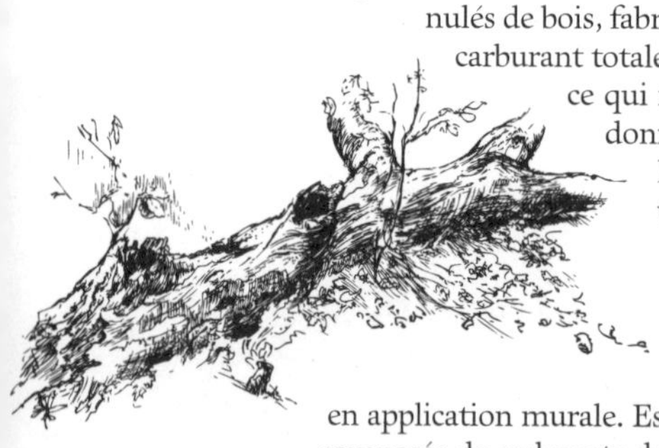

User de la pâte à papier

La pâte à papier traditionnelle offre de très bons résultats en application murale. Esthétique, protectrice, elle est totalement écologique, étant composée de carbonate de calcium, cellulose, eau et fongicides spécialement choisis pour leur non-toxicité. On peut appliquer cette pâte sur tous les supports intérieurs de la maison : briques, carreaux, mortier, plaques de plâtre... Elle permet de réaliser des effets décoratifs, masquer les éventuelles imperfections d'un mur, tout en le laissant respirer.

Installer un interrupteur automatique de champs (IAC)

Les IAC ont pour fonction de suspendre l'ensemble d'un circuit à 220 V quand aucun point de ce circuit n'est en fonctionnement. Un voltage minimal de surveillance de 9,5 V est conservé. Dès qu'un appareil est mis en marche, le courant est immédiatement rétabli. Économe en énergie, ce système permet également de protéger des champs électriques et électromagnétiques superflus. Il convient de concevoir l'installation électrique de manière à séparer les circuits renvoyant aux chambres et ceux renvoyant aux pièces à vivre telles que la cuisine ou le salon. On peut alors disposer l'IAC sur l'un ou l'autre circuit.

Cuisiner au gaz

Si vous devez vous équiper d'un appareil de cuisson, préférez une cuisinière à gaz. Elle utilise, certes, plus d'énergie mais celle-ci est produite plus efficacement et cause en définitive moins d'émissions de carbone. Sur une année, ce ne sera rien de moins que 150 kg de CO_2 épargnés et une dépense énergétique rentabilisée. Pour éviter le gaspillage, veillez également à adopter une casserole correspondant au diamètre de la plaque. Une casserole de 15 cm employée sur une plaque de 20 cm entraîne une perte de 40 % de la chaleur produite !

Se chauffer au bioéthanol

De nombreux constructeurs proposent désormais des cheminées au bioéthanol, ce carburant écologique obtenu à partir d'alcool de betterave et de maïs ou de blé et de canne à sucre. Très esthétiques, elles présentent généralement un design intéressant, ne dégagent aucune fumée ni odeur, s'installent en un clin d'œil et ne demandent aucun autre entretien que le rechargement en carburant. Si elles ne suffisent pas à assurer le chauffage d'une maison entière, elles offrent une solution judicieuse pour un chauffage d'appoint moins coûteux que les radiateurs électriques classiques.

Adopter le solaire thermique

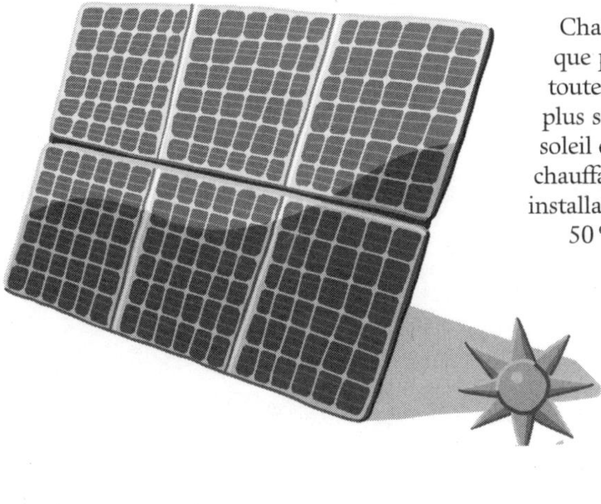

Chauffage ou chauffe-eau : le solaire thermique peut vous accompagner au quotidien, en toute efficacité. Grâce à des capteurs disposés le plus souvent sur la toiture, le rayonnement du soleil est converti en énergie mise au service du chauffage du foyer ou de l'eau domestique. Une installation solaire thermique permet de réaliser 50 % d'économie sur les frais de chauffage : une bonne idée, quand on sait que le prix du pétrole atteint des sommets ! Envisageable sur l'ensemble du territoire, du nord au sud, cet équipement donne accès au crédit d'impôt.
Plus de renseignements, visitez le site de l'Ademe à l'adresse www.ademe.fr.

Astuces

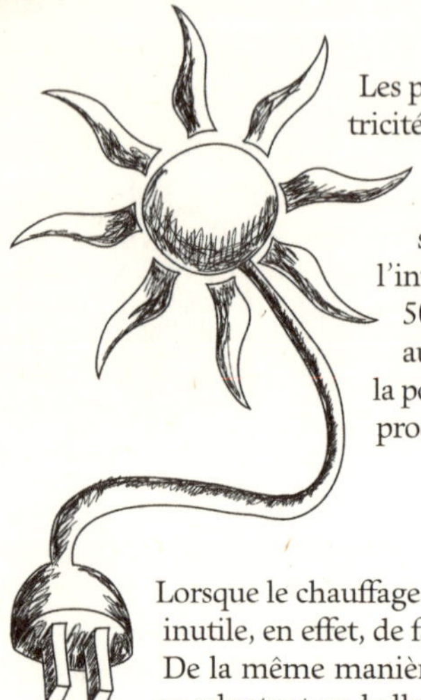

Adopter le solaire photovoltaïque

Les panneaux solaires photovoltaïques permettent de produire de l'électricité soi-même, grâce au rayonnement du soleil transformé en énergie par le biais d'un fluide caloporteur. Une installation standard de cinq capteurs de 0,5 m^2 sur le toit assure ainsi 1 000 kWh par an, soit près de 20 % des besoins annuels d'un foyer. De cette manière, l'investissement consenti initialement (avec accès au crédit d'impôt de 50 % sur la dépense d'équipement TTC) se trouve bientôt rentabilisé au regard des économies d'électricité effectuées. Vous avez également la possibilité de revendre l'excédent de production (ou la totalité de votre production) et donc d'amortir votre installation rapidement.

Boucher sa cheminée

Lorsque le chauffage est en marche, il est important de traquer les courants d'air. Il est inutile, en effet, de faire fonctionner le radiateur si la fenêtre est ouverte dans la pièce ! De la même manière, vous pouvez optimiser votre chauffage et gagner en bien-être en adoptant un ballon de cheminée : ce système se place à 30 cm environ au-dessus du foyer et empêche l'air chaud de s'échapper dans le conduit. Bien entendu, prenez garde à le retirer avant de faire une belle flambée ! S'il est important de rentabiliser ses frais de chauffage, il l'est encore plus d'être prudent.

Isoler le grenier

On a coutume de dire que, par temps froid, la chaleur corporelle se perd principalement par la tête… Ce principe s'applique aussi à la maison ! Près d'un tiers du chauffage s'évanouit par le toit. C'est pourquoi l'isolation du grenier ou des combles s'avère extrêmement importante. Dans les régions les plus rigoureuses, l'isolant doit être d'une épaisseur d'au moins 270 mm. Si vous décidez de refaire ou de combler les éventuelles lacunes de votre isolation, saisissez l'occasion de recourir aux isolants naturels : très efficaces, durables et résistants, ils ont tout pour plaire.

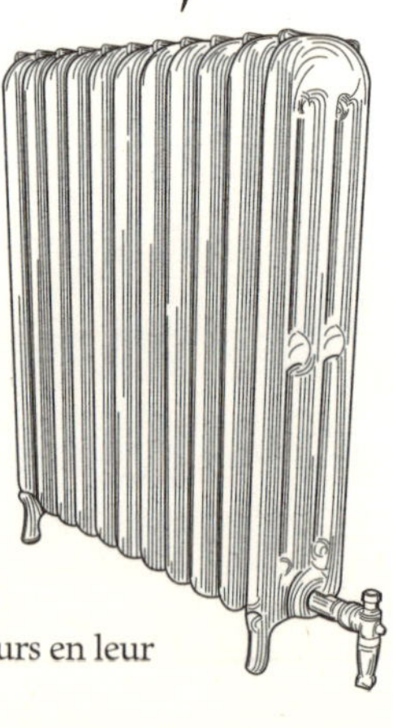

Optimiser les radiateurs

Pour donner le meilleur d'eux-mêmes, les radiateurs ne doivent pas être dissimulés derrière un canapé, une armoire ou des rideaux : l'espace leur permettra de diffuser leur courant d'air chaud plus facilement. Pour obtenir plus de douceur encore, vous pouvez installer un panneau réflecteur sur le mur arrière, surtout s'il s'agit d'un mur extérieur : le panneau réfléchira la chaleur vers l'intérieur de la pièce et évitera qu'elle ne soit absorbée par le mur. Enfin, n'oubliez pas d'entretenir vos radiateurs en leur offrant une purge régulière.

Les antipucerons naturels

Les insecticides destinés à traiter les pucerons sont souvent chers et peuvent être toxiques. Il est possible de les remplacer avantageusement par des produits naturels. Ainsi, il suffit de laisser macérer des orties dans de l'eau durant 8 jours et d'utiliser en pulvérisation cette décoction sur les plantes attaquées pour voir disparaître les parasites. Du marc de café déposé au pied des plants éloignera efficacement les pucerons. Il est également possible d'avoir recours à des alliées porte-bonheur, les coccinelles, qui se nourrissent de pucerons et en débarrassent les plantations. Il est facile de se procurer des larves, à un prix modique, dans la plupart des jardineries ou par correspondance.

Des antilimaces efficaces

La nature nous offre de nombreux alliés pour venir à bout des limaces qui détruisent allègrement toutes les plantations. Pour les faire fuir, il suffit d'étaler au pied des plants, sur 5 cm environ, de la sciure, des coquilles d'œufs écrasées ou des cendres. Elles ne franchiront pas cette « barrière » symbolique ! Quelques gousses d'ail, un tapis de feuilles de chêne, d'aiguilles de pin ou de thym agissent également comme répulsifs sur les limaces et les escargots. Des solutions efficaces et peu coûteuses !

L'atout compost

Chaque année, 80 kg de détritus verts sont jetés par personne. Or, ces détritus pourraient être transformés en compost et permettraient d'enrichir 10 m² de culture ! Fabriquer son propre compost est simple : il s'agit seulement de prévoir un espace à cet effet dans son jardin. Disposez une première couche de terre puis ajoutez-y les épluchures de fruits et légumes, feuilles de végétaux, fumier, papiers journal, mouchoirs en papier, coquilles d'œufs, sachets de thé ou marc de café. Attention, éviter les pelures d'agrumes. Il ne reste plus qu'à arroser et à retourner régulièrement ces éléments. Après six mois, vous obtiendrez un excellent compost qu'il vous suffira d'épandre sur vos cultures pour les enrichir naturellement !

Des engrais naturels

Pas besoin de dépenser plus pour avoir la main verte ! Les plantes d'appartement ou d'extérieur peuvent bénéficier de l'apport en minéraux, contenus dans les eaux de cuisson des légumes, des pommes de terre ou des œufs durs. N'hésitez pas à arroser vos plantes avec cet engrais naturel. De même, vous pouvez conserver le marc de café, les sachets de thé déjà infusés, mais aussi les coquilles d'œufs concassées pour les mélanger à la terre. Là encore, cela dopera vos plantations. Enfin, les feuilles mortes finement broyées permettront de donner à votre terreau un peu plus d'acidité et viendront très naturellement l'enrichir.

Recueillir l'eau de pluie

L'eau est essentielle au quotidien. Douches, repas, tâches ménagères : nos besoins exigent en moyenne 150 000 l d'eau par an et par personne, en France. Pour y faire face tout en consommant malin, pourquoi ne pas utiliser l'eau de pluie ? La fréquence des averses est, certes, variable selon les régions mais on estime à 800 l/m^2 le volume de pluie tombant chaque année sur le territoire, dont 600 sont récupérables. Cette eau peut être employée pour l'arrosage du jardin, le lavage des sols et des véhicules, éventuellement les toilettes. On la récupère à partir du toit, pour la stocker dans une cuve enterrée ou pas. Un arrêté relatif à l'utilisation de l'eau de pluie récupérée a été publié en août 2008.
Pas autorisé en France par la DDASS.

Soigner sa pelouse

Quand la superficie de la pelouse le permet, il est toujours souhaitable de privilégier une tondeuse manuelle non polluante à une tondeuse électrique. En plus d'un exercice physique très salutaire, vous réaliserez dans la durée une économie d'énergie appréciable ! N'hésitez pas à laisser votre gazon pousser un peu entre deux tontes ; un gazon un peu haut renforce ses racines, ce qui le rend nettement plus résistant à la sécheresse. Il nécessite, de ce fait, moins d'arrosage et donc moins d'eau. Il est également moins vulnérable aux invasions d'insectes et à la présence de mauvaises herbes.

Limiter le gâchis de papier

Le papier nous entoure quotidiennement : journaux, prospectus, calepins, étiquettes d'emballage… Or, nous avons souvent tendance à l'oublier, mais le papier est issu du bois. Pour préserver les forêts et réduire la consommation inutile de papier, des gestes simples peuvent être adoptés, au travail, à l'école ou à la maison. Photocopier ou imprimer de chaque côté de la feuille et réutiliser le papier jusqu'à ce que les deux côtés soient employés, réduire le nombre de copies d'un document, privilégier l'achat de papier recyclé (non blanchi au chlore) et recycler le papier de bureau lorsqu'il ne peut être réutilisé. Enfin, on peut aussi récupérer les enveloppes pour en faire des brouillons ou réutiliser le journal pour recueillir les épluchures et déchets domestiques.

Choisir le bon ordinateur

Nos bureaux sont équipés d'un grand nombre d'ordinateurs, il est donc important au moment de l'achat de choisir un appareil qui saura se montrer économe. Le label européen Energy Star est attribué à des appareils peu gourmands ! La fabrication d'un ordinateur a des conséquences écologiques importantes, sachez donc limiter vos besoins en matière de performances afin de ne pas renouveler constamment votre équipement.

Ordinateur portable plutôt qu'ordinateur de bureau

Les ordinateurs portables ont tous les avantages : performants, légers, esthétiques, ils peuvent s'emporter partout, du bureau à la maison en passant par le train. Mais ils consomment, en outre, 90 % de moins d'énergie qu'un ordinateur de bureau. Si vous devez impérativement adopter un modèle de bureau, choisissez un écran plat à cristaux liquides (LCD, Liquid Crystal Display), qui nécessite 30 % d'énergie en moins que les tubes cathodiques.

Économiser avec son ordinateur

Il est possible de régler son ordinateur afin qu'il se mette en mode « veille » après 10 ou 15 minutes d'inactivité. De cette manière, vous pourrez réduire sa consommation d'énergie jusqu'à 70 % ! Dans la même logique, veillez à éteindre votre ordinateur si vous ne devez pas l'utiliser durant 2 ou 3 heures : le rallumer ne demande aucune énergie supplémentaire et vous lui épargnerez ainsi une veille inutile. Enfin, débranchez-le automatiquement avant de partir le soir car même éteint, il continue de consommer de l'électricité.

Imprimer efficacement

L'impression des e-mails ne doit être utilisée qu'en cas de nécessité. Des messages en ce sens sont d'ailleurs de plus en plus fréquemment indiqués, en fin d'e-mails, par les entreprises soucieuses de sensibiliser les destinataires de leurs messages. Toutefois, si vous avez besoin d'imprimer un document, utilisez le vérificateur orthographique : ce moyen très simple vous évitera les coquilles, impliquant une nouvelle impression !

Choisir la bonne imprimante

Si votre imprimante vous fait faux bond, soyez attentif au choix de sa remplaçante. Certains modèles permettent d'imprimer les feuilles des deux côtés, ce qui réduit la consommation de papier de 50 % et la consommation d'énergie de 25 %. Autre critère à connaître : une imprimante à jet d'encre consomme bien moins qu'une imprimante laser. Si vous préférez le système laser, choisissez au moins un modèle à économie d'énergie, tout aussi efficace et plus écologique.

Sauvegarder futé

La conservation de données est nécessaire au bon fonctionnement du travail. Pour protéger vos dossiers ou transmettre des fichiers, utilisez des CD et DVD réinscriptibles, plutôt que des disques à usage unique. Un peu plus chers à l'achat, ils se trouvent rapidement rentabilisés et peuvent vous accompagner sans problème sur la durée. La clé USB, pratique, légère et dotée d'une mémoire importante, offre une autre possibilité futée.

Astuces

Chercher sur Internet

Internet est un outil incontournable au travail. Comment agir pour la planète, sans quitter son bureau ? En allant sur le site www.ecocho.eu. Si vous avez besoin d'informations sur la Toile, oubliez vos moteurs de recherche habituels et formulez votre demande sur Ecocho. Leur slogan : « Vous cherchez. Nous plantons des arbres. » En effet, toutes les 1 000 recherches, Ecocho s'engage à planter un arbre grâce aux ressources des liens publicitaires ! Les résultats obtenus sont certifiés aussi pertinents que sur www.yahoo.fr et cela vous permet d'agir concrètement, gratuitement.

Savoir se déconnecter

Les box Internet, quel que soit le fournisseur d'accès, consomment de l'énergie avec régularité. On estime que cette consommation annuelle représente la moitié de celle d'un réfrigérateur-congélateur familial. Elle est comprise entre 140 et 260 kWh, soit une dépense rondelette au fil des mois et des années ! Pour limiter ce gaspillage, apprenez à débrancher votre modem en même temps que votre ordinateur et votre lampe, lorsque vous quittez le bureau.

Une calculette écologique

De nombreuses calculatrices proposent aujourd'hui un fonctionnement à alimentation mixte, solaire ou avec des piles R06. Un petit capteur se charge de recueillir l'énergie solaire et vous pouvez opter pour l'un ou l'autre des systèmes, selon la force d'ensoleillement : une manière de limiter l'achat et l'usage des piles, très polluantes, tout en ayant un outil de travail opérationnel à plein-temps. Les fonctionnalités restent bien entendu les mêmes, et certaines marques développent des modèles convenant au niveau primaire, collège ou lycée. Prix à partir de 3 € pour les formats de poche, jusqu'à 60 € pour les calculatrices plus perfectionnées.

Un bureau tout bois

L'odeur du neuf offre la satisfaction de la découverte. Cependant, ce parfum si reconnaissable n'est autre que celui des COV (composés organiques volatils), formés notamment d'hydrocarbures, de composés de carbone ou d'halogène, dont les effets néfastes sont désormais connus (irritation des yeux, de la gorge, gêne respiratoire). Ce parfum de « neuf » accompagne donc les meubles, appareils électriques et objets neufs divers. Pour un espace de travail plus sain, adoptez un mobilier en bois, notamment en pin : il équilibre le taux d'humidité dans l'air et assure une meilleure santé respiratoire. Le bois peut également être choisi pour le matériel de bureau : règles, équerres, pots à crayons… Esthétique, robuste et naturel, ce matériau a tout pour plaire !

Modérer la température de son bureau

Il est possible au bureau, comme à la maison, de réaliser des économies d'énergie. Évitez ainsi de surchauffer les locaux de travail et veillez à maintenir une température constante dans l'ensemble des différentes salles. En été, si vous disposez de la climatisation, assurez-vous qu'elle fonctionne à la bonne température et n'en abusez pas. Faites de l'ombre, pensez à ouvrir les fenêtres tôt le matin pour rafraîchir les pièces. N'utilisez pas trop d'ampoules à incandescence qui font augmenter la température et songez à installer des protections solaires.

Tester le covoiturage

Si vous en avez la possibilité, optez, bien sûr, pour des trajets à pied ou à vélo. Si cela n'est pas possible, en dehors des transports en commun, envisagez la solution du covoiturage avec certains de vos collègues vivant dans votre secteur. Organisez des roulements entre vous et devenez conducteur à tour de rôle. Cela favorise les relations humaines et permet de réduire la pollution et les coûts de transport.

De nombreux sites vous aideront à en savoir plus sur cette pratique encore bien trop peu répandue en France : www.covoiturage.com ; www.ecotrajet.com ; www.easycovoiturage.com.

Utiliser les nouvelles technologies

Les différentes innovations technologiques qui sont intervenues ces dernières années offrent aux professionnels de nouvelles possibilités de communiquer, que ce soit par mail, par téléphone ou par visioconférence. Ces méthodes, en plus d'être efficaces, permettent de gagner un temps considérable et de limiter les déplacements. Il est ainsi facile d'organiser des réunions de travail avec des filiales ou des partenaires installés dans d'autres villes ou d'autres pays, en toute simplicité, sans avoir à prévoir des voyages d'affaires longs et coûteux, souvent complexes à organiser. On ne quitte pas le confort de son bureau, tout le monde y gagne en temps, en argent et en efficacité.

Choisir le bon matériel

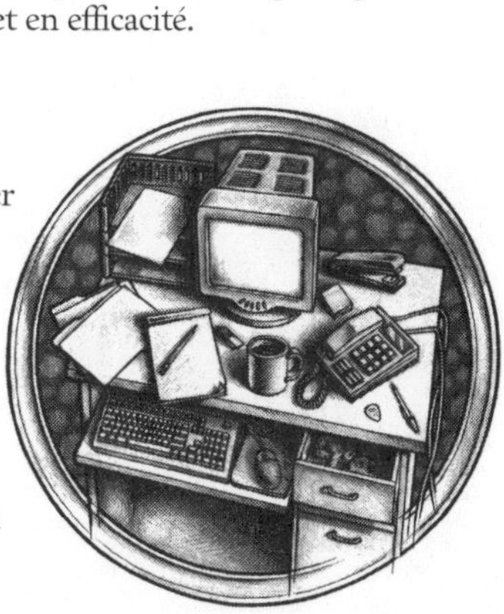

Accordez votre confiance à des fournisseurs qui s'engagent à réaliser des produits dans une démarche de développement durable. Pensez à eux pour équiper votre bureau. Ainsi, privilégiez du mobilier en bois garanti FSC ou PEFC. Évitez le jetable et utilisez de la vaisselle réutilisable, des stylos ou cartouches d'encre rechargeables, des porte-mine, de la papeterie recyclée, des papiers portant l'écolabel européen, des cahiers, des enveloppes ou des meubles certifiés NF environnement. De même, équipez-vous d'appareils économiques, consommant peu d'énergie et d'ampoules basse consommation (fluocompactes ou à LED).

Astuces

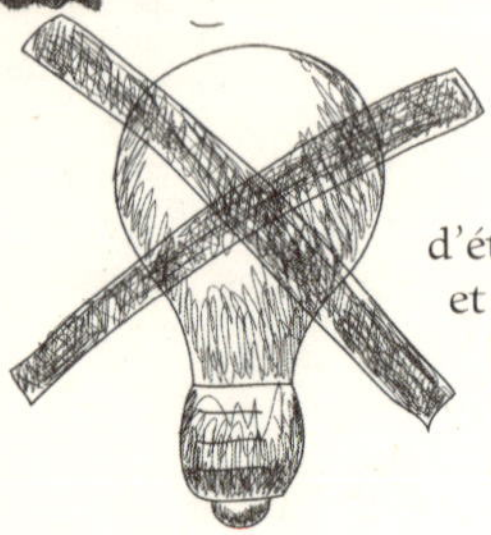

Tout éteindre

Tous les équipements électriques doivent donc être coupés lorsqu'ils ne sont pas destinés à être utilisés durant une longue période. N'oubliez pas d'éteindre simplement lumière, machine à café, imprimante, photocopieuse et ordinateur chaque soir. Sachez également que même éteints, les appareils branchés via un transformateur continuent de consommer de l'énergie. Réunissez-les sur une multiprise, munie d'un interrupteur que vous éteindrez simplement, d'un seul geste.

Lire la presse en ligne

La lecture de la presse est pour certains un impératif quotidien. Plutôt que d'acheter plusieurs titres chaque matin ou d'abonner les différents services de l'entreprise, privilégiez la presse en ligne ! Les grands quotidiens (*Le Monde*, *Libération*, *Le Figaro*, *France Soir*, *Le Parisien*, *Ouest France*…) possèdent tous un site où il est possible de lire certains articles gratuitement. Certes, il est moins agréable de lire sur écran mais ce geste vous fera réaliser une sérieuse économie à l'année et limitera les émissions de CO_2 !

Ne pas jeter le vieux matériel

Les entreprises renouvellent régulièrement leur matériel informatique, ce qui entraîne un problème de déchets. Si vos appareils sont dépassés mais encore en état de marche, n'hésitez pas à en faire don à des associations, telles que Co-ordinateur (louis@co-ordinateur.org), qui se chargent de réhabiliter le matériel et d'en faire profiter des personnes ou des organisations qui pourront en faire bon usage. Si le matériel est hors service, vous devez le déposer dans une déchetterie spécialisée qui sera apte à recycler tous les éléments pouvant l'être et qui dépolluera le reste. De cette manière, vous êtes délivré de vos encombrants gratuitement et vous agissez pour les autres.

Remise en forme au naturel

Plutôt que de dépenser des fortunes pour un abonnement dans une salle de sport climatisée, où vous pédalerez sans bouger d'un centimètre, pourquoi ne pas vous dépenser en pleine nature ? Un jogging dans la forêt, des pompes dans une clairière, du vélo parmi les arbres : vous vous oxygénerez dans un cadre stimulant, sans autre dépense que votre équipement. Vous pouvez également vous engager comme bénévole dans une association environnementale agissant contre la production de carbone : planter des arbres, développer des aires naturelles pour les écoles, voici une autre forme de sport, intelligente !

Du sport au quotidien

Pour entretenir sa forme naturellement, gratuitement et simplement, une autre solution se présente à vous : pourquoi ne pas modifier quelques-unes de vos habitudes, au quotidien ? Descendre du métro une ou deux stations plus tôt et poursuivre à pied, prendre les escaliers au lieu de l'ascenseur, faire vos courses de proximité à vélo au lieu de prendre la voiture. Ces gestes tout simples permettent de pratiquer une activité physique, tout en réduisant votre empreinte carbone.

Choisir son sport

Les sports ne sont pas tous égaux, dans leur impact sur l'environnement. Un terrain de golf, par exemple, engloutit chaque année entre 120 000 à 270 000 m^3 d'eau, soit autant qu'une ville de 7 000 habitants ! Le ski de descente est également polluant, puisqu'il implique d'incessantes remontées mécaniques et l'aménagement des pistes sur la montagne. Préférez donc le football, le basket, la randonnée, le cyclisme ou la natation, qui nécessitent bien moins d'équipements et donc, moins de dépenses pour une activité physique tout aussi intense.

Une piscine écologique

Une piscine dans son jardin offre l'assurance de beaux moments de détente en famille ou entre amis. Mais il est possible d'allier l'utile et l'agréable en adoptant certains réflexes. Afin de réduire votre consommation d'eau, remplissez votre piscine avec l'eau de pluie que vous aurez recueillie puis filtrée. Pour la chauffer, les panneaux solaires peuvent se révéler très efficaces, durables et rentables : un bon moyen pour goûter au confort d'une piscine, tout en agissant pour la planète. Enfin, couvrez-la pour éviter les déperditions de chaleur et assurez-vous régulièrement que le bassin n'a aucune fuite.

Éviter la voiture

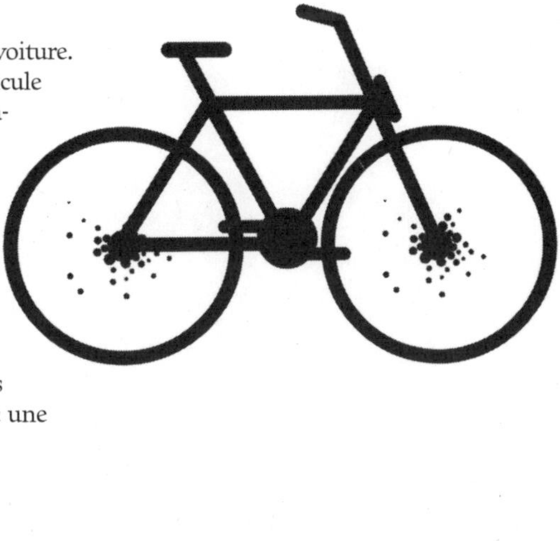

Nombreuses sont les raisons de ne pas avoir de voiture. Financièrement, tout d'abord, posséder un véhicule peut se révéler un gouffre : essence, frais de stationnement, de péage, d'assurance, de carte grise, d'entretien et de contrôle technique. Selon l'INSEE, les Français dépensent en moyenne 430 € par mois pour leur voiture ! En outre, on connaît aujourd'hui l'impact néfaste de l'automobile sur l'environnement : il est 30 fois plus polluant de faire 60 km en voiture qu'emprunter le RER. Renoncer à la voiture au profit de la marche, des transports urbains, du vélo et du train a donc une véritable logique économique et écologique.

Astuces

Préférer les transports en commun

En ville, les transports en commun permettent de gagner du temps et de l'argent. Ils sont généralement plus rapides que la voiture, vous permettent d'éviter ou de réduire les embouteillages grâce aux couloirs qui leur sont réservés et vous épargnent la longue et fastidieuse recherche d'une place de stationnement. Un bus permet à lui seul de retirer 40 véhicules de la circulation. Métros et bus luttent également contre la pollution de l'air et l'effet de serre. Les municipalités s'efforcent de mettre en place des véhicules propres et silencieux, pour vous permettre de circuler dans les meilleures conditions.

Connaître ses moyens de transport

On ignore souvent les ressources de son propre quartier. Ceci est d'autant plus vrai concernant les transports en commun, dont le maillage est pourtant important, en particulier dans les agglomérations. Avant de prendre la voiture, pourquoi ne pas consulter le plan de métro, de RER, de tramway ou de bus ? Vous serez surpris de constater la fréquence des navettes et peut-être découvrirez-vous une ligne de bus agréable et pratique au quotidien, à quelques pas de chez vous. Cela vous permettra d'économiser votre carburant et de réduire les gaz à effet de serre.

Faire ses courses à pied

Pour vos achats de tous les jours, oubliez votre voiture ! Un petit trajet à pied ne prend que quelques minutes et vous permettra de faire un peu d'exercice. Pour acheter sa baguette, déposer une veste à la teinturerie ou prendre son journal, il n'est pas utile de sortir son véhicule du garage. Si vous envisagez de passer à votre supermarché de quartier et que vous redoutez d'avoir une lourde charge à porter, pensez au caddy à roulette qui se révélera un allié précieux ! Sa contenance limitée vous fera en outre économiser de l'argent ; vous ne prendrez que ce qui vous est strictement nécessaire.

Adopter le vélo

En ville, le vélo est un moyen de locomotion extrêmement efficace. On parcourt en moyenne 3 à 4 km en 15 minutes : un argument précieux pour des citadins souvent pressés et soucieux de ne pas perdre du temps dans les transports. De fait, le vélo vous conduit où vous le souhaitez, sans changements de métro, à toute heure et… gratuitement ! Certes, il s'agit d'assurer un entretien minimum. Mais ce budget sera bien infime, face aux dépenses requises par une voiture. Le nez au vent, en toute indépendance : vous n'êtes pas tenté ?

Le vélo en location

Si vous n'avez pas l'envie ou le besoin d'acheter votre propre vélo, pourquoi ne pas emprunter l'un des nombreux vélos de location mis à votre disposition dans plusieurs villes de France ? À Lyon, Bordeaux, Strasbourg ou à Paris, la formule rencontre un franc succès. Des abonnements à l'année ou de courte durée sont proposés, avec la possibilité de parcourir la ville gratuitement durant la première demi-heure. Des bornes jalonnent la ville, rendant le système extrêmement pratique et rapide, pas de frais d'entretien ni d'inquiétude sur la sécurité de son petit bolide : le vélo de location est l'option la plus adaptable, en toute liberté. Renseignements, notamment sur : www.velov.grandlyon.com, www.velocation.net et www.velib.paris.fr.

Équiper son vélo

Si le vélo vous semble peu commode, car vous devez impérativement transporter des dossiers pour votre travail, ou faire des courses en fin de journée, pourquoi ne pas accessoiriser votre deux-roues ? Un panier à l'avant, une solide sacoche à l'arrière et vous voici prêt pour parcourir la ville ! Il serait dommage de renoncer aux précieux atouts du vélo, quand de simples aménagements suffisent à le rendre plus pratique au quotidien.

Bien choisir sa voiture

L'achat d'une nouvelle voiture est un moment important. Pensez à adapter votre véhicule à vos impératifs réels. Avez-vous besoin d'un véhicule tout-terrain, si vous ne roulez qu'en agglomération ? Un petit véhicule consommera moins d'énergie. Avant tout achat, n'hésitez pas à demander au vendeur de vous communiquer la consommation du modèle que vous désirez acquérir et la quantité de CO_2 qu'il rejette. En ville, un petit véhicule se gare plus facilement, est nettement moins polluant et tout aussi performant qu'une voiture plus puissante. Dès 2009, les premiers véhicules grand public 100 % électriques feront leur apparition.

En voiture, rester zen

Lorsque vous circulez sur autoroute, une vitesse de plus de 10 km, entre 120 et 130 km/h augmente de 1 l votre consommation d'essence, pour à peine quelques minutes de gagnées à l'issue de votre trajet ! À quoi bon ? Ayez donc le pied léger : vous réaliserez des économies et éviterez ainsi des accidents ! Sachez également que l'utilisation de la climatisation, des pneus mal gonflés, des fenêtres que vous laisserez ouvertes durant votre trajet sont autant d'éléments qui feront augmenter votre consommation d'essence !

Astuces

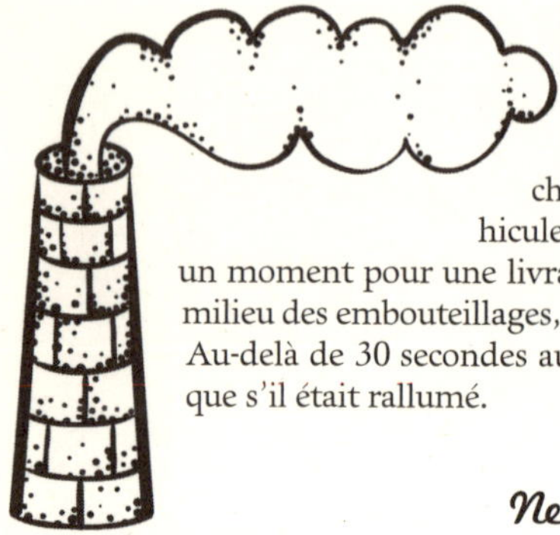

Éviter les trajets courts en voiture

Sur le premier kilomètre qu'elle parcourt, une voiture consomme 50 % de carburant en plus et pollue quatre fois plus car durant les premiers kilomètres, le moteur chauffe davantage. D'où l'intérêt d'éviter de prendre son véhicule pour des trajets très courts. Lorsque vous devez stationner un moment pour une livraison, des courses, passer des appels téléphoniques, ou au milieu des embouteillages, songez à couper le contact afin de réduire les rejets de CO_2. Au-delà de 30 secondes au ralenti, le moteur aura consommé davantage d'énergie que s'il était rallumé.

Ne pas charger son véhicule

Si vous utilisez une galerie de toit pour transporter des vélos ou une remorque pour vos déplacements de vacances, veillez à en décharger votre voiture dès lors que vous n'en avez plus l'utilité. De la même manière que le chargement du coffre ou le désordre intérieur, ces équipements ajoutent un poids conséquent et une résistance aérodynamique qui se traduisent immédiatement en une surconsommation de carburant, de l'ordre de 10 %.

Démarrer en douceur

Lorsque vous démarrez, allez-y en douceur, sans pousser votre moteur : 10 secondes suffisent largement à faire chauffer le moteur, évitez donc de le laisser tourner à vide. Sur les premiers mètres, il est recommandé d'adopter une vitesse réduite et d'accélérer progressivement sur 5 km : en ville, on observe que la surconsommation de carburant à cause d'un excès de vitesse ou de lancement du moteur peut atteindre 45 % sur le premier kilomètre et 25 % sur le deuxième.

Privilégier les commerces de proximité

Au quotidien, nous n'avons pas nécessairement besoin de nous rendre dans les hypermarchés pour faire nos courses. Le pain frais, les fruits et légumes, viandes, poissons et autres fromages sont souvent de bien meilleure qualité dans les petits commerces de proximité. En plus de bons produits, vous gagnez le plaisir d'échanges conviviaux et des litres d'essence en moins, chaque semaine ! Des petites aux grandes villes, il est toujours possible de s'approvisionner localement : profitons-en.

Limiter sa consommation de viande

La viande représente une part importante dans les courses alimentaires d'une famille. Mais s'il est devenu fréquent de manger de la viande chaque jour, il est aussi souhaitable de surveiller ses achats. Ainsi, pourquoi ne pas privilégier la qualité d'une viande bio, savoureuse et authentique, aux barquettes industrielles délivrées dans les grandes surfaces ? Vos finances et votre santé y gagneront. Essayez également d'alterner la consommation de viande avec celle de poisson, excellent pour l'organisme et moins gras.

Gérer ses provisions

Pour faire de bons repas, les produits frais sont essentiels. Mais qui dit produits frais dit aussi date de péremption rapprochée… En France, près d'un quart de la nourriture achetée finit à la poubelle. Veillez donc à cuisiner vos légumes rapidement, afin de profiter au mieux de leurs vitamines. Idem pour les fruits, yaourts, œufs ou fromages qui souffrent d'une conservation trop longue au frigidaire. En exploitant réellement vos provisions, vous limiterez la quantité totale de vos achats !

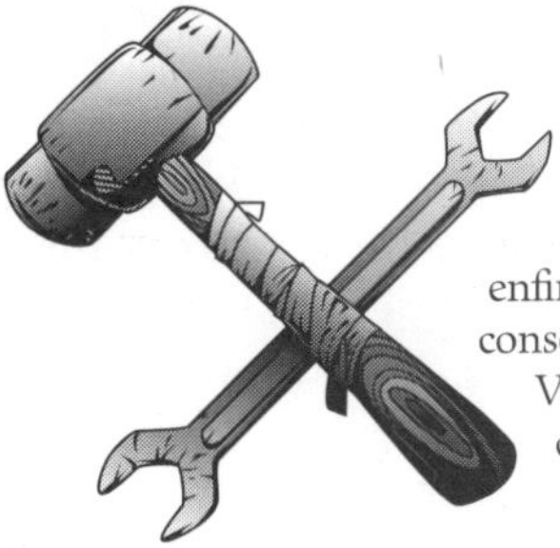

La loi des quatre « R »

Pour équilibrer ses achats, rien ne vaut la règle des quatre « R » ! Elle consiste à réduire ses déchets, réparer les objets afin de prolonger leur existence, réutiliser plutôt que de jeter systématiquement et enfin, recycler pour élargir son activité à la collectivité. Une manière de consommer intelligemment, en limitant les achats impulsifs et inutiles. Votre rapport à l'alimentation et aux objets sera plus sain et vos finances, préservées.

Un cabas écologique

Dans les supermarchés, les sacs en plastique tendent à se raréfier : le nombre de sachets distribués est passé de 10,2 milliards en 2002, à 3,1 milliards en 2006. Ce sont 60 000 t d'emballages qui ont ainsi pu être économisées ! De fait, les enseignes proposent de plus en plus de sacs en plastique grand format, réutilisables, mais payants (20 cents). Mieux encore, des magasins comme Monoprix proposent aux caisses des sacs pliables, légers, faciles à transporter dans son sac à main ou sa sacoche. Pratiques et jolis, on les trouve en de multiples couleurs selon les saisons ! Une façon de responsabiliser les consommateurs en les invitant à prendre leurs sacs et cabas avant de faire leurs courses.

Des produits locaux et de saison

Il est désormais possible de manger fraises, tomates et citrons tout au long de l'année. Mais leur saveur peine à rivaliser avec les fruits et légumes de saison. En adaptant ses menus aux produits, on profite de la variété des goûts et textures : endives, navets, poireaux, choux, pommes, clémentines en hiver ; pastèques, cerises, concombres, framboises, courgettes ou fenouils en été… On privilégie les fruits et légumes locaux en scrutant les étiquettes : en effet, il est fréquent de trouver sur les étalages des provenances exotiques (Chili, Espagne, Nouvelle-Zélande…). Refuser les produits de l'importation vous permet de limiter votre empreinte écologique. Manger vrai, savoureux et écolo : l'art de gagner sur toute la ligne !

Forme et santé

En matière de santé, les croyances et traditions populaires sont parfois loin de la vérité, la médecine moderne l'a démontré. Aucune astuce de grand-mère ne remplacera une visite chez le médecin ; prétendre le contraire serait dangereux. Mais alors, que faire pour les petits maux, les petits bobos, ceux qui nous paraissent tellement légers et anodins qu'ils ne justifient pas le recours à un professionnel ? Piqûre d'insecte, légère toux, petite plaie, énième cystite ou crise de colite… Dans ces cas précis, les vieux remèdes sont précieux, parce qu'ils apportent un peu de confort et aident à se sentir mieux. Bref, les petits trucs et astuces de grand-mère améliorent le quotidien et vous aident à retrouver la pêche en un clin d'œil. Et lorsque vous souffrez d'une réelle baisse de forme, ce sont encore ces vieilles astuces qui vous soulageront un peu et vous aideront à patienter jusqu'à votre rendez-vous avec le médecin.

Accélérer la cicatrisation

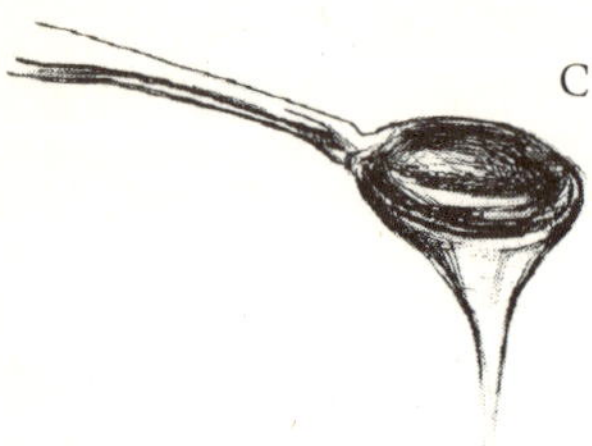

C'est un usage aujourd'hui révolu, mais les anciens avaient abondamment recours au miel et à ses vertus réparatrices pour soigner petits et gros bobos. Pour qu'une petite plaie cicatrise plus vite, appliquez à sa surface une fine couche de miel et maintenez avec une compresse et du sparadrap.

Apaiser l'eczéma

Le jus de bouleau qui se boit mélangé à de l'eau ou s'applique directement sur la peau, aide à soulager l'eczéma. Attention, vous devez vérifier au préalable que vous n'y êtes pas allergique. L'avoine a lui aussi une vertu apaisante. Mettez une bonne quantité de flocons dans un petit sac de toile, faites-le chauffer dans une casserole d'eau. Au bout de quelques minutes, retirez-le du feu et laissez-le tiédir. Essorez-le au-dessus d'un grand bol et ajoutez ce « jus » à l'eau de votre bain. Des compresses d'infusion de souci peuvent également être efficaces. Tous ces remèdes ne peuvent que soulager l'eczéma, en aucun cas le faire disparaître.

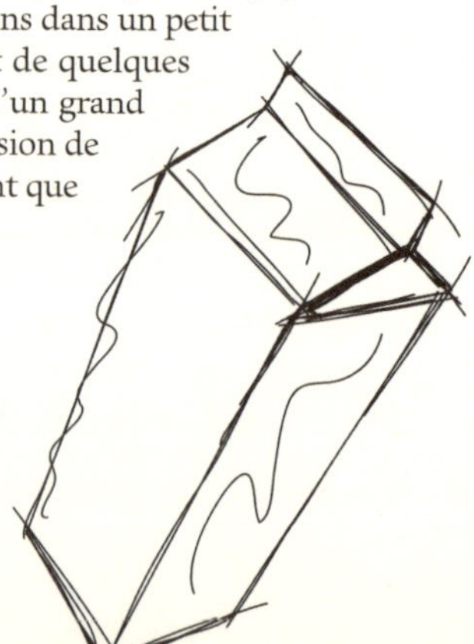

Après un repas trop épicé

Vous dînez dans un restaurant indien et le curry que l'on vous apporte est bien trop épicé à votre goût. Dans ces cas-là, les convives suggèrent souvent de boire un verre d'eau qui n'aura en fait qu'un effet très limité. Pour apaiser la sensation de brûlure, il faut consommer soit du pain, soit un produit laitier (un verre de lait ou un yaourt).

Arrêter la diarrhée

La carotte et la banane sont connues pour leurs effets anti-diarrhée, le riz également. Mais peu de gens savent que l'eau de cuisson du riz, et particulièrement l'écume qui se forme à la surface de la casserole, est tout aussi intéressante. Ce n'est pas très appétissant, mais courage : accompagnez votre assiette de riz d'un grand verre de jus de riz légèrement salé.

Atténuer l'acné

Voici un soin qui ne remplacera pas les traitements dermatologiques, mais qui a au moins l'avantage d'être agréable et de sentir bon. Avant de vous coucher, mettez une petite touche de miel sur vos boutons d'acné. Le week-end, utilisez le miel en masque : mélangez deux cuillères à soupe de miel bien fluide et une cuillère à soupe d'argile jusqu'à former une pâte homogène. Tartinez-en votre visage et laissez reposer environ une vingtaine de minutes.

Boisson rafraîchissante

Pour augmenter l'effet désaltérant de l'eau, ajoutez-y quelques rondelles de citron et de concombre. Laissez reposer une bonne heure au réfrigérateur avant de boire.

Bouffées de chaleur

Vous êtes sujette aux bouffées de chaleur et aux sueurs nocturnes ? Adoptez la tisane d'aubépine, à consommer plusieurs fois par jour et le soir au coucher. Une alimentation riche en soja peut atténuer les bouffées de chaleur en période de ménopause.

Brûlures d'estomac

Si vous souffrez d'aigreurs d'estomac, buvez un grand verre d'eau contenant, au choix, une cuillère à café de bicarbonate de soude ou deux cuillères à café de vinaigre de cidre. Ces remèdes, surtout le bicarbonate, sont d'usage ponctuel uniquement. Ils doivent être suivis de repas légers, pauvres en graisse et sans chocolat.

Calmer une crise de colite

Si vous êtes sujet aux crises de colite, faites une cure d'argile pendant 2 semaines. Chaque matin, avant le petit déjeuner, avalez un grand verre d'eau additionné d'une cuillère à café d'argile buvable. Bien entendu, cette astuce ne vous dispense pas d'une visite chez le médecin.

Astuces

Calmer une crise hémorroïdaire

Pour calmer une crise hémorroïdaire, prenez des bains de siège très froids ou appliquez quelques glaçons enfermés dans un linge. Vous pouvez également former une pâte épaisse en mélangeant de l'argile verte avec de l'eau que vous laisserez poser en cataplasme pendant plusieurs heures. Après un bain de siège ou un cataplasme, séchez-vous toujours avec soin.

Conjonctivite

Pour soulager une conjonctivite, appliquez sur vos yeux une compresse imbibée d'infusion de camomille ou de persil. Les jeunes mamans ont la chance de disposer du « remède » idéal : le lait maternel. Vous pouvez soulager votre conjonctivite et celle de bébé en lavant vos yeux avec une compresse mouillée de lait maternel (changez de compresse à chaque œil).

Coup de soleil

À défaut de disposer d'un lait après-soleil, vous pouvez calmer la brûlure du coup de soleil en tartinant la zone concernée de yaourt. Ce « masque » doit être efficace en quinze à vingt minutes. Si vous n'avez pas de yaourt sous la main, étalez sur votre coup de soleil des rondelles de tomate bien mûre.

Crevasses et douleurs dues à l'allaitement

Pour les jeunes mamans dont les mamelons sont endoloris par les nombreuses tétées, voici une recette toute simple : enduisez vos mamelons de lait maternel, qui favorisera la cicatrisation et laissez sécher à l'air. Limitez-vous à la douche quotidienne et évitez les nettoyages trop appuyés des mamelons. Séchez bien vos seins avant de vous rhabiller : l'humidité favorise l'apparition des lésions.

Cystites

Si vous êtes sujette aux cystites et autres infections urinaires, prévenez leur apparition en buvant chaque jour un verre de jus de canneberge. En complément, il est nécessaire de boire beaucoup d'eau, de maintenir une hygiène corporelle irréprochable, de ne jamais se retenir d'aller aux toilettes et, comme toujours, de consulter son médecin.

Dégager le nez

Versez de l'eau bouillante dans un bol et ajoutez-y quelques gouttes d'huile essentielle d'eucalyptus. Couvrez-vous la tête avec un torchon et respirez ces vapeurs pendant deux minutes : votre nez sera dégagé.

Dégager les bronches

Écrasez au pilon des graines de moutarde pour obtenir une cuillère à soupe de poudre bien fine. Mélangez-la à une trentaine de grammes de farine et ajoutez un peu d'eau pour former une pâte épaisse : le cataplasme à la moutarde est prêt. Entourez-le dans un linge fin et posez-le sur la poitrine une vingtaine de minutes. Si la peau rougit avant expiration de ce délai, retirez-le quand même. La méthode est déconseillée pour les enfants ; les ados pourront la tester avec toutefois une quantité de farine doublée pour diminuer l'effet de la moutarde.

Dormir, enfin !

Pour retrouver le sommeil, outre la verveine, misez également sur l'infusion de tilleul, de valériane ou, mieux encore, de passiflore. Véritable plante antistress, celle-ci vous permettra de retrouver le calme, et par voie de conséquence, le sommeil.

Ecchymose

Pour favoriser la disparition d'un bleu disgracieux ou calmer la douleur d'un hématome qui s'annonce, posez régulièrement dessus des glaçons entourés dans un torchon. Ensuite, passez une crème à base d'arnica.

Effacer un bouton

Le dentifrice sèche très vite : il suffit d'oublier un matin de fermer son tube pour s'en rendre compte ! Utilisez cette propriété asséchante pour faire disparaître plus vite vos boutons. Choisissez un dentifrice bien pâteux (sans parfum particulier et non mentholé, de préférence), couvrez-en le bouton et partez vous coucher. N'oubliez pas d'enlever ce petit masque le lendemain au réveil. Par ailleurs, l'huile d'arbre à thé est connue pour ses propriétés purifiantes. Si la méthode « dentifrice » n'est pas à votre goût, mettez une goutte d'huile d'arbre à thé sur votre bouton chaque soir, ou employez quotidiennement un tonique à base d'huile d'arbre à thé.

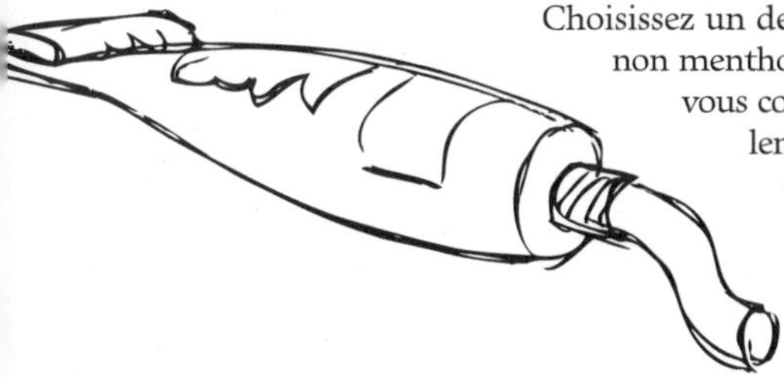

En cas de migraine

Pour apaiser les maux de tête, buvez un grand café noir avec un trait de citron. Si vous avez l'estomac délicat, optez plutôt pour une inhalation avec de l'eau bouillante additionnée de vinaigre de vin blanc, ou encore un bain relaxant et bien chaud dans lequel vous aurez versé un trait de vin blanc. Couchez-vous dans une pièce sombre et calme et massez vos tempes avec un baume fait maison : du beurre de karité fondu auquel vous aurez ajouté quelques gouttes d'huile essentielle de menthe poivrée. À défaut, vous pouvez passer sur votre front une couche de moutarde forte, ou plus simplement, un gant trempé dans une eau glacée.

Astuces

En finir avec la constipation

Les pruneaux, les figues et le melon aideront votre transit à retrouver son rythme normal. Une cuillère à café de bicarbonate de soude dans un verre d'eau aura un effet laxatif. Buvez plus de 1 l d'eau par jour et, si vous vous en sentez le courage, avalez une bonne cuillère à café d'huile d'olive.

Faire disparaître les aphtes

Pour en finir avec les aphtes, mastiquez des feuilles de basilic ou faites un bain de bouche quotidien avec une infusion de basilic. Vous pouvez également mâcher, deux ou trois fois par jour, un bâton de réglisse. Enfin, appliquez sur l'aphte, avec un coton-tige, du jus de citron ou de l'alcool.

Faire disparaître un orgelet

Disgracieux, les orgelets sont également douloureux. Dès que vous les sentez poindre, vous pouvez tester ces deux méthodes de grand-mère : passez une bague en or, jaune ou blanc, plusieurs fois par jour sur la paupière endolorie jusqu'à disparition des symptômes, et posez sur vos yeux des disques de coton imbibés d'eau de mauve.

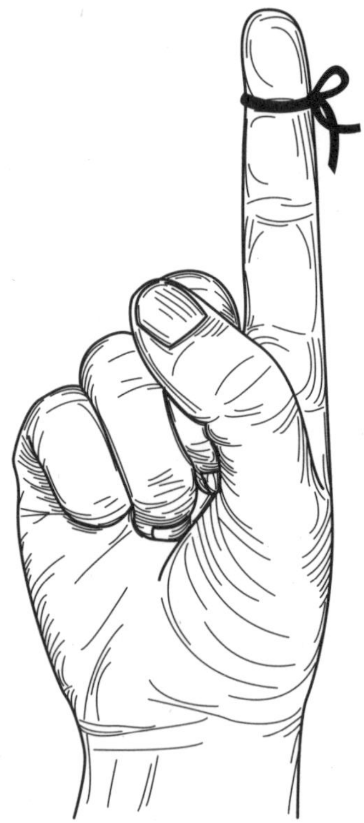

Faire disparaître une verrue

Une mauvaise herbe, la chélidoine, se révèle particulièrement efficace contre les verrues. Il suffit de prélever une goutte de sève et de la poser sur la verrue, ou de laisser macérer la plante dans du vinaigre de cidre. Attention, la chélidoine est irritante et toxique, en quantité trop importante. Il faut donc l'utiliser avec précaution et parcimonie. Si vous n'avez pas de chélidoine sous la main, essayez donc cet autre remède de grand-mère : faites macérer un zeste de citron dans du vinaigre de vin. Plaquez-le sur la verrue au moyen d'un pansement et dormez avec. Recommencez jusqu'à disparition de la verrue.

Faire fuir les moustiques

Si vous partez faire du camping, n'oubliez pas d'emporter votre flacon de lotion anti-moustiques : ajoutez à une huile neutre (type amande douce), quelques gouttes d'huile essentielle de citronnelle et d'eucalyptus citronné.

Faire passer une crampe

Si vous êtes sujet aux crampes nocturnes, gardez près de votre lit un tube homéopathique de cuprum metallicum (cuivre). Prenez-en au moment de la crise et étirez, même si c'est douloureux, le muscle qui vous fait souffrir. Vous pouvez aussi faire une cure de magnésium. Si ces crampes sont fréquentes, il est recommandé de consulter son médecin pour un bilan sanguin qui permettra de débusquer d'éventuelles carences.

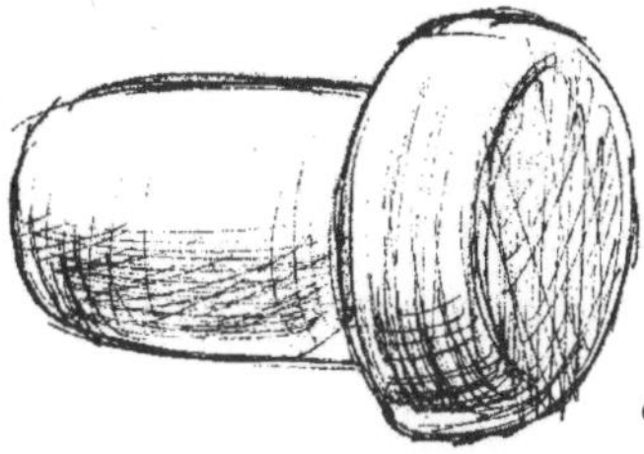

Fini les ronflements !

La méthode peut sembler brutale et pourtant, elle s'avère efficace pour une bonne partie des personnes qui ne se mettent à ronfler que lorsqu'elles dorment sur le dos. Dans le dos de la chemise de pyjama, cousez, bien au milieu, un bouchon de liège. Ainsi, dès que votre ronfleur voudra se mettre sur le dos, il sentira le relief du bouchon et changera instantanément de position.

Fortifier les cheveux

Pour favoriser la repousse des cheveux, massez votre crâne, après chaque shampoing, avec une infusion d'ortie et prenez quotidiennement des gélules de levure de bière. La chute des cheveux, en particulier celle des femmes, est liée à de multiples facteurs (problèmes hormonaux, carences), qui demandent une prise en charge par un dermatologue pour un traitement vraiment efficace.

Graisses superflues

Frites, grillades… pour éviter les graisses superflues, prenez l'habitude de déposer ces plats juste cuits non pas directement dans votre assiette, mais plutôt sur une grille. Laissez reposer 2 minutes pour que les graisses superflues aient le temps de s'écouler.

Astuce anti-gueule de bois

Le meilleur des remèdes pour éviter la gueule de bois est de boire un grand verre d'eau entre chaque verre d'alcool (ce qui, par ailleurs, vous aidera à réduire votre consommation). Avant de vous coucher, si vous vous sentez nauséeux, buvez encore un grand verre d'eau. Si vous avez peu mangé, il est important d'avaler quelque chose de neutre et dépourvu de graisse avant de dormir : un demi-bol de purée un peu épaisse sans beurre, un peu de riz ou tout simplement un morceau de pain. Le lendemain, au réveil, certains préconisent le bloody mary sans alcool pour éclaircir les idées : ajoutez à un jus de tomate un trait de citron, du sel de céleri, trois gouttes de Tabasco et un trait de sauce Worcestershire.

Contre un hoquet persistant

Il existe des dizaines de trucs pour chasser le hoquet. En voici quelques-uns. Vous pouvez d'abord boire à l'envers : penchez-vous au-dessus du verre et posez les lèvres sur le bord opposé (vous devez avoir le menton dans le verre). Autres méthodes : vider un verre d'eau d'un trait, croquer un sucre mouillé de vinaigre, pincer très fort son auriculaire, laisser tomber dans sa bouche quelques gouttes de jus de citron, manger une cuillère de beurre de cacahuète et, bien sûr, se faire une belle frayeur.

Une infusion anti-rhinite

Pour faire passer un rhume, buvez une infusion de gingembre : coupez trois rondelles de gingembre frais, couvrez d'eau, portez à ébullition et laissez sur le feu 15 minutes. Ajoutez un trait de citron. Bien sûr, vous pouvez « arranger » cette petite recette pour qu'elle corresponde un peu plus à votre goût en ajoutant un peu de sucre ou une cuillère de miel. À noter que vous pouvez remplacer le gingembre par du ginseng.

Pour alléger les jambes lourdes

Rétention d'eau et mauvaise circulation sont des troubles qu'un médecin doit traiter. Vous pouvez accompagner le traitement en usant et abusant de vigne rouge, en comprimés, et en bain de pied (il suffit de faire infuser quelques feuilles dans de l'eau). Lorsque vos jambes vous font souffrir, mettez un linge humide au congélateur quelques minutes, entourez-en vos jambes et allongez-vous, les pieds surélevés.

Calmer un mal de gorge

Une grande tasse de lait chaud à laquelle vous ajoutez deux cuillères à café de miel ne guérira pas votre angine, mais elle calmera vos maux de gorge et vous aidera à dormir. Vous pouvez également boire une infusion de thym avec un trait de citron et deux cuillères de miel.

Pour pallier le manque de fer

Fatigue, perte de cheveux, teint brouillé : cela peut être le signe d'une carence en fer. Si tel est le cas, en complément du traitement prescrit par votre médecin, consommez un boudin noir par semaine. Certes, c'est un plat gras, mais qui a l'avantage de contenir une bonne dose de fer facilement assimilable.

N'acheter que le nécessaire

Chacun le sait, la prise de poids est fréquemment associée au grignotage. Dans les allées du supermarché, il est parfois difficile d'être raisonnable. Pour garder l'esprit serein et réussir à s'en tenir à sa liste, la méthode la plus efficace consiste à faire ses courses juste après le repas. Quand on a le ventre bien plein, on se sent beaucoup moins tenté.

De mauvaises odeurs de pieds ?

La tisane de sauge, ou quelques gouttes de teinture mère de sauge diluée dans l'eau permettent de réguler la transpiration. Vous pouvez également saupoudrer le fond de vos chaussures ou la plante de vos pieds d'acide borique. Enfin, vous pouvez aussi frotter vos pieds avec de la poudre de magnésie : les gymnastes et les grimpeurs utilisent ce produit pour ne jamais avoir les mains moites.

Pour calmer une piqûre d'insecte

Pour soulager la sensation de brûlure ou de démangeaison provoquée par une piqûre d'insecte, il faut insensibiliser la zone en l'exposant au froid. Appliquez pour cela des glaçons enroulés dans un linge. Un autre remède de grand-mère consiste à frictionner la zone avec du vinaigre ou une rondelle d'oignon.

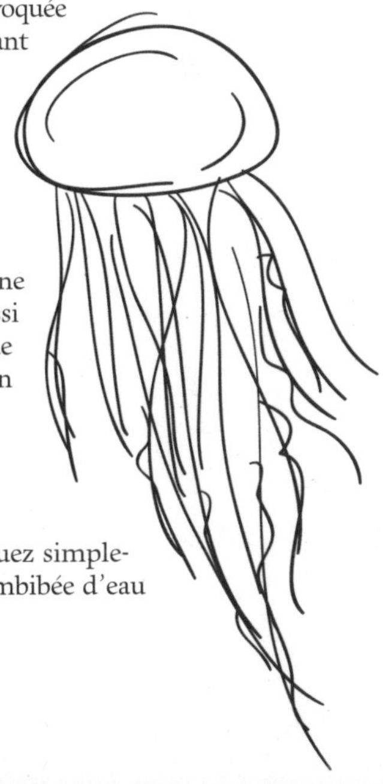

Pour calmer une piqûre de méduse

Pour calmer la sensation de brûlure intense que provoque une piqûre de méduse, rincez abondamment, sans frotter, et aussi longtemps que nécessaire, la partie du corps touchée à l'eau de mer ou à l'eau chaude salée. Vous pouvez également utiliser un mélange à parts égales d'eau et de vinaigre.

Plaie légère

Pour arrêter le saignement d'une plaie superficielle, appliquez simplement sur la plaie, en maintenant bien fort, une compresse imbibée d'eau oxygénée.

Astuces

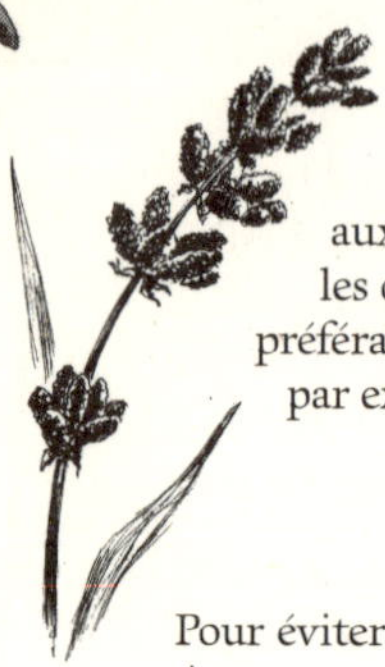

Prévenir l'apparition des poux

L'odeur de lavande agit sur les poux comme un répulsif. En période d'alerte aux poux dans l'école de vos enfants, mettez-leur un peu de lavande derrière les oreilles. Attention, l'huile essentielle de lavande est forte et irritante : il est préférable d'en verser quelques gouttes dans un flacon d'huile d'amande douce par exemple.

Prévenir les engelures

Pour éviter les engelures en hiver, appliquez la stratégie de l'oignon. Plutôt qu'une grosse paire de moufles et de grosses chaussettes, mettez plusieurs paires les unes sur les autres : vous serez mieux protégé du froid. En hiver, ne portez que des chaussures larges : plus elles sont étroites, plus elles gênent votre circulation sanguine.

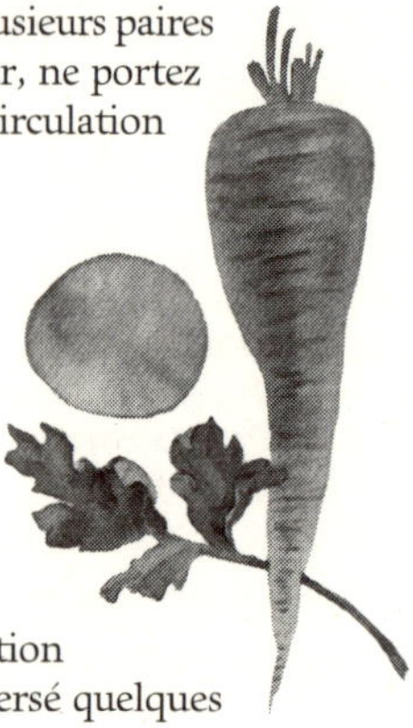

Sus aux règles douloureuses !

Une infusion de feuilles de persil contribuera à calmer les douleurs des règles. Buvez-en plusieurs fois par jour, quand surviennent les crampes.

Soulager les rhumatismes

Les douleurs rhumatismales et articulaires peuvent être soulagées par une friction vigoureuse de la zone avec une huile alimentaire dans laquelle vous aurez versé quelques gouttes d'huile essentielle d'eucalyptus.

Saignement de nez

Pour arrêter un saignement de nez, penchez la tête en avant et mangez de la glace, ou posez contre votre nez des glaçons emballés dans un torchon.

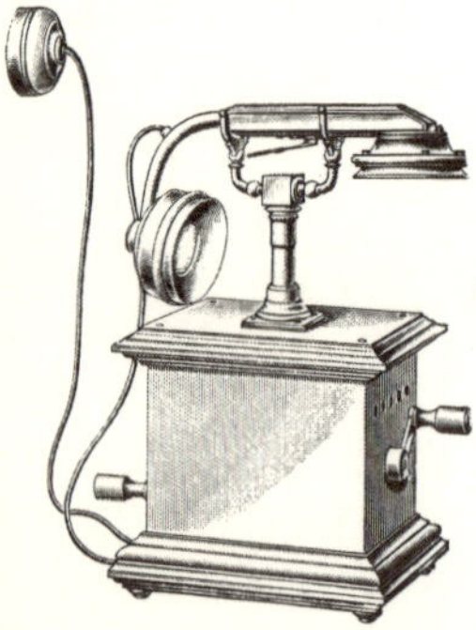

Se réveiller à coup sûr

Si votre sommeil est lourd au point que même votre réveil ne parvient plus à vous faire ouvrir l'œil, ne baissez pas les bras. Achetez un deuxième réveil que vous placerez loin de votre lit et de préférence en hauteur. Vous serez ainsi forcé de vous lever pour l'éteindre. Utiliser votre téléphone comme réveil est aussi une bonne astuce. On finit toujours par s'habituer à la « musique » de son réveil ; le téléphone vous offre la possibilité d'en changer toutes les semaines pour que l'effet de surprise continue à fonctionner.

Soigner un début de panaris

Faire un bain d'eau chaude additionnée d'eau de Javel tous les jours doit entraîner la disparition d'un panaris naissant. Si tel n'est pas le cas, ne pas hésiter à aller chez le médecin.

Soin après-rasage

Pour calmer le feu du rasoir, ou soulager l'irritation provoquée par une épilation un peu trop vigoureuse, utilisez une pierre d'alun. Cette petite pierre translucide est vendue comme déodorant dans les magasins bio. Antiseptique et astringente, elle stoppera les petits saignements et réduira les rougeurs.

Soulager un point de côté

Debout, penchez-vous en avant et tentez de toucher le sol avec vos mains en expirant au maximum. Maintenez cette position quelques instants avant de vous redresser : votre point de côté a disparu.

Soulager une entorse

Entourez des petits pois congelés dans un torchon que vous appliquerez sur la zone douloureuse. En attendant de voir votre médecin, vous pouvez également être soulagé par un cataplasme d'argile verte. Mouillez l'argile surfine avec de l'eau pour former une pâte très épaisse. Posez-la au milieu d'une bande de tissu propre et entourez le membre endolori sans trop serrer.

Tirer tout le bénéfice des fruits et légumes

Une grande partie des vitamines se niche dans la peau des fruits et légumes. Pour ne pas perdre leur bénéfice, conservez la peau des pommes, pommes de terre, courgettes… Une telle attitude impose en revanche de choisir autant que possible des fruits et légumes non traités et bien sûr de les laver soigneusement avant de les consommer.

Toux grasse

Pour calmer une toux grasse, concoctez un sirop à base de thym. Faites infuser pendant plusieurs heures une bonne quantité de thym dans de l'eau. Filtrez l'infusion et ajoutez-y le même volume de sucre. Faites cuire à petit feu pendant une heure. Le mélange se conserve au réfrigérateur.

Toux sèche

Ce n'est vraiment pas très bon mais c'est en revanche plutôt efficace : pour traiter un début de toux sèche, boire, avant d'aller se coucher, un verre de lait dans lequel on aura fait bouillir une gousse d'ail.

Tuer poux et lentes

DPour éradiquer poux et lentes, en complément des traitements qui s'achètent en pharmacie, massez-vous le crâne avec du vinaigre blanc pendant un bon quart d'heure, avant de vous rincer les cheveux. Recommencez à chaque shampoing jusqu'à disparition complète des petites bêtes.

Astuces

Jardin

Le jardin, en construction et en évolution permanente, est le lieu où l'on improvise et où l'on se lance dans la récupération et le détournement d'objet, pour le plaisir des yeux et pour la joie de se dire qu'on a été astucieux et qu'on a réalisé en un tour de main quelque chose de pratique et de fonctionnel. Avec quelques vieilles cordes, on peut créer des bordures pour ses massifs et des seaux en ferraille constitueront de ravissants cache-pots. Mais nous ne perdons pas de vue que, derrière le décor, le jardin est avant tout un lieu que l'on cultive. Grâce à nos astuces, vous découvrirez comment évaluer rapidement la composition d'un sol et comment la rééquilibrer pour que les plantes que vous aurez choisies s'y épanouissent. Enfin, parce que le jardin est synonyme d'ouverture sur la nature, nous parlerons des papillons et des oiseaux qui, eux aussi, sauront apprécier votre petit bout de verdure, surtout s'ils y trouvent à manger !

Arrosage autonome

Tout le monde n'a pas forcément sous la main un gentil voisin prêt à arroser ses plantes pendant les vacances. Pour partir l'esprit tranquille, fabriquez votre petit système d'irrigation autonome. Collectez des bouteilles en plastique, découpez leur fond et percez leur bouchon de plusieurs trous. Fichez les bouteilles, tête en bas, dans la terre de chacun de vos pots et remplissez-les d'eau. Pour plus de précision, vous pouvez acheter à peu de frais en jardinerie des bouchons intelligents, qui viendront s'adapter à vos bouteilles en plastique et vous permettront de régler finement le débit.

Arrosage des plantes sous serre

Vos plantes élevées sous serre aiment la chaleur. Il est donc préférable d'éviter de les arroser à l'eau froide du robinet. Pour éviter tout choc thermique, installez un petit réservoir d'eau dans le coin de votre serre. Vous y puiserez l'eau à une température toujours idéale.

Arroser à bon escient

Inutile d'arroser vos plantes quand la nature a déjà travaillé pour vous. Fabriquez un pluviomètre artisanal : coupez le haut d'une bouteille en plastique et retournez-le pour former un entonnoir que vous enchâsserez dans la base de la bouteille. Installez votre pluviomètre dans une zone de votre jardin bien exposée aux intempéries. Si un bon centimètre d'eau est tombé, vous pouvez vous dispenser de la corvée d'arrosage.

Attirer les papillons

Certaines plantes ont le pouvoir d'attirer les papillons. Rien de magique là-dedans, les jolies bestioles y trouvent soit de quoi manger, soit un abri de choix pour leurs larves. Les espèces ne sont pas toutes séduites par les mêmes plantes, mais en voici quelques-unes, faciles à trouver et particulièrement appréciées : l'ortie, l'oseille, le persil, le pétunia, le lilas, le dahlia, l'hibiscus ou encore l'aubépine. Bien sûr, si vous voulez avoir le plaisir de contempler des papillons, il faudra en retour savoir accepter les chenilles…

Bassin à l'eau claire

Vous avez créé un bassin tout simple, sans la cascade ni le système de filtration qui va avec, il peut arriver que l'eau du bassin se trouble et finisse par le rendre déplaisant à regarder. Pour purifier l'eau, jetez-y quelques gros morceaux de charbon de bois : cette matière est justement utilisée pour fabriquer les filtres.

Blanchir les salons de jardin

Les salons de jardin ont tendance à brunir. Vous restaurerez leur blancheur en râpant dans de l'eau très chaude du savon de Marseille, et en nettoyant votre mobilier avec de la paille de fer. Vous pouvez également utiliser de la pierre d'argent (un produit qui, contrairement à ce que son nom évoque, est fabriqué à base d'argile). Dans un cas comme dans l'autre, il faudra frotter !

Bleuir les hortensias

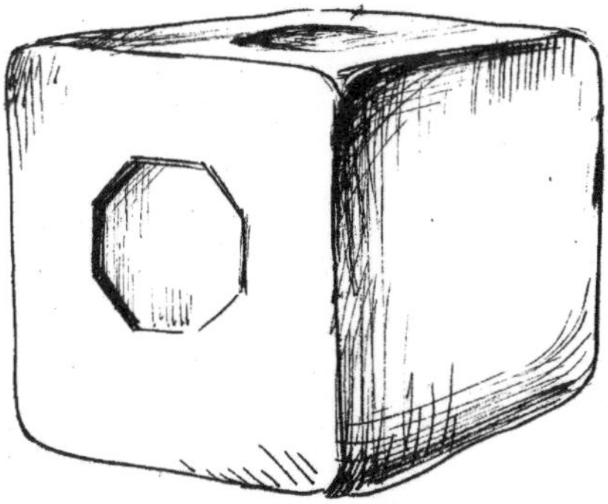

Ah, ces hortensias : on les voudrait d'un bleu intense et ils virent au rose ! La couleur de ces fleurs varie en fonction de l'acidité du sol : plus celui-ci est neutre, plus elles rosissent. Pour corriger le tir, quand vos hortensias semblent un peu hésitants et passent, selon les endroits, du bleu clair au mauve, il suffit de leur apporter un peu de sels minéraux. Ajoutez quelques cuillères à café de sels d'alun à l'eau d'arrosage des hortensias ou placez à leur pied des morceaux d'ardoise.

Des bordures de style

Utilisez les vieux bois de récupération (palettes ou cagettes notamment) ou encore de vieilles cordes pour créer des bordures rustiques autour de vos massifs ou carrés de potager, à la façon des jardins moyenâgeux.

Astuces

Des cache-pots de charme

La terre cuite, c'est beau, mais à la longue, c'est un peu monotone. Mettez un peu d'originalité dans votre jardin en détournant seaux, pots de peinture ou même boîtes de conserve pour en faire des jardinières ou des cache-pots. Ces objets de récupération donneront un coup de jeune à votre jardin tout en ménageant son aspect rustique.

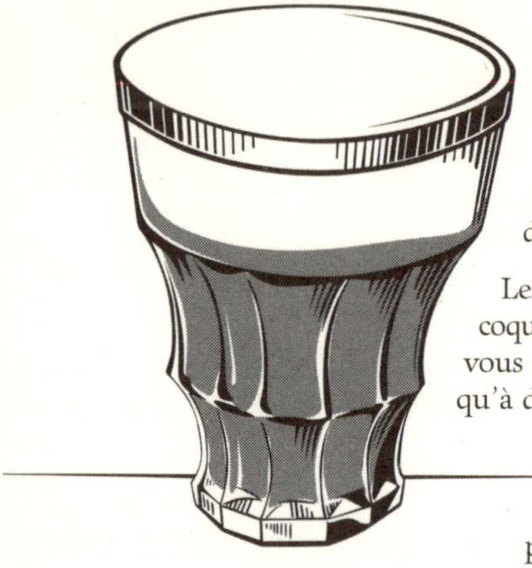

Chasser les limaces

Les limaces viennent abîmer votre joli massif ? Leur barrer la route est simple : il vous suffit de récupérer des coquilles d'œufs durs. Broyez-les pas trop finement et utilisez-les pour créer un rempart bien régulier et sans ornières autour de vos plantations.

Les limaces sont déjà dans votre jardin et vous n'avez pas 30 coquilles d'œufs sous la main pour les empêcher de sévir ? Ouvrez-vous une bonne bière : elles en sont friandes. Vous n'avez plus qu'à disposer quelques petits pots remplis du breuvage à proximité de vos massifs pour leur donner envie de changer de cap. Enterrez-les à demi pour que les limaces puissent y accéder, et abritez-les avec un bout d'écorce ou autre, pour éviter de donner des idées à votre matou (il n'y a pas que les limaces qui aiment la bière !).

Conserver les fleurs coupées plus longtemps

Vous n'êtes pas pressé de voir votre joli bouquet se faner ? Pour prolonger sa vie, il va falloir l'entretenir. Tout d'abord, ne mettez que la juste quantité d'eau (nul besoin de remplir totalement le vase) et changez-la régulièrement. Coupez les tiges en biseau, sur la longueur la plus faible possible : à chaque fois que vous changerez l'eau, vous les recouperez d'un ou deux centimètres. Enfin, vous pouvez ajouter à l'eau, au choix : quelques gouttes d'eau de javel, un cachet d'aspirine, un peu de limonade ou encore deux cuillères à café de sucre.

Corriger un sol trop acide

Pour faire remonter le pH d'un sol trop acide, répandez sur la terre de la chaux éteinte ou de la cendre de bois. Il faut ensuite travailler le sol sur au moins 10 cm de profondeur. Ces « traitements » du sol s'effectuent de préférence en février, c'est-à-dire à la sortie de l'hiver. La chaux corrige le pH de façon brusque ; avant tout chaulage, il est donc conseillé de contrôler l'acidité du sol avec une bande de papier pH, à acheter en jardinerie.

Corriger un sol trop calcaire

Un paillage de plusieurs centimètres d'aiguilles de pins, que l'on laisse agir tout l'hiver, est connu pour acidifier les sols. Si vous voulez laisser à votre terrain le temps de se rééquilibrer naturellement, misez sur les engrais verts : semez du trèfle incarnat ou de la phacélie, par exemple, qui nourriront votre sol.

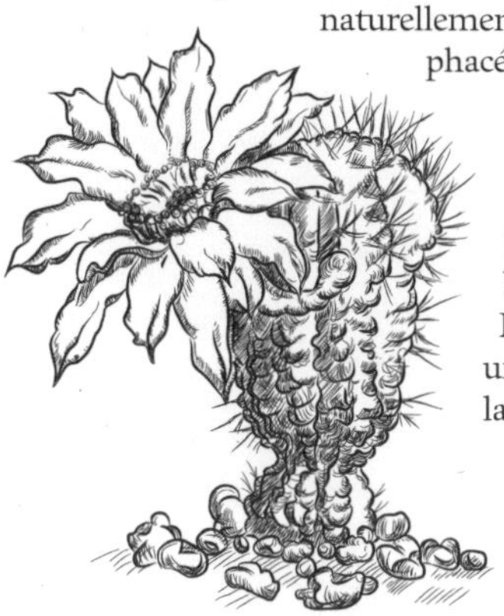

Coup de propre sur les cactus

DLes cactus, surtout lorsque leurs épines poussent en rangs bien serrés, sont de vrais nids à poussière difficiles à nettoyer. Pour leur donner un aspect un peu plus présentable, passez-leur un coup de sèche-cheveux : vous délogerez une bonne partie de la poussière.

Déchets nourrissants

Ne jetez plus l'eau de votre poisson rouge aux toilettes. Riche en minéraux, cette eau « sale » gagne à être ajoutée à l'eau d'arrosage.

Le marc de café est lui aussi particulièrement nourrissant pour vos plantes : vous pouvez le mélanger au terreau lorsque vous plantez ou rempotez, ou le saupoudrer autour de vos plantes. Autre avantage : les insectes n'en raffolent pas. Naturellement, pour les plantes, comme pour les humains, mieux vaut ne pas trop en abuser. Les sachets de thé peuvent également avoir une deuxième vie : placés au fond des pots de fleurs, ils nourriront la plante et auront un rôle comparable à celui des billes d'argile, en captant et restituant l'eau.

Désherber avec l'eau des pommes de terre

Plutôt que de jeter l'eau de cuisson de vos pommes de terre dans l'évier, répandez-la en pulvérisations dans les endroits stratégiques de votre jardin : c'est un désherbant efficace, qui a en outre l'avantage d'éloigner certains insectes, dont les pucerons.

Détruire une souche

Pour vous débarrasser de la souche d'un arbre coupé, percez des trous à l'intérieur et glissez-y des gousses d'ail pelées. Rebouchez les trous et attendez que la souche se décompose suffisamment pour qu'elle puisse être retirée sans trop d'efforts.

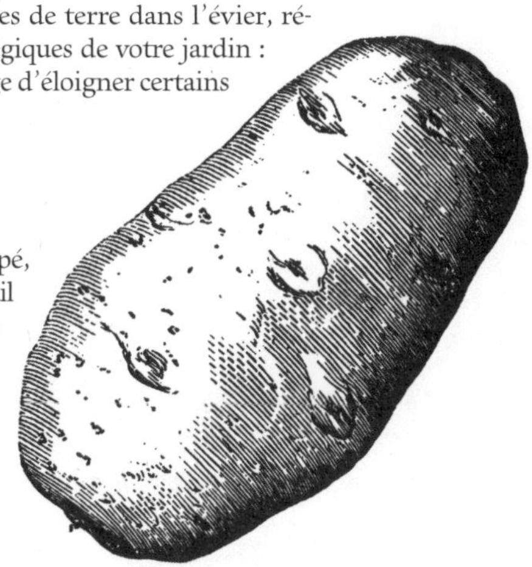

Astuces

Une deuxième vie pour les boîtes d'œufs

Récupérez les boîtes d'œufs (particulièrement celles en carton) pour réaliser vos semis à moindre frais. Les adeptes des graines germées (qui se consomment en salade, en omelette ou autres et sont appréciées pour leurs qualités nutritives) placeront leurs graines sur un disque de coton (idéal pour retenir l'eau) logé au fond de chaque alvéole de la boîte.

Drainer la terre des plantes en pot

Vous n'avez pas vraiment la main verte et avez du mal à bien doser vos arrosages ? Disposez au fond de vos pots de fleurs, sous le terreau, une couche de quelques centimètres de billes d'argile. Non seulement elles aèrent la terre du pot, mais en plus, elles absorbent l'excès d'eau et la restituent quand la plante en manque. Disposées en surface des pots, elles préservent la fraîcheur de la terre et ont un effet décoratif.

Effrayer les oiseaux

Les filets autour des arbres fruitiers les protègent efficacement contre le pillage des oiseaux. En revanche, ils sont difficiles à installer. En lieu et place, vous pouvez utiliser l'épouvantail des temps modernes : le CD. Attachez tout simplement les disques, au moyen d'une ficelle, aux branches de l'arbre. En tournant, sous l'effet du vent, ils refléteront la lumière du soleil et éloigneront les oiseaux. Plus vous accrochez de CD et mieux vous les répartissez dans l'arbre, plus la protection devient efficace.

Éloigner limaces et escargots

Il y a mille et une manières de tenir à distance escargots et limaces. En voici une qui a le mérite d'être simple et ne vous demandera, en outre, aucune espèce d'entretien. Il suffit de récupérer du fil de cuivre, et d'en entourer la base de vos pots de fleurs ou de vos plantes, si elles sont plantées en pleine terre. Pour que le fil de cuivre reste bien en place, mieux vaut faire plusieurs tours.

Étiquettes rigolotes

Vous êtes lasse de réciter à tous vos invités le nom des plantes que vous avez choisies pour votre jardin ? C'est certain, les étiquettes en plastique et en carton vendues dans les jardineries n'ont rien de très esthétique. Vous pouvez en créer de bien plus jolies en écrivant, au feutre indélébile, les noms de vos plantes sur de gros galets. Autre avantage de ce système : vous êtes certaine que vos étiquettes ne s'envoleront pas !

Évaluer grossièrement la composition d'un sol

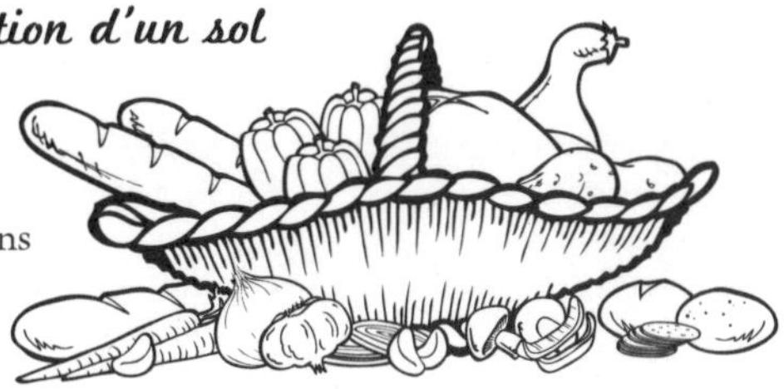

Votre jardin est-il plutôt sableux ou argileux ? Pour le savoir, il suffit de le toucher, de préférence après la pluie, lorsqu'il est humide : s'il ne colle pas aux doigts et reste granuleux, il est plutôt sableux. Dans le cas contraire, c'est-à-dire s'il colle aux doigts et s'agglomère bien (on peut en faire de petites boules), il est plutôt argileux.

Éviter les ampoules

DC'est la plaie du jardinier, surtout lorsqu'il a un grand terrain : à force de coups de bêche, les mains s'abîment et se couvrent d'ampoules. Pour les protéger, habillez le manche des outils dont vous vous servez le plus de mousse. Des manchons isolants, faits pour protéger les tuyaux du froid, s'achètent dans tous les grands magasins de bricolage. Coupez-les en morceaux d'une vingtaine de centimètres de longueur et fixez-les autour du manche avec du gros scotch.

Éviter que les boutures moisissent

Le bouturage à l'eau est une technique relativement facile pour que la plante s'y prête bien. Pour éviter que vos boutures moisissent en cours de route et pour ne pas avoir à changer leur eau toutes les semaines, placez un petit morceau de charbon au fond du récipient.

Fabriquer son compost

Pour fabriquer votre engrais maison et alléger votre poubelle, mettez-vous au compostage. Si vous avez un grand jardin, vous pouvez tout simplement entasser les déchets. Dans un espace plus petit et à la vue du voisinage, il est préférable de se doter d'un bac à compost. Vous pouvez y jeter les restes de légumes, les épluchures, l'herbe tondue, les mouchoirs en papier, les morceaux de carton, les tissus naturels (coton, lin) coupés en bandelettes, les coquilles d'œuf, le marc de café et les sachets de thé. En revanche, n'y mettez pas : les mauvaises herbes, les peaux des fruits traités, les restes de viandes et les os (pour ne pas attirer les nuisibles), les produits laitiers. Laissez ces déchets se dégrader à l'ombre, et à couvert. La base du composteur doit les mettre en contact avec le sol. La durée du processus est variable, mais il faut compter un an en moyenne avant d'obtenir un compost homogène qui sent bon la terre fraîche.

Faire briller les feuilles des plantes

Vous êtes une maniaque de la propreté et les feuilles ternes de vos plantes d'intérieur font désordre dans votre salon impeccable ? Si vous êtes du genre patient, et que vos plantes ont des grosses feuilles, vous pouvez les lustrer avec un chiffon doux et un mélange à parts égales d'eau et de bière. Vos gestes doivent toujours rester légers pour ne pas endommager les feuilles.

Fertiliser un sol naturellement

Pour enrichir vos sols, faites confiance aux lombrics, de véritables petites usines à compost. Il ne suffit pas de les déposer dans votre jardin, il faut encore leur donner un coin riche en nourriture où ils se plairont. Petit à petit, ils coloniseront votre terrain. Une solution pour les petits espaces : le composteur à lombric. Vous pourrez de temps en temps prélever une partie de votre population de lombrics pour l'installer dans votre jardin.

Un gazon sans mousse

Votre gazon est constellé de mousse ? C'est le signe d'un sol mal aéré, d'une exposition peut-être trop ombragée ou d'un excès d'humidité.

Pour les éliminer, il est recommandé de scarifier plus souvent, mais aussi de chauler la pelouse au printemps avec du sulfate de fer neige qui est relativement bon marché.

Pour aérer la pelouse régulièrement, vous pouvez utiliser des brodequins à gros clous que vous chausserez lorsque vous effectuerez les travaux au jardin.

C'est un peu lourd à la fin de la journée, mais très efficace à la longue.

Pour la ligne également !

Un gazon tout neuf

Des plaques de gazon sont en mauvais état et vous voulez remplacer ces petites surfaces promptement. Malheureusement, les oiseaux vous voient faire et attendent patiemment que vous ayez terminé pour « la régalade ».

Pour protéger ces semis, une fois la terre roulée, placez des feuilles de papier journal tenues par des cailloux aux coins et arrosez en pluie.

Les oiseaux ne pourront manger les graines et votre gazon lèvera plus rapidement, stimulé par l'humidité constante réalisée ainsi.

Fleurs séchées

Elles ont un côté romantique désuet et nécessitent peu d'entretien : les fleurs séchées peuvent être plus esthétiques que les fleurs artificielles. Les fleurs que vous choisirez ne doivent pas être trop ouvertes. Préparez-les en éliminant une bonne partie des feuilles qui se recroquevillent en séchant. Formez votre bouquet en veillant à ce qu'aucune fleur ne soit trop écrasée ou compressée par les autres. Accrochez votre bouquet la tête en bas, dans une pièce à la fois sombre, sèche et bien aérée. Quand vos fleurs sont prêtes, renforcez leur éclat et leur tenue en vaporisant de la laque sur l'ensemble du bouquet.

Haies et cabanes vivantes

Un goût de campagne et de tradition dans nos jardins : l'osier vivant, comprenez le saule, peut vous permettre de former, à moindre frais, une haie bien occultante. Coupez de jeunes branches de saules bien souples et droites, exemptes de ramification. Plantez les deux par deux, à une quinzaine de centimètres de profondeur, le long d'une ligne droite, en laissant une vingtaine de centimètres entre chaque groupe. Ceci fait, croisez entre elles les branches pour former une treille à l'image de celles que l'on peut acheter en jardinerie. Toute la complexité de l'exercice tient à la régularité des croisements (on peut maintenir l'ensemble avec un peu de ficelle). Dès que le printemps reviendra, vous obtiendrez une haie bien touffue et très fine, idéale pour les petits jardins. Selon ce même principe, vous pouvez également réaliser une pergola vivante ou même une hutte que vos enfants apprécieront. À noter que si vous ne disposez pas de saules à déshabiller, ces jeunes branches s'achètent très facilement sur Internet.

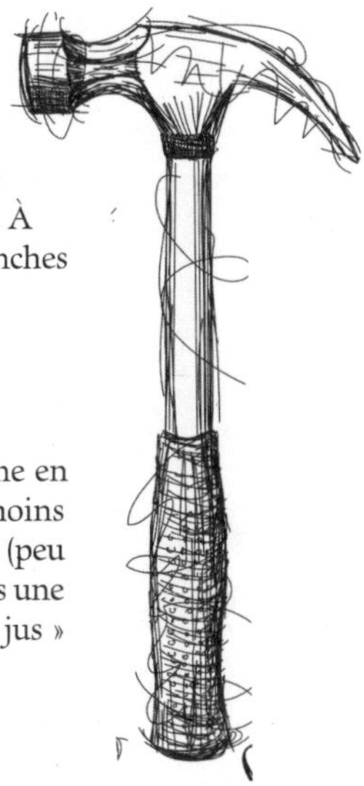

Hormone de bouturage maison

Pour réussir vos boutures, il n'est pas nécessaire d'acheter une hormone en jardinerie. Vous pouvez la fabriquer vous-même ; elle sera beaucoup moins chère, et surtout bien plus naturelle. Prenez quelques branches de saule (peu importe la variété). Écrasez-les à coup de marteau et mettez les débris dans une bassine que vous remplirez d'eau. Au bout de deux jours, récupérez le « jus » ainsi obtenu. Il fera partir vos boutures du bon pied.

Hygromètre maison

Pour mesurer l'humidité de l'air ambiant, utilisez une pomme de pin : plus elle se ferme, plus l'humidité est importante.

Identifier un sol calcaire

Pour que vos plantes se développent bien, elles doivent être plantées dans un sol qui leur correspond. Mais comment savoir si celui-ci est plutôt acide ou plutôt calcaire ? Prenez un peu de terre et mettez-la dans un récipient. Mouillez-la de vinaigre : plus le mélange réagit, plus la terre est calcaire (le vinaigre dissout le calcaire).

Lester un vase

Les vases ont une fâcheuse tendance à basculer dès qu'on leur confie un bouquet. En théorie, il suffit de répartir équitablement le poids dans le vase pour qu'il trouve son équilibre, mais à force de tâtonnements, on finit souvent par nuire à l'harmonie de la composition florale. Pour éviter ce désagrément, lestez le vase en déposant au fond un tapis de galets.

Astuces

Limiter l'expansion du bambou

Les bambous sont appréciés pour leur capacité à former rapidement un écran occultant. Cette qualité a son revers : le bambou a tendance à envahir le terrain sur lequel on l'installe. Le bambou se développe par ses racines, ses rhizomes. Pour contenir celles-ci, les jardineries vendent aujourd'hui des films plastiques épais à enterrer autour de la plante. Il existe une autre façon de procéder, à la fois très simple et économique : récupérez une vieille poubelle de belle contenance. Enterrez-la en laissant dépasser son bord de quelques centimètres. Remplissez-la de terre et plantez vos bambous à l'intérieur : les racines ne s'échapperont pas.

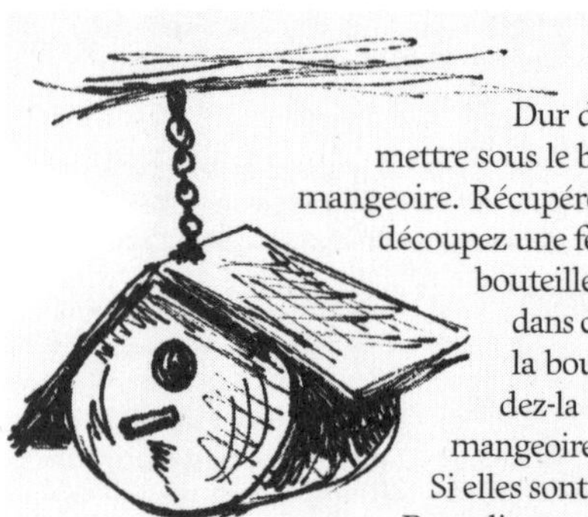

Mangeoire à oiseaux

Dur dur, quand vient l'automne, de trouver quelque chose à se mettre sous le bec. Aidez les oiseaux de votre jardin en confectionnant une mangeoire. Récupérez une bouteille en plastique. À 5 centimètres de sa base, découpez une fenêtre rectangulaire de 4 ou 5 centimètres de haut. Percez la bouteille de part en part à 1 demi-centimètre sous la fenêtre. Glissez dans ces trous une petite branche qui servira de perchoir. Remplissez la bouteille de graines jusqu'à la hauteur de la fenêtre et suspendez-la dans un arbre en attachant une ficelle au goulot. Pour une mangeoire à l'aspect 100 % naturel, récupérez quelques pommes de pin. Si elles sont grosses, faites-les sécher à la chaleur pour qu'elles s'ouvrent. Remplissez tous les creux d'un mélange de graines et de margarine ou de beurre de cacahuète. Si la pomme de pin est petite, roulez-la tout simplement dans la graisse fondue, puis dans les graines avant de la suspendre dans un arbre.

Nichoir improvisé

Vous remplacez votre boîte aux lettres ? Si l'ancienne est assez profonde (plus de 10 centimètres) ne la jetez pas, faites-en plutôt un nichoir. Remplacez la languette de métal par un morceau de bois percé d'un trou circulaire. Adaptez la taille de celui-ci aux oiseaux qui fréquentent votre jardin. Un trou de 3 centimètres, par exemple, est suffisant pour une mésange. Vous pouvez habiller votre nichoir de récup avec des morceaux d'écorce ou un peu de mousse. À défaut de boîte aux lettres, une cagette en bois fin, facile à découper et à assembler, est un excellent matériau de base pour un nichoir à fabriquer en famille et à installer à la sortie de l'hiver.

Ongles propres

Pour ne pas vous salir les ongles au jardin, si vous ne supportez pas de porter des gants lorsque vous travaillez, grattez un savon de Marseille. Les dépôts de savon empêcheront la terre d'aller se loger sous vos ongles et vos mains seront plus faciles à laver.

Outils bien en place

Un homme marche dans son jardin. Étourdi, il met le pied sur le râteau qui était à terre. L'outil se redresse et le pauvre bougre prend le manche en pleine figure. Pour éviter d'être la prochaine victime de ce vieux gag, récupérez quelques gros pots, aussi larges que possible. Remplissez-les de sable ou de gravier et plantez-y vos outils. Ils seront ainsi bien rangés et rouilleront moins vite que s'ils étaient directement en contact avec le sol.

Pot à roulettes

Vous avez craqué sur un beau citronnier ? Avant de le planter dans l'immense pot qui convient, pensez à placer celui-ci sur une solide pièce de bois montée sur roulettes. Ainsi, dès les premiers frimas, vous rentrerez facilement le pot grâce à ce chariot improvisé et vous éviterez un bon tour de reins.

Potager en mouvement

Pratiquez la rotation des cultures ! Toutes les plantes n'ont pas les mêmes besoins et n'utilisent pas les mêmes ressources du sol. Divisez votre potager en carrés et, chaque année, faites tourner vos cultures d'un cran en suivant tout le temps le même ordre.

Pots de fleurs anciens

Pour vieillir un pot de fleurs, il existe bien sûr toute une palette de patines et peintures à effet. Si vous voulez obtenir un résultat 100 % naturel, badigeonnez certaines faces de votre pot avec du yaourt nature et laissez-le reposer au jardin : la mousse viendra rapidement grimper sur les parties enduites.

Protéger les jeunes pousses

DDonnez à vos jeunes plants les meilleures chances de pousser avec vigueur : couvrez tout votre massif d'un film plastique que vous percerez pour laisser la place à vos plantations. Ce film conservera l'humidité de la terre et empêchera le développement des mauvaises herbes.

Protéger ses plantes du froid

Vous craignez que vos arbustes ne prennent froid cet hiver ? Protégez leur pied avec une couche de 5 bons centimètres d'écorce d'arbre ou de paille. Abriter vos plantes ne vous coûtera pas un sou si vous prenez l'habitude de verser à leur pied l'herbe fraîchement tondue qui formera un paillage très efficace.

Vous avez acheté beaucoup d'appareils électroménagers cette année ? Conservez bien leurs emballages, et en particulier le polystyrène de protection. Ce matériau est un excellent isolant que vous pourrez utiliser, les soirs de grand froid, pour fabriquer une cabane express aux petites plantes fragiles que vous ne pouvez pas rentrer.

Astuces

Protéger un bassin du gel

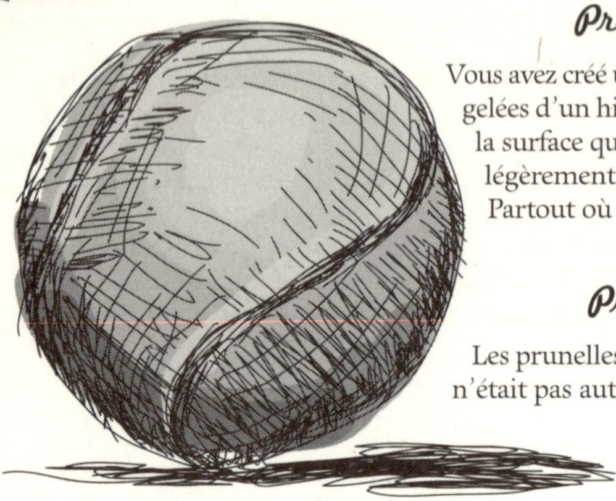

Vous avez créé un bassin dans votre jardin et vous craignez que les gelées d'un hiver trop rigoureux ne l'abîment ? Laissez flotter à la surface quelques balles de tennis ou bouteilles de plastique légèrement lestées que vous placerez sur les bords du bassin. Partout où elles seront, la glace ne prendra pas !

Prunelles aux premières gelées

Les prunelles pourraient se cueillir en septembre si leur âcreté n'était pas autant dissuasive.

Pour bénéficier de prunelles avant l'heure, placez-les en bas du réfrigérateur une semaine avant de les faire cuire pour une tarte maison.

Si vous voulez les déguster sur place, il vaut mieux attendre les premières gelées.

Purifier l'air de la maison

Misez sur les plantes dépolluantes ! Certaines plantes fonctionnent comme de véritables centres de traitement de l'air. En les associant vous faites coup double : vous vous créez un véritable jardin d'intérieur et vous assainissez l'air de votre maison. Ainsi, le chlorophytum vous débarrasse du formaldéhyde, la langue de belle-mère, du benzène… Bien entendu, la présence de toutes ces plantes intelligentes ne vous dispense pas d'une aération quotidienne de la maison.

Réchauffer les pieds des tomates

Les tomates aiment le soleil et la chaleur. Pour prolonger les effets de cette dernière, déposez au pied de vos plants de tomate de gros galets qui conserveront la chaleur du jour.

Récupérateur d'eau maison

Pour arroser vos plantes sans avoir mauvaise conscience, installez un récupérateur d'eau de pluie. Il existe des systèmes perfectionnés en magasins spécialisés, mais on peut tout aussi bien utiliser un vieux baril, que l'on placera sous la gouttière. Remplacez son couvercle par une grille aussi fine que possible qui arrêtera feuilles mortes et autres déchets. Percez un trou dans la partie haute du baril pour que le trop plein d'eau puisse s'évacuer. Le gros inconvénient d'un récupérateur d'eau fait maison, c'est qu'il est dépourvu de robinet. Comme nos grands-mères, il faudra donc revenir au traditionnel seau pour aller puiser l'eau.

Remplacer le gazon

Arrosage et tonte réguliers, engrais et soins constants, le tout pour un résultat parfois décevant : le gazon donne au jardin un aspect soigné, mais à quel prix ? Si vous voulez un joli jardin qui ne nécessite que peu d'entretien, vous pouvez remplacer le traditionnel gazon par une plante couvre-sol. Parmi celles-ci, citons le zoysia. Très dense, il forme de ravissantes buttes d'herbe. Il ne demande qu'une tonte par an, et encore, lorsqu'il est un peu piétiné. Au plus fort de la chaleur, il peut réclamer jusqu'à un arrosage par semaine.

Fig. 20.—LADY GARDENER.

Rendre les pots en terre plus résistants

Les pots en terre cuite sont à la fois esthétiques et bon marché. En revanche, ils sont assez vulnérables aux changements de température et peuvent se fendiller. Vous augmenterez la résistance de vos pots neufs en les immergeant quelques jours dans une grande cuve d'eau.

Repousser les insectes

DLe liquide vaisselle rebute les insectes ! Diluez-en une cuillère à soupe dans une bouteille d'eau et pulvérisez régulièrement cette eau savonneuse autour de vos plantes.

Un tipi contre le froid

De nombreux arbustes d'ornement sont très délicats la première année de leur plantation.
Pour les protéger du froid et des gelées, construisez autour de l'arbuste une armature en forme de tipi avec des bambous ou de l'osier.
Encerclez avec de la ficelle et glissez à l'intérieur des fougères.
L'hiver peut venir, l'arbre est sous sa tente !

Une vigne dans un pot

Dans les régions septentrionales, il est tout à fait possible de cultiver un pied de vigne dans un pot. Choisissez un pot de terre cuite de 30 à 50 cm de profondeur et à l'aide de rameaux de saule ou de branches de lilas de l'année, créez deux arceaux entrecroisés. Reliez à la jointure des arceaux.

Les sarments sont ensuite palissés avec un fil électrique dénudé en cuivre, malléable et solide. Dès que les premiers froids se manifesteront, vous rentrerez ce pot à la maison et vous pourrez déguster les grappes directement sur place.

Protéger et associer les plantes

Chenilles, vers, mouches… chassez efficacement les nuisibles de vos plantations. À cette précaution, il est bon d'associer des plantes, des fruits et des fleurs différentes qui se protègent mutuellement. Vous pourrez aussi marier ces plantes et ces fleurs afin d'en tirer de l'espace et de la lumière. Au jardin de grand-mère, tout est harmonie.

Altise, puce destructrice

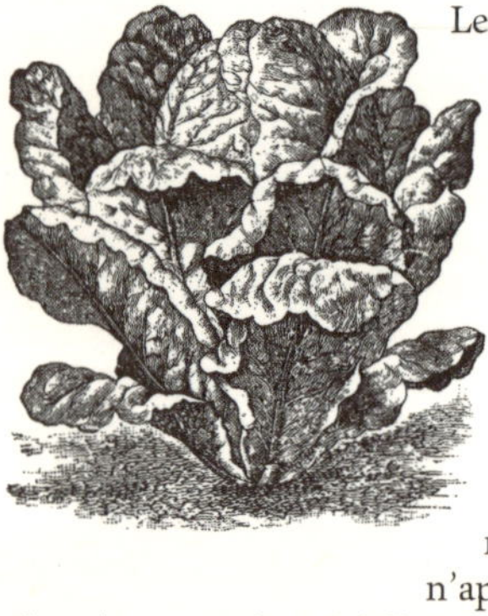

Les choux font l'objet d'attaque d'une petite puce de jardin : l'altise. Les jardiniers d'antan mélangeaient alors un ou deux pieds de tomates aux choux pour éloigner cette bête très friande de jeunes plants. Autre association intéressante, celle du cresson alénois et du céleri. Un autre remède consiste à faire une infusion de 250 g de feuilles d'absinthe dans 5 l d'eau que vous ferez bouillir. Laissez refroidir et arrosez les plants le soir.

Anti-mouches

Pour vous débarrasser des mouches, placez des tiges fraîches de ricin dans une soucoupe au milieu d'une pièce. Ces bestioles ailées n'apprécient pas du tout cette odeur. Si vous possédez uniquement des graines (en magasin spécialisé), vous les pilerez et les placerez ensuite sur un tamis, ce qui permettra à l'huile de s'écouler lentement. Attention à ne pas l'ingérer, il s'agit d'un purgatif drastique longtemps utilisé comme laxatif.

Attirer les oiseaux

Les meilleurs amis du jardinier sont les oiseaux, qui le débarrassent des insectes installés sur des plants et des massifs de fleurs. Mais l'hiver venu, il faut que ces braves petits alliés restent chez vous. Ils aiment en général les graines oléagineuses comme le tournesol et les cacahuètes et feront festin de miettes de pain, de gâteaux et de gras de jambon. Les petits oiseaux granivores adorent les graines de céréales comme le millet, le riz et le maïs, tandis que les merles adorent les fruits séchés comme les pommes et les poires. Fabriquez vous-mêmes une boule de graisse maison avec du saindoux ou de la margarine que vous roulerez dans des céréales, puis placez-la au réfrigérateur toute une nuit avant de la placer dans un petit filet suspendu à une branche. Au fil des jours, diminuez la fréquence de cette alimentation complémentaire et les oiseaux sauront vous remercier en recherchant les nuisibles du jardin et en chantant dès le lever du jour.

Charançons : faites toute la lumière

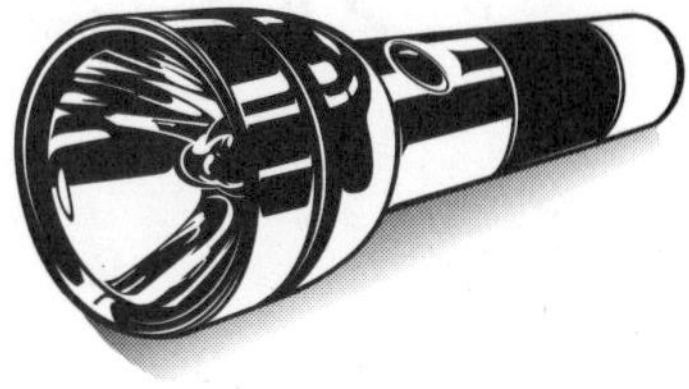

Si vous partez en vacances, vérifiez à votre retour que les charançons ne se sont pas invités pendant votre absence. Attendez la tombée de la nuit et baladez-vous avec une lampe de poche. Écrasez sans merci tous ceux qui auraient eu l'audace de profiter de votre éloignement temporaire.

Charançons : ils n'aiment pas l'eau

Croqueurs de feuilles, les charançons savent passer inaperçus le temps nécessaire à la mise en miettes de vos plantes préférées. Lorsque vous vous rendez compte de leur attaque, il est souvent trop tard. À toute attaque il existe une parade imparable : ces bestioles sont hydrophobes, ils n'aiment pas l'eau ! Vous pouvez donc arroser copieusement vos plantes régulièrement si elles le supportent, sinon, rehausser vos pots sur un lit de graviers disposés dans une soucoupe d'eau. C'est le meilleur barrage contre ces « baladins » amateurs de feuilles tendres.

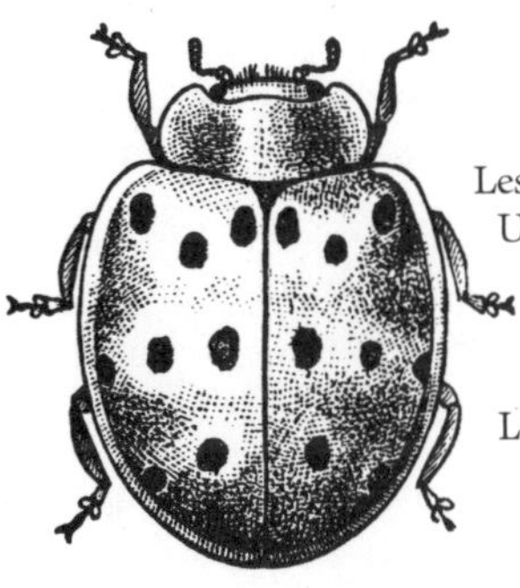

Coccinelles et volubilis

Les pucerons s'en donnent à cœur joie et vos fleurs ne s'en remettent pas ! Utilisez le mariage des essences et des fleurs pour attirer les coccinelles.

Puis, les volubilis, les asters et les aubergines accueilleront avec volupté les « bêtes à Bon Dieu » qui dévoreront les pucerons.

La chaîne alimentaire en quelque sorte…

Cochenilles : elles détestent l'alcool

Il vaut toujours mieux prévenir que guérir. Mais la cochenille farineuse n'est pas toujours facile à détecter sur vos plantes et lorsque vous vous en apercevez il est souvent trop tard. Ce petit insecte ressemble à un morceau de coton, comme la bourre de platane. Elle ne possède pas de carapace et son corps est mou. Sur vos plantes d'intérieur, elle s'attaque le plus souvent aux clivias, ficus et palmiers. Pour vous en débarrasser, passez de l'alcool avec un petit pinceau sur ces parasites qui périront immédiatement.

Contre le liseron et le chiendent

Au printemps, je me souviens que ma grand-mère pestait contre le chiendent aux racines fourchues qui proliférait dans ses rangées de salades et le liseron qui couvrait le sol de ses plants de haricots ou de petits pois. Pour se débarrasser de ces herbes envahissantes, elle semait des pensées. Les herbes folles disparaissaient… pendant quelque temps.

Astuces

Courges et capucines

Les courges peuvent très vite cacher un grillage trop laid. Elles courent, grimpent en s'enroulant entre les spires de la clôture et deviennent un décor étonnant au bout de l'allée. Ajoutez une touche de couleur en semant aux pieds des plants de capucines qui éloigneront les punaises et serviront d'appâts aux pucerons, protégeant ainsi les autres plantes potagères.

Cytise et chenilles mineuses

Le cytise (ne pas confondre avec le Cytise de Battandier aux fleurs toxiques) est un petit arbre à la croissance rapide qui fournit de magnifiques grappes de fleurs dorées parfumées et abondantes rappelant la glycine. Si vous repérez des feuilles qui présentent quelques tâches c'est le signe qu'il est victime de l'attaque de la chenille mineuse. Ramassez les feuilles tombées au sol, coupez celles qui sont malades et brûlez-les.

En protection, au printemps suivant, pulvérisez de l'eau savonneuse ou un insecticide biologique.

Des graines immangeables

Si vos semis font l'objet de l'appétit des oiseaux, mélangez 1 g de minium à 20 g de graines. Mettez le tout dans un sachet et mélangez bien pour que toutes les graines soient enrobées. Semez ensuite comme d'habitude… Ces petites graines rouges ne feront plus l'objet de l'appétit de nos amis ailés qui se vengeront sur les insectes. D'une pierre deux coups

Des jardinières d'aromatiques

Certaines plantes aromatiques, grâce à leurs huiles essentielles, protègent efficacement les légumes du potager. Il sera plus efficace de créer des potées d'arômes dans des jardinières afin de pouvoir les déplacer et de moduler ainsi les besoins des unes par rapport aux autres. De plus certaines sont envahissantes, comme la menthe qu'il vaut mieux ne pas planter en pleine terre.

Associez la ciboulette et les rosiers contre l'oïdium, la tanasie éloigne les fourmis et les doryphores, le romarin protège le chou contre la piéride et la lavande permet de lutter efficacement contre les invasions de pucerons.

Des vers blancs dans les fraisiers

Dans votre jardin, les vers blancs s'attaquent régulièrement aux fraisiers ? Au moment de la prochaine plantation (ou du déménagement des plants), enterrez des feuilles de chou cabus finement hachées. Suivant la saison, vous pouvez également enfouir des fanes de navet ou des fleurs de colza au pied de ceux qui sont déjà en place.

Destruction massive de chenilles

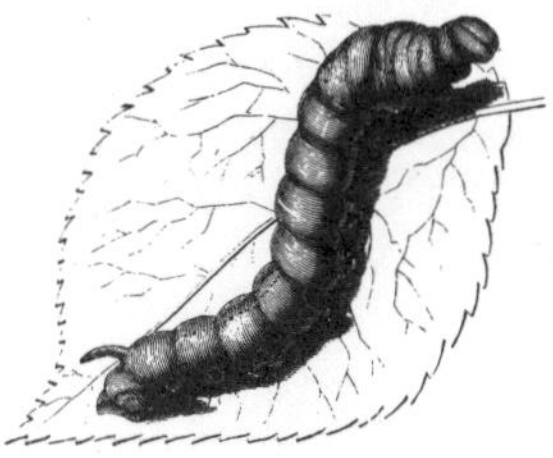

Les chenilles sont une plaie pour nos jardins et nos massifs de fleurs. Pour vous en débarrasser, mettez une grosse brassée de sureau noir avec leurs graines (attention, elles sont toxiques) dans une lessiveuse et ajoutez deux seaux d'eau. Couvrez et faites bouillir pendant une demi-heure. Laissez refroidir et ajoutez au jus noir obtenu encore deux seaux d'eau. Arrosez vos cultures qui s'en sortiront sans danger, mais les chenilles seront passées de vie à trépas.

Du jaune contre l'aleurode

Cet insecte est davantage connu sous le nom de « mouche blanche », proche parent du puceron. Une fois adulte, il ressemble à une petite mite blanche, qui sévit dans les serres mais aussi en plein air. Il suffit de frôler les feuilles infestées (sauge, choux, haricot, géranium) et immédiatement un nuage blanc s'élève et se disperse dans tous les sens. La situation est grave, mais pas désespérée si vous agissez rapidement. Dans la serre, le fumigène est l'arme absolue et il éliminera également d'autres parasites présents. En plein air, l'utilisation d'un aspirateur (une fois par semaine si nécessaire) est certainement le moyen le plus radical pour décimer un grand nombre d'insectes. Ensuite, accrochez des petits cartons jaunes sur lesquels vous aurez enduit de la glu. Les aleurodes viendront s'y coller immanquablement.

Faux et vrai semis

Si vous n'utilisez plus d'herbicides, les mauvaises herbes ont tendance à envahir vos semis dès que le temps s'y prête.

Pour éviter cela, de février à avril, binez et sarclez comme si vous deviez épandre vos semences de fleurs ou de légumes et attendez que les mauvaises herbes pointent leur nez.

C'est le moment de vous en débarrasser en binant en surface et en laissant sécher ces formes adventices désagréables avant qu'elles ne fleurissent. Ratissez et brûlez ces mauvaises herbes et vous pourrez ensuite faire un vrai semis sur la parcelle nettoyée !

Géraniums malades ?

Si les boutons de vos géraniums jaunissent, c'est peut-être à cause du thrips, un insecte microscopique qui les dévore de l'intérieur. Il se nourrit du pollen des fleurs et c'est toute la potée qui est ainsi dévastée.

Avant que cela ne soit irrémédiable, pulvérisez de l'eau plusieurs fois par jour sur le feuillage car cet insecte adore les milieux chauds et secs. L'humidité le fera fuir.

Astuces

Hannetons et naphtaline

Même si les hannetons sont de plus en plus rares dans les jardins, les larves (gros vers blancs) aiment les sous-couches de compost en attente.

Pour les faire fuir, placez quelques boules de naphtaline dans le composteur.

Hannetons pour la truite

Au début du printemps, les larves du hanneton adorent creuser de petites galeries dans le gazon. Pour lutter contre ces intrusions, faites un trou de la hauteur d'une bêche et remplissez-le de terreau frais. Quelques jours plus tard, les larves s'agglutineront dans ce piège accueillant et vous pourrez les offrir aux hérissons, aux merles et aux musaraignes, qui les adorent. Au bout de l'hameçon, c'est aussi un excellent appât pour pêcher la truite.

Jardinière d'hellébore

L'hellébore est une plante vivace qui ne réclame pas de soins particuliers et qui résiste fort bien aux températures hivernales. Vous pouvez, en jardinière, l'associer avec les pervenches ou les cyclamens qui ont les mêmes nécessités d'orientation, d'exposition et d'arrosage. Pour conserver plus longtemps la floraison, ajoutez une infusion de camomille lors de votre entretien hebdomadaire.

La bourrache

Il s'agit d'une plante qui aime la compagnie d'autres plantes. Seule, elle s'ennuie. Plantez-la près des tomates, des choux et des fraisiers, mais aussi toute proche des glaïeuls et des iris. Plante mellifère, elle attire les insectes pollinisateurs. Elle est riche en minéraux essentiels et améliore le compost.

La glycine et la citrouille

Si votre glycine ne produit pas de fleurs ceci est certainement dû au fait que votre terre est trop riche en azote et les boutons n'ont pas le temps de se former. Pour remédier à cela, au début de l'hiver vous réduirez de moitié les jeunes pousses terminales et au printemps vous cultiverez à son pied quelques citrouilles.

La mineuse du fuchsia

Un parasite ravageur fait son apparition dans nos jardins. Il s'agit de la mineuse. Pour la combattre, faites tremper une vingtaine de mégots à cigarette dans de l'eau de pluie, puis filtrez. Ensuite, pulvérisez sous les feuilles. Recommencez une semaine plus tard. Si votre fuchsia est trop contaminé, brûlez-le avant que la contagion prenne le dessus et s'attaque aux autres plantes.

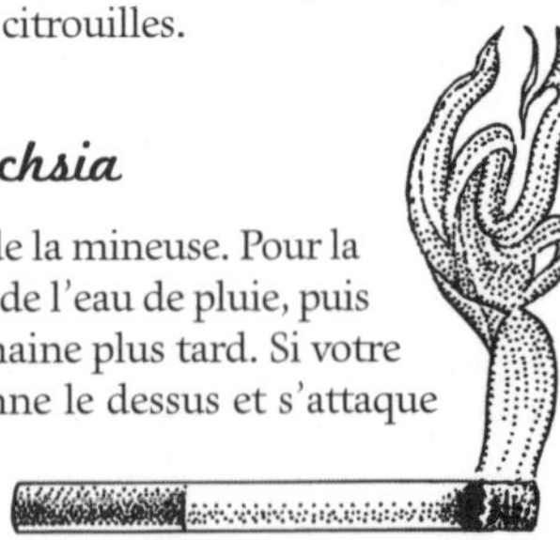

La mouche de la carotte

C'est vers le mois de mai et en septembre que la larve de la mouche de la carotte creuse des galeries dans la chair et gâte le légume. Pour remédier à cela de manière naturelle vous intercalerez entre les rangs de carottes des plants d'oignons. Sa forte odeur repousse la mouche qui ira pondre ses œufs ailleurs. Si malgré cela vous apercevez quelques mouches voleter autour des rangs de « Sytan » (variété résistante et hâtive) vous recouvrerez d'un voile horticole les plants de carottes pendant toute la culture.

La mouche déteste le bleu

Les maisons blanches sont adaptées aux villes du Sud et aux paysages nord-africains dès lors que les façades sont soumises à l'assaut du soleil. Par contre, elles ont tendance à attirer les mouches qui se plaisent sur ces fonds clairs.

Pour remédier à cet état de fait, les portes et les fenêtres sont souvent peintes en bleu, la seconde couleur des peuples de la Méditerranée (Grèce, Espagne, Tunisie, etc.).

Ceci s'explique simplement par le fait que les mouches détestent le bleu ! Fort de cette expérience si vous devez repeindre l'intérieur de votre cabanon ou de votre cellier, utilisez de préférence un bleu soutenu. Évitez le bleu clair !

La rotation des cultures

DSi l'association de certaines fleurs ou plantes est favorable à la production de beaux légumes, il n'est pas inutile de connaître quels sont ceux qui devront « déménager » sous peine d'épuiser le sol.

Pour les principaux légumes, voici les bonnes périodes d'attente entre chaque culture.

- ail : 5 ans
- aubergine : 5 ans
- betterave : 3 ans
- carotte et navet : 4 ans
- céleri branche : 5 ans
- chou : 6 à 7 ans
- concombre et cornichon : 4 ans
- courgette : 3 ans
- échalote : 5 ans
- fenouil : 3 ans
- haricot : 2 ans
- herbes aromatiques : 1 an
- melon : 4 ans
- oignon : 4 ans
- poireau : 5 ans
- poivron et piment : 4 ans
- pomme de terre : 5 ans
- salade : 2 ans
- tomate : 4 ans

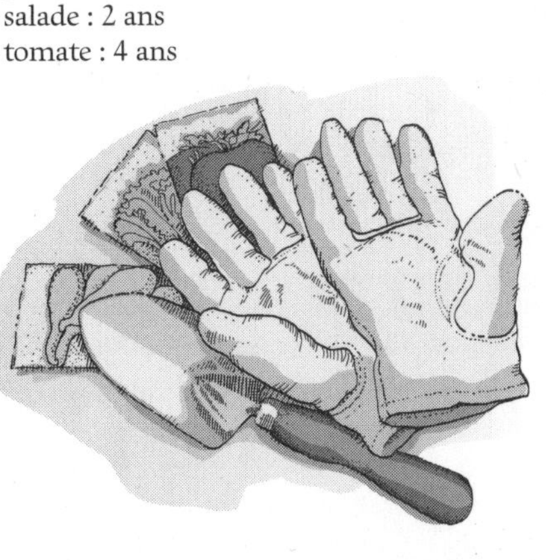

Astuces

La rotation des légumes

Ce sont les essences dégagées par certains légumes ou herbes aromatiques qui protègent d'autres légumes. En raison de cette complémentarité, certains apprécient le sol occupé précédemment par un autre légume. Les besoins de certains légumes en nutriments sont à prendre en compte pour ne pas appauvrir le sol. Après deux cultures sur une même parcelle, il est prudent de prévoir une jachère.

Vous cultiverez successivement :

- l'ail après le concombre
- l'asperge puis le poireau
- l'estragon puis l'aubergine
- le basilic, puis le chou rave
- la bette puis l'oignon
- la betterave puis le céleri
- le brocoli après la sauge ou l'aneth
- la carotte après le romarin ou la sauge
- le chou de Bruxelles après la capucine ou le céleri
- la pomme de terre après la coriandre
- le haricot à rame après la sarriette
- la menthe puis les petits pois
- le romarin puis le navet
- le piment puis la tomate
- le persil après le radis de Chine
- le tournesol puis concombre ou cornichon

La salade aime les pâquerettes

Il y a peu de voisins que déteste la salade. Mais le céleri et le persil en font partis car leur odeur est trop forte pour ce légume au cœur tendre. Vous pourrez l'associer avec les pois, les fraisiers, les radis et les choux-raves. Vous pourrez associer aux salades bon nombre de fleurs, comme l'anthémis, une merveilleuse vivace aux fleurs de pâquerettes et le « manteau de Notre-Dame », une plante excessivement résistante qui s'utilise en massif et en berge de plan d'eau. Une plante sans souci qui s'arrange bien des rangs de salades.

Lavande, ail et rosier

La lavande, dans les régions du Sud, est l'une des plantes les plus faciles à cultiver car elle a besoin de très peu de soins. Elle supporte la sécheresse, les terres difficiles… comme le rosier ! C'est pourquoi l'association de la lavande et du rosier est un bon mariage pourvu que vous n'ayez pas une cuvette calcaire qui retienne l'eau. Pourquoi de la lavande ? Ses fleurs enrobées dans un tissu se placent sous l'oreiller et aident à dormir.

Pour protéger les rosiers de l'oïdium et renforcer le parfum de ses fleurs, plantez une ou deux têtes d'ail à son pied. Un autre heureux !

Le chou et la bourrache

La piéride, papillon blanc qui s'attaque aux choux est un vrai fléau pour les carrés de choux. Associer à vos plantations de choux cabus, de Bruxelles ou choux-fleurs des rangées intermédiaires de bourrache. Cette dernière a la faculté de repousser ce papillon avant qu'il ne vienne pondre ses œufs. Vous pouvez également piquer des branches de thuya ou de genêt entre les plants.

Les capucines

Cette fleur attire les pucerons noirs qui délaissent les autres plantes et légumes de votre jardin. Les fleurs des capucines, associées avec des graines de coquelicot, sont excellentes en salade printanière. Elles se consomment crues et donnent un goût légèrement piquant à vos salades vertes. Les fleurs de la capucine ont un effet diurétique et antiseptique.

Les engrais verts

Le principe des engrais verts est d'enrichir le sol en incorporant des plantes qui occuperont le sol pour qu'il ne reste pas nu et souffre moins du soleil, des vents, de la pluie ou du gel. Ce principe, né du jardinage biologique est de ne pas retourner le sol fraîchement récolté et d'apporter les engrais minéraux indispensables : poudre de roche, cendre de bois, phosphates, lithothamme ; Ensuite le jardinier sèmera des engrais verts.

L'enfouissement a lieu avant la floraison.

- la phacélie pousse très vite, produit de l'humus et étouffe les mauvaises herbes
- le trèfle incarnat fixe l'azote de l'air et produit de l'humus
- le seigle produit de l'humus et il étouffe radicalement les mauvaises herbes
- la moutarde pousse dans tous les sols, même calcaires, et meurt d'elle-même aux premiers gels

Il est aussi possible de semer des « plantes-engrais » comme la grande ortie et la consoude de Russie, qui possèdent des éléments fertilisants qu'elles puisent profondément dans le sol.

Les épinards fertilisent le sol

L'épinard est un excellent engrais vert et protège du froid et du vent les premiers plants du printemps. Vous pourrez donc, à l'abri des rangées d'épinards, épandre vos semences d'œillets d'Inde qui, à leur tour, protégeront les futurs pieds de tomates. L'œillet d'Inde Jolly Jester mesure environ 35 cm de hauteur et possède des petites fleurs aux couleurs vives qui attireront les papillons, pollinisateurs de votre potager.

Astuces

Les fourmis seront « marron »

Les fourmis n'aiment pas du tout les feuilles de noyer. Pour les faire fuir, entassez quelques poignées de ces feuilles près de leur fourmilière.

Une autre astuce, si vous avez la patience d'aller jusqu'au bout de l'extinction totale, est la suivante : placez des tiges d'anis dans les trous utilisés par ces petites bestioles.

Vous pouvez aussi frotter les endroits où elles cheminent avec des feuilles d'anis ou déposer des gros grains de sel.

Les lapins aiment les jeunes fruitiers

Certains petits animaux, bien sympathiques au demeurant (comme les lapins) ont une fâcheuse tendance à se faire les dents sur vos jeunes arbres fruitiers. Pour éviter ces mauvaises surprises, installez un grillage de 40 cm de haut autour du pied. Vérifiez de temps à autre que cette protection n'est pas trop serrée lorsque l'arbre grandit.

Les mariages désastreux

Si la combinaison de certaines cultures est utile pour protéger les plantes et les légumes, d'autres poussent au désastre.

Vous éviterez de cultiver côte à côte :
- pomme de terre, tomate et tournesol
- haricot, petit pois, oignon et échalote
- petits pois, ciboulette, tomate
- choux et fraisier
- pomme de terre et arroche
- ail avec asperge ou chou
- carotte et betterave
- concombre avec betterave ou tomate
- oignon avec fève, haricot et pois.

Les mariages harmonieux

L'expérience a appris aux jardiniers, que certaines plantes protégeaient d'autres plantes de maladies ou de parasites. Voici pêle-mêle, quelques mariages de cultures les plus courants pour obtenir des mariages harmonieux.

Vous cultiverez côte à côte :
- pomme de terre et haricot
- betterave potagère, maïs et petits pois
- fraisier, salade, épinard et haricot
- haricot, concombre, carotte, poireau

- petits pois, radis noir, carotte
- choux, céleri et tomate
- radis, salade, fraisier, cerfeuil
- salade, carotte, salsifis et oignon

Entre les rangs de tomates, semez du persil ou des œillets d'Inde. Vous repiquerez des choux-fleurs avant de semer le céleri.

Les mariages heureux

Contre la mouche de la carotte, cultivez la ciboulette, les oignons et les poireaux.

Pour donner de l'ombre aux semis de laitues, faites un rang à l'abri des choux.

Contre la mouche du chou, cultivez les haricots, les tomates, les cosmos et les œillets d'Inde.

Pour améliorer le goût de vos salades, intercalez des rangs de romarin, de sarriette et de sauge rouge.

Contre l'oïdium du concombre, cultivez la sauge officinale et la capucine.

Pour stimuler la croissance des oignons, cultivez des pieds de persil.

Contre l'oïdium de la courgette, cultivez le basilic et le thym contre les limaces.

Pour adoucir le goût des radis forts, cultivez des carottes.

Contre les pucerons du melon, cultivez de l'origan.

Pour la richesse en azote qu'ils apportent à la terre, cultivez les haricots et les fèves avant de semer des épinards.

Les mulots apprécient les tulipes

Pour protéger efficacement vos oignons de tulipes contre les mulots, fabriquez de petites cages individuelles à l'aide d'un grillage à mailles fines. Fixez 15 cm d'une cordelette imputrescible avant d'enfouir vos « cage-feeder » dans la terre. Les racines trouveront facilement où passer à travers les mailles et les grignoteurs ne pourront plus se faire les dents sur vos oignons et vos bulbes. Au début de l'été vous tirerez sur la cordelette pour déterrer vos bulbes avant de les placer dans des cagettes à l'air libre puis dans le noir jusqu'en octobre avant de les replanter pour une nouvelle floraison. Pensez à changer vos oignons tous les 4 ans.

Les œillets d'Inde

S'il est une fleur qui a des pouvoirs étendus dans les jardins, c'est l'œillet d'Inde. Il éloigne les pucerons, les altises et contrôle de nombreux insectes nuisibles ainsi que les nématodes. Grand-mère n'hésitait pas à en mettre partout dans le jardin ; ils embaumaient de leur parfum entêtant et toutes les allées étaient bordées d'œillets orange et dorés. Dans les Vosges, vous pouvez admirer des jardins et des balcons qui en sont remplis.

Astuces

Lutter contre les cochenilles du clivia

Le clivia est une plante d'appartement qui fleurit vers la fin de l'hiver, à condition qu'il soit bien entretenu... Son réel problème, c'est d'être trop longtemps oublié dans un coin du salon et d'offrir aux cochenilles filandreuses un doux gîte dès le début de l'automne pour passer les frimas bien au chaud ! Le premier remède de grand-mère est de vaporiser un purin d'ortie dilué à 50 % d'eau non calcaire. Si vraiment elles résistent, il vous faudra alors traiter chaque larve avec un coton-tige imbibé d'alcool. C'est très efficace mais laborieux. Sales bêtes !

Se débarrasser de la mousse du chêne

Des lichens et de la mousse poussent sur votre chêne ? Ce n'est pas une catastrophe, bien au contraire, cela est un signe encourageant car l'air de votre canton n'est pas pollué. Ces végétaux ne nuisent pas non plus à l'épanouissement de l'arbre car ils ne pénètrent pas l'écorce. Malgré tout, si vous voulez nettoyer les troncs, frottez la mousse avec une brosse à chiendent, les oiseaux viendront vite picorer les insectes que vous mettrez à jour.

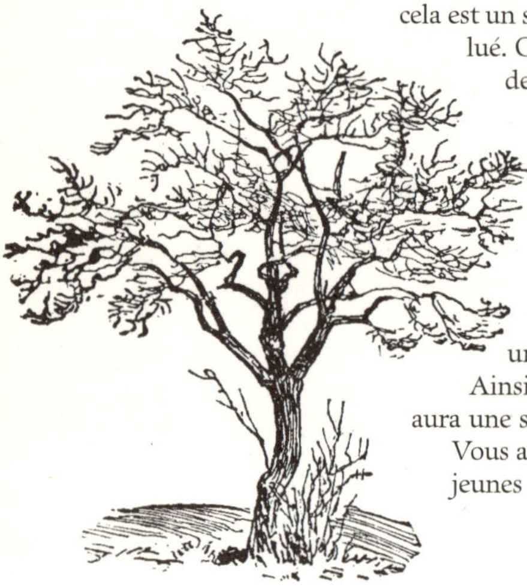

Mûres pour un arbre mort

Un arbre mort, bien exposé à l'abri du vent du nord, est un excellent support pour installer un mûrier grimpant. Ainsi votre pommier ou cerisier qui ne donnait plus de fruits aura une seconde vie avec cette plante qui s'en servira de support. Vous aurez des fruits dès la seconde année et vous palisserez les jeunes rameaux à l'horizontal pour obtenir plus de baies.

Ni chien ni chat

Si votre gentil toutou prend la mauvaise habitude d'aller faire ses « crottes » sur votre pelouse, vous pourrez l'en dissuader en enfouissant sous 5 cm de terre ses besoins aux endroits qu'il est venu souiller. Il ne reviendra plus sur ces sites, à condition de lui proposer un endroit bien à lui.

S'il prend l'habitude de lever la patte sur vos poteries, vaporisez de l'essence de citronnelle ou de la moutarde mélangée avec de l'eau.

Orange et clous de girofle

Curieuse association ! Cet appareillage fruitier est tout simplement efficace contre les moustiques. Prenez une belle orange dans laquelle vous piquerez des clous de girofle que vous déposerez sur une assiette ou un ramequin décoré dans la pièce de votre choix. En plus de son efficacité contre les indésirables, elle a aussi un bel effet décoratif.

Oubliez de l'ail pour plus tard

Protégez vos plantations tout en faisant des réserves personnelles qui vous éviteront d'acheter de nouvelles semences. Lorsque vous récolterez vos têtes d'ail, oubliez-en quelques-unes et lorsque de nouvelles pousses vertes sortiront de terre, repiquez-les sans abîmer les racines pour obtenir de beaux plants faits maison.

Peau de banane

Le jardinier vous dira que la rose est la reine des jardins. Pour améliorer l'éclat des pétales et tonifier le pied, enfouissez une peau de banane à la base du rosier. Une astuce à répéter également pour les rosiers d'intérieur lorsque le pot est trop petit.

Perce-oreille : secouez ou déplacez

Si vous êtes amateur de chrysanthèmes de clématites ou de dahlias, les perce-oreilles ont trouvé là de quoi satisfaire leur gourmandise. Ils raffolent des boutons floraux et des jeunes feuilles au goût si tendre… C'est aux heures les plus chaudes que vous pourrez vous en débarrasser car ils dorment le jour et s'animent la nuit. Secouez les branches et les fleurs et ils tomberont sur le sol. Il vous suffira alors de les piétiner avant qu'ils ne sortent de leur torpeur. Si cette opération vous rebute quelque peu, placez des pots de terre cuite à l'envers avec de la paille à l'intérieur et ils viendront s'y réfugier. Déplacez ensuite ces pots vers les plantes qui font l'objet d'attaques de pucerons, le perce-oreille vous en débarrassera.

Un fond de bière pour noyer les perce-oreilles

Le perce-oreille n'est pas l'ennemi du jardinier quand il est en colonie restreinte. Dans ce cas, il est plutôt un ami bienfaisant qui élimine les pucerons. Malheureusement, si les conditions d'accueil sont satisfaisantes, il proliférera jusqu'au moment ou il deviendra nuisible à son tour, notamment si vous avez des arbres fruitiers.

Le perce-oreille est un insecte qui fuit la lumière et qui se cache dans les crevasses du sol, sous l'écorce des arbres morts et sous les pots de fleur. La nuit, il part à la recherche de nourriture et son point faible est un « léger penchant » pour la bière !

Enterrez de petites cannettes dans le sol, avec juste un fond de bière. Il viendra se noyer au fond du récipient. Renouveler l'expérience une à deux fois par semaine, notamment aux pieds des pêchers.

Astuces

Phacélie à feuilles de tanaisie

Cette plante ressemble (de loin) à un chardon bleu. Ses fleurs particulières sont très parfumées et sont fort intéressantes car leur ton bleu a le don d'éloigner les mouches. En l'associant avec des géraniums, vous serez à l'abri des mouches à damier et des moustiques, l'une aidant l'autre dans cette protection complémentaire.

Piéger les guêpes

Pour piéger les guêpes, découpez le haut d'une bouteille plastique et retournez cette partie sur la base de la bouteille pour obtenir un entonnoir. Fixez un fil de fer pour l'attacher à une branche et versez à l'intérieur de la confiture et de l'eau. Les guêpes, attirées par ce sirop, entreront dans la bouteille mais ne trouveront plus la sortie et se noieront. La gourmandise est un vilain défaut !

Protéger les buis

Il est regrettable de voir des pissenlits et autres herbes folles défigurer les allées du jardin. Si vous devez utiliser un désherbant pour entretenir ces allées, soyez vigilant aux pulvérisations qui pourraient nuire à vos buis, ils détestent cela… Protégez-les avec une pulvérisation d'eau et de savon noir.

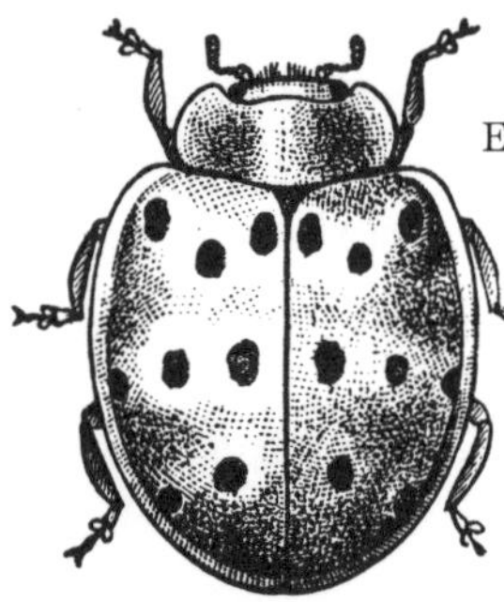

Pucerons : des coccinelles et des syrphes

Ennemis héréditaires des pucerons, un bon nombre de prédateurs comme les coccinelles, vous débarrasseront de ces hôtes gênants et dévastateurs au potager. Pour accueillir une armée de petits alliés contre les pucerons, cultivez des aubergines, des asters et des volubilis qui sont les espèces préférées des coccinelles, des hémérobes et surtout du syrphe. Ce ver bariolé de blanc, de rouge et de noir rampe avant de se détendre rapidement sur le puceron qu'il vide de sa substance ne lui laissant que la peau. Laissez faire la nature, ces alliés réduiront rapidement les colonies de pucerons qui auraient l'impudence de se risquer dans vos plantations.

Pucerons : la douche écossaise

Une des plaies les plus fréquentes au jardin, c'est les pucerons qui dévastent rapidement un parterre de fleurs ou vos plantes printanières. Il existe plusieurs solutions écologiques pour vous en débarrasser et que vous utiliserez suivant les différentes situations. Une d'elle est la douche écossaise !

En effet les pucerons n'aiment pas l'eau froide… Muni de votre tuyau d'arrosage, aspergez votre parterre plusieurs fois de suite jusqu'à ce qu'ils soient totalement éliminés.

Créer et entretenir des massifs de fleurs

La pratique quotidienne du jardinage réclame de nombreux savoirs et vous trouverez ci-dessous quelques renseignements utiles pour aménager et entretenir vos massifs. Les plantes du jardin d'ornement font largement l'objet de soins intensifs, mais les résultats sont généreux en couleurs et savent récompenser les efforts du jardinier par la diffusion de senteurs extraordinaires. Des résultats personnels puisque le jardinier en est le créateur. Les astuces qui accompagnent les thèmes suivants sont faites pour améliorer la réussite ou faciliter l'entretien des massifs sans pour autant monopoliser l'essentiel du temps disponible. Le temps qui passe est un bien précieux et le jardinier, qui vit au rythme des saisons, doit s'organiser pour être en accord parfait avec les saisons. Ces quelques astuces faciliteront les efforts de chacun et, lorsque le moment sera venu, la cueillette pour tous.

Allées de conifères

En hiver, étalez entre les rangs de vos plantes des branches de pins qui éloigneront à coup sûr les chats qui détestent leurs piquants.

L'acidité des branches de pin et de sapin est aussi un excellent désherbant.

À ramasser et à porter à la déchetterie à la fin de l'hiver.

Aller au charbon

Pour éviter la fonte des semis en terrine, épandez à la surface de la terre du charbon de bois réduit en poudre. Il s'agit d'un antiseptique efficace à utiliser dans toutes circonstances similaires.

Arracher le gui

Lorsque vos arbres sont parasités par le gui, il est indispensable d'arracher les suçoirs. Vous soignerez ensuite les plaies avec du goudron de Norvège.

S'il s'agit d'un arbre fruitier et qu'il est gravement atteint, faite une taille sévère en coupant définitivement les branches malades.

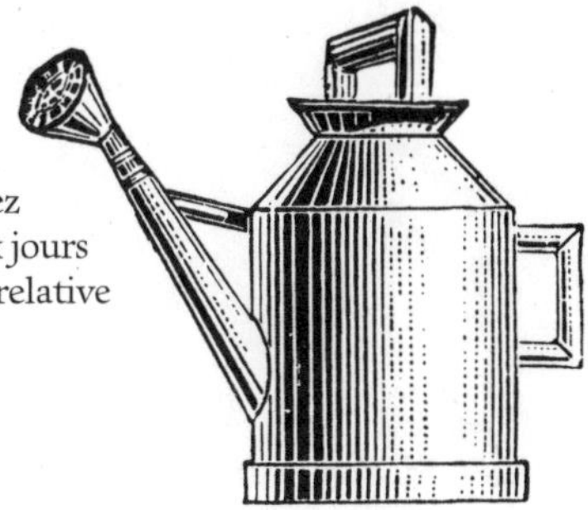

Arrosage du soir, espoir

Les petits arrosages dérèglent le fonctionnement des végétaux et il vaut mieux arroser longtemps que souvent ! Au printemps, arrosez de préférence le matin pour éviter le refroidissement nocturne. Aux jours les plus chauds, arrosez de préférence le soir pour que l'humidité relative de la nuit évite une évaporation trop rapide.

Au chaud les dahlias

Lorsque la floraison des dahlias est terminée et que les bulbes ont été déterrés et mis à sécher, placez-les dans une cassette pleine de sciure de bois non traité. Ils attendront patiemment le printemps pour retourner dans la terre.

Bain chaud pour le saintpaulia

Quelques plantes d'intérieur, comme le saintpaulia, ont besoin de chaleur et d'une hygrométrie importante.

Une fois par semaine, offrez à votre saintpaulia un bain chaud dans une cuvette : surélevez votre pot sur un second pot retourné dans la cuvette ; versez de l'eau bouillante et laissez faire l'évaporation. Il adore !

Attention néanmoins à son entretien car ses racines supportent très mal l'humidité constante.

Bain froid pour les lis

Quand les lis sont en fleur, il est tentant de faire des bouquets, mais ceci épuise rapidement la plante.

Pour prolonger la vie de vos pieds, ne prélevez qu'une fleur sur trois.

Au matin, lorsqu'elle est à demi ouverte et avant que le soleil ne la couvre de ses rayons, coupez la fleur au tiers supérieur et ôtez les feuilles à la base de la tige.

Mettez-la dans l'eau froide pendant 12 heures et vous prolongerez ainsi sa durée.

Choc thermique

Si vos conifères sont attaqués par les araignées rouges, arrosez tous les jours le feuillage à l'eau froide.

Ces « bestioles » détestent les chocs thermiques et prendront quelques mois de vacances dans un lieu moins humide avant de tenter un prochain retour. Vigilance !

Astuces

De la suie pour les rosiers

Pour améliorer et fortifier vos rosiers, récupérez la suie d'une cheminée à bois et placez-la dans un sac de toile. Détrempez ce sac dans l'eau jusqu'à ce que le liquide prenne la couleur et la consistance d'un vin épais, noir. Arrosez le pied de vos rosiers avec cette potion, à la base de la végétation, vers la fin du mois de mars ou début avril. Vos rosiers vous diront merci.

Décoction et purin de prêle

Le purin de prêle provient de la fermentation de 1,5 kg de prêle fraîche dans 10 l d'eau pendant 15 jours. Il sera ensuite additionné à 10 fois son volume d'eau et pulvérisé comme un fongicide naturel contre les maladies cryptogamiques telles que le mildiou, la rouille ou la cloque.

La décoction est le résultat de l'ébullition de feuilles de prêle pendant 30 minutes dans l'eau. Si ces éléments actifs ont des propriétés supérieures à celle du purin, la préparation ne pourra être conservée plus de 48 heures, 72 heures dans l'obscurité.

Des anémones précoces

Afin d'accélérer l'entrée en végétation des tubercules de l'anémone, des fleuristes d'antan les mettaient à tremper dans une bassine d'eau pendant 24 heures avant de les planter. Pour éviter d'abîmer les tubercules mis en place avant l'hiver, on plaçait des petits piquets de 15 cm de hauteur en les reliant par une cordelette pour délimiter l'endroit à protéger. Si vous voulez arracher les tubercules après la floraison, attendez que le feuillage soit devenu jaune et replantez-les à l'automne.

Des lignes droites

Lors de vos semis, si vous êtes un maniaque de la ligne parfaite, après avoir ameubli et aplani la planche de culture, posez votre râteau à terre, les dents vers le ciel.

Appuyez fermement avec votre pied sur le manche et dans un sol léger, il formera un petit sillon suffisamment profond pour accueillir les graines.

Avant de planter les pois ou autres semences, creusez un sillon dans la terre fraîche et meuble avec la roue de la brouette.

Plus elle sera chargée, plus le sillon sera profond !

Des lignes harmonieuses

Pour créer des courbes et casser la monotonie des lignes droites, utilisez des outils et des matériaux que vous avez au jardin.

Pour faire un cercle, piquez un plantoir à poireaux au milieu de l'espace choisi et à l'aide d'un cordeau, tracez un cercle parfait. Vous pourrez ensuite à la bêche rogner le pourtour de la surface ainsi parfaitement délimitée.

Pour faire une courbe, utilisez le tuyau d'arrosage. Mobile et souple, il permet de faire des courbes à volonté jusqu'à parvenir à l'effet souhaité. Ensuite, comme pour le cercle, utilisez la bêche pour matérialiser définitivement l'allée et les bordures.

Des myosotis durables

Prenez un récipient creux, une assiette par exemple, et cueillez des myosotis à peine en fleur. Mettez au fond du récipient de l'eau de pluie pour que les tiges, couchées, baignent correctement.

Rajoutez régulièrement de l'eau, qui s'évapore.

Au bout d'un mois, des racines blanches naîtront formant un filet qui portera de nouvelles fleurs.

Les fleurs fanées seront très vite remplacées par ces nouvelles boutures.

Des tomates sucrées

Joignez l'utile à l'agréable ! Quel plaisir de déguster des tomates cerise plantées dans des pots sous la tonnelle du jardin recouverte de chèvrefeuille odorant. Pour obtenir des fruits à la douce saveur, arrosez vos plants avec de l'eau sucrée dès que les fruits sont formés. Pour obtenir de beaux plants, il est préférable de placer vos pots au soleil.

Deux floraisons pour l'orchidée

DLes massifs d'extérieur sont attendus avec impatience, mais il vous faudra attendre jusqu'aux beaux jours. Pourquoi ne pas fleurir votre maison en attendant ?

Si vous possédez une orchidée phalaenopsis et que malgré vos soins, la fleur se fane au bout de quelques semaines, il vous faudra attendre environ deux mois pour lui offrir une seconde vie.

Pour cela, coupez au-dessus du deuxième œil la tige dont les fleurs sont maintenant fanées.

Pour conserver toutes les chances de voir d'autres fleurs au fil du temps, vous devrez toujours couper court la tige ayant porté une fleur.

Diversité en mars

Au mois de mars, de nombreuses annuelles sont particulièrement esthétiques et il devient alors intéressant d'ajouter un second semis pour obtenir des contrastes.

En semant des pavots d'Islande, ajoutez aussi quelques graines ornementales afin d'obtenir un massif agréable et diversifié.

Au moment de les couper, vous obtiendrez un superbe bouquet qui trônera en évidence sur la table de la salle à manger.

Un peu de bicarbonate dans l'eau du vase prolongera leur vie.

Division des iris

La division des iris se fait quand la terre n'est pas humide, sinon ils pourrissent. Pour les replanter, ils doivent effleurer le sol.

Pour ce faire, creusez très légèrement et faites un crochet en « U » avec un fil de fer ou une épingle à cheveux pour les maintenir jusqu'à l'enracinement.

Simple, rapide et efficace !

Engrais et fumures organiques

Il est déconseillé d'apporter des engrais au jardin si vous ne nourrissez pas également le sol avec de bonnes fumures organiques.

Un engrais complet est composé d'azote qui fait pousser les plants : le plus facile à utiliser est le sang desséché. Mais il est aussi composé de potasse, qui forme les graines et les fruits : la cendre de bois est la plus simple à se procurer. Et enfin d'acide phosphorique, qui est présent dans le fumier de cheval et qui fortifie les racines, favorise la résistance aux maladies et le développement des légumes et des fruits.

Faire son fumier artificiel

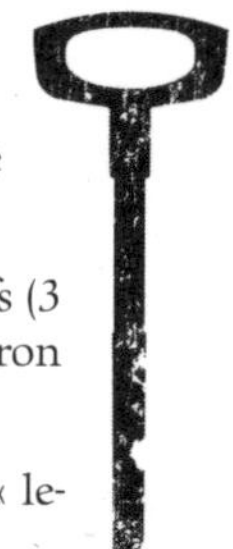

Si vous ne pouvez pas vous procurer du fumier naturel, vous pouvez le fabriquer vous-même. Pour cela, il vous faut en premier lieu de la paille et une surface au sol étanche sur laquelle vous l'épandrez sur 70 cm de hauteur.

Détrempez copieusement et régulièrement ce paillage par plusieurs arrosages successifs (3 au minimum) espacés de 10 à 12 heures. L'eau peut être réutilisée en permanence (environ 80 l pour 100 kg de paille).

Ajoutez 5 cm de fumier naturel pour apporter les micro-organismes qui serviront de « levain » à la fermentation.

Épandez en surface 1 kg de perles d'urée.

Arrosez légèrement pour faire pénétrer les ferments et engrais dans le fumier en cours de préparation.

La fermentation se fait entre 8 et 10 jours.

Le « jus » est très riche et peut être utilisé, cependant avec quelques risques de brûlures sur les jeunes plantes.

Fleurs d'automne du cornouiller

Le cornouiller possède un bois très dur qui sert notamment à fabriquer des manches d'outils car ce bois solide résiste aussi à l'humidité. Son aspect est malgré tout assez rustique, sauf lorsqu'il est en fleurs car elles sont très odorantes. À l'automne, pour donner plus de reliefs à ces fleurs, arrosez les pieds du cornouiller avec un arrosoir d'eau dans lequel vous aurez ajouté du sulfate de potassium (1 cuillère à soupe pour 11 l d'eau).

Floraison d'une cactée

De nombreuses plantes exotiques fleurissent au jardin exceptionnellement lorsque le soleil est très chaud. Pour favoriser l'épanouissement des fleurs, déposez au pied de votre cactée des morceaux de pommes et chapeautez l'ensemble d'un grand sac plastique transparent. L'éthylène des pommes et la mini-serre provisoire faciliteront l'apparition des fleurs. Faites respirer la plante au moins une fois par jour ou percez 2 ou 3 petits trous en haut du sachet.

Fortifiant : une eau à la rouille

Pour donner un coup de « punch » à vos massifs, placez quelques vis et écrous dans une grande bassine pour qu'elles rouillent. Après quelque temps, lorsque des halos brunâtres apparaissent autour des métaux, vous utiliserez cette eau pour arroser les pieds des plantes qui ont besoin d'un « léger fortifiant ».

Graines de saison

La terre est prête pour recevoir vos premières fleurs, mais comment se souvenir du moment où il faut planter ces graines ? Pour toutes les « frileuses », vous attendrez que les pommiers soient en fleur, mais pour celles qui aiment la chaleur, vous sèmerez quand les lilas s'épanouiront.

Haricots d'Espagne

Les haricots d'Espagne, aux magnifiques fleurs écarlates, ont besoin de chaleur pour s'épanouir.

En semant les grimpantes quand il fait chaud, elles lèveront très rapidement et fleuriront de juillet à octobre. Placez-les dos à un mur, elles fleuriront encore plus tôt.

Haro sur la taupe

L'entretien d'un jardin demande de la patience et à chaque jour suffit sa peine. Mais c'est bel et bien la catastrophe quand au petit matin, des monticules de terre ont poussé entre vos massifs et votre pelouse. Que faire lorsque les taupes ont décidé de s'approprier une partie de votre jardin ?

Pour faire fuir les taupes, offrez-leur des fleurs ! Plantez des répulsives comme l'euphorbe épurge, l'herbe-au-sorcier et les œillets d'Inde qui ont des racines à l'odeur puissante et désagréable pour ces petites bêtes qui sortent la nuit.

Aveugles peut-être, mais à l'odorat fragile !

Astuces

Impénétrables pollinisateurs

Afin de profiter de chaque pouce de terrain, plantez des fruitiers rustiques dans vos haies d'arbustes à fleurs. Se pollinisant entre eux, le cassissier noir de Bourgogne et le groseillier à maquereaux Winham's Industry se marient très bien avec un arbre aux papillons aux fleurs pourpres tirant sur le violet ou avec une potentille Goldfinger à la floraison jaune.

En mélangeant le groseillier à maquereaux, l'aubépine et le pyracantha, vous créerez une haie florale et fruitière infranchissable par les importuns.

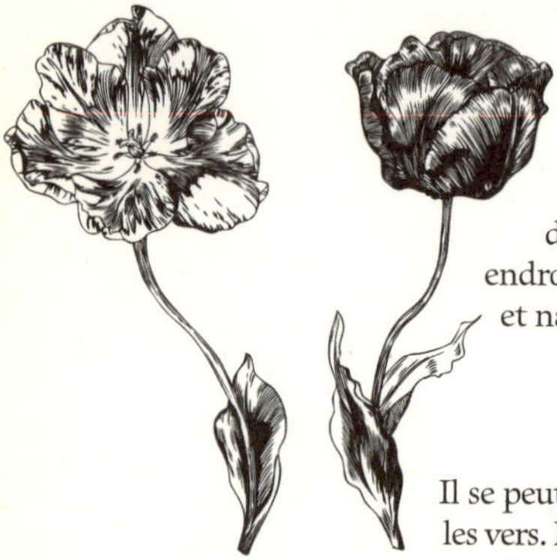

Jeu de fleurs

Pour obtenir une floraison de tulipes qui ne soit pas trop ordonnancée, jetez à la volée les oignons de fleurs et plantez-les aux endroits où ils sont tombés. Vous obtiendrez un résultat très imaginatif et naturel

La moutarde contre les vers

Il se peut que vos plantes d'appartement ou de terrasse soient infectées par les vers. Pour remédier à cela, vous procéderez à plusieurs arrosages avec une eau de pluie dans laquelle vous aurez dilué un peu de farine de moutarde. Les racines de plantes traitées ne souffrent pas de ce soin qui est souvent utilisé dans les jardineries et les arboretums du monde entier.

Cette farine est disponible en pharmacie.

La tanaisie camphrée

De petites fleurs jaunes terminent les longues tiges grêles de cette plante qui pousse naturellement dans les décombres ou sur le bord des talus.

Puissant répulsif contre les insectes, la tanaisie camphrée vous fera profiter de son odeur en parfumant les armoires de linge. Pour cela, il suffit de froisser les feuilles dans un gant de toilette de coton ou une vieille chaussette.

Laiteron rude

Cette plante parasite (appelée aussi chardon blanc) colonise rapidement les jardins et les potagers trop riches en azote. Elle ressemble à un pissenlit, mais quand on la coupe en deux, un suc laiteux s'écoule de la tige.

Pour vous en débarrasser, semez entre deux cultures de la luzerne ou du trèfle blanc.

Le blanc des rosiers

L'oïdium des rosiers (maladie appelée aussi « blanc du meunier ») présente une sorte de duvet blanc et poudreux sur les tiges. Quelques jours plus tard, les bourgeons et les feuilles finissent par tomber.

En toutes saisons, pour lutter rapidement contre cette maladie, vous mélangerez dans un arrosoir 100 g de savon noir, 1 l d'huile de colza et 45 cl de pétrole. Pulvérisez les rosiers en fin de journée dès l'apparition de la maladie.

Si les températures sont entre 15 et 20 °C, vous pouvez également pulvériser une décoction de prêle.

En automne, préférez la bouillie bordelaise.

Le chrysanthème aime la nuit

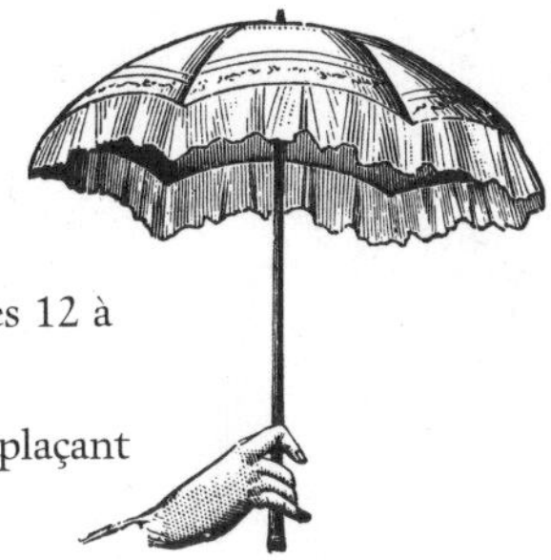

Les chrysanthèmes aiment le noir. Plus exactement, ils poussent mieux quand le jour est plus court que la nuit.

Pour qu'ils fournissent une floraison plus importante, enfermez-les 12 à 15 heures par jour dans une pièce obscure ou sous un plastique noir.

Ensuite, au jardin, évitez-leur toute source de lumière directe en les plaçant à l'ombre.

Le ginkgo sent mauvais

Si vous devez planter un ginkgo dans le jardin, préférez un mâle. Les fruits du ginko femelles sont malodorants. Son nom « arbre aux 40 écus » viendrait de la couleur de ses feuilles qui deviennent jaune doré à l'automne et qui forment comme un tapis d'or à ses pieds. Il se dit aussi que son inventeur français l'aurait acheté 40 écus d'or à un botaniste anglais. Allez savoir…

Le jardin s'invite à la maison

Vos gerberas sont en fleur et il serait dommage de ne pas en profiter aussi à l'intérieur de la maison. Prenez un grand verre, haut et étroit comme une chope, remplissez-le d'eau au 3/4 et placez vos fleurs dedans avec des pailles à sodas de différentes couleurs : orange, rose, jaune, bleu.

L'effet est remarquable et améliore la présentation de ces premières fleurs d'été.

Dans le sud de la France, vous pouvez aussi ajouter quelques épis de blé précoces et une branche de laurier-rose.

Le rhododendron aime la bruyère

Il est souvent difficile de faire « repartir » le rhododendron. Bien entendu, il est important de supprimer toutes les fleurs fanées en avril-mai pour obtenir de nouveaux boutons en été. Mais s'il persiste à rester vert, il vous faudra l'aider un peu en lui apportant au pied de la terre de bruyère bien humide.
Ajoutez un peu de marc de café ou des sachets de thé déjà utilisés.
Ce conseil astucieux est également valable pour l'hortensia et l'azalée.

Astuces

Le transport de boutures

Il est fréquent que vous soyez tenté de prélever quelques boutures de plantes lors de vos déplacements chez des amis ou de vos vacances, notamment à l'étranger. Pour des boutures ligneuses, coupez une bouteille en plastique en deux, posez une éponge humide sur le fond, puis vos boutures et emboîtez le goulot pour fermer cette mini-serre. Si vous êtes en voiture et pour un déplacement de 48 heures maximum, coupez en biais vos boutures et piquez-les dans une courgette. Pour un déplacement plus long et pour avoir quelques chances que ces boutures résistent au voyage dans votre valise, coupez des rameaux un peu plus long que la normale, ce qui vous permettra de raccourcir le rameau une fois revenu à la maison. Placez-les sur du papier absorbant humide et faites un « boudin » que vous envelopperez dans une feuille d'aluminium.

Mille-feuilles à l'os

Les plantes annuelles et les vivaces sont quelque peu goulues et le sol a besoin d'un « engrais retard ».

Au fond des trous, déposez de la poudre d'os, une couche de terre et une autre couche de poudre.

Ajoutez la terre et installez vos plantes ou vos oignons. À propos, sachez que la tulipe apprécie aussi fortement cette préparation en « mille-feuilles ».

Narcisses, floraison massive

Pour obtenir une belle floraison de narcisses dans un pot trop étroit à la fin de l'été : placez 5 cm de compost humide au fond d'un pot et placez trois bulbes. Recouvrez jusqu'au collet et plantez-en trois autres dans les espaces créés. Recouvrez alors de terre, humidifiez et attendez le printemps.

Pas d'eau pour le dahlia

Contrairement aux conseils génériques de plantation, le dahlia est l'exception qui confirme la règle.

Lorsque vous plantez un dahlia, placez les tubercules horizontalement dans un trou de 15 cm de profondeur autour d'un tuteur bien piqué dans la terre. Recouvrez avec le mélange similaire au sol où vous l'installez et tassez avec les doigts pour niveler le sol.

Laissez faire : n'arrosez surtout pas !

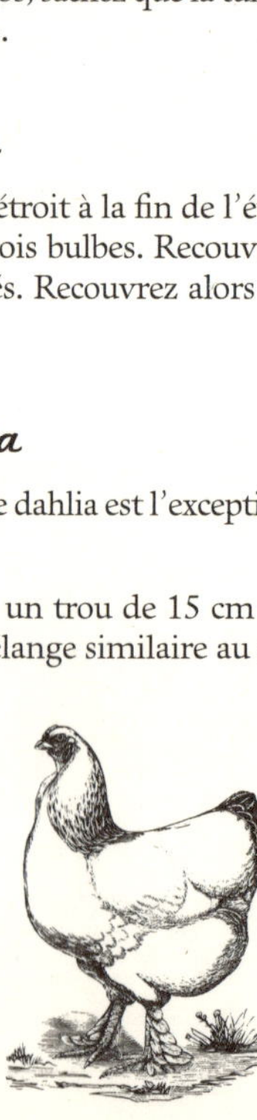

Picotage de poulettes

Pour éliminer les graines de votre paillis de foin et d'herbes sèches, étendez-les sur le sol du poulailler.

Les poules se chargeront d'éliminer les mauvaises graines. Un coup de râteau et vous pourrez pailler vos fleurs frileuses sans craindre de semer de mauvaises graines.

Puisque vous partez en vacances

Si vous devez vous absenter plusieurs jours, placez sous vos pots une belle épaisseur de papier journal que vous mouillerez jusqu'à saturation. Vous pouvez également faire un tapis de tourbe dans les mêmes conditions. Pour des pots plus grands, surélevez un seau rempli d'eau et enfoncez dans chaque pot, posé à terre, 3 cm de mèche de lampe à pétrole. Vos pots seront nourris pour plusieurs semaines.

Savon de cornouiller

En disposant un cornouiller dans votre haie (10 à 12 m de haut), vous bénéficierez d'un arbre remarquable qui vous offrira une merveilleuse floraison au printemps (avril à juin suivant les régions) et un feuillage doré du plus bel effet à l'automne. Résistant, il supporte des températures pouvant atteindre – 20 °C. Pour jouer sur les couleurs, choisissez un cornouiller cornus kousa satomi, qui se recouvre de fleurs roses. Et récupérez les fleurs pour faire un savon maison.

Après vos travaux du jardin, cueillez les fleurs et frottez-vous les mains avec, en les passant sous l'eau. Non seulement vos mains seront propres, mais elles retrouveront aussi un peu de douceur.

Trèfles blanc et rouge

Sur un terrain inoccupé, semez des trèfles pour amender la terre. Les fleurs du trèfle blanc et celles du trèfle rouge sont magnifiques au moment de la floraison. De plus, si vous possédez des abeilles, elles produisent en abondance un miel excellent.

Un beau gazon anglais

En Angleterre, il est coutume de dire que pour obtenir un beau gazon, il faut l'arroser, le tondre et le rouler souvent.

Peut-être bien d'ailleurs que l'astuce est là : il faut le rouler régulièrement et au bon moment.

La meilleure période est au début du printemps lorsque la terre est encore un peu molle. Sinon arrosez abondamment le soir une fois par semaine et roulez le matin de bonne heure.

Ce roulage favorise la fortification des brins d'herbe qui s'enracinent plus fortement, plus profondément et se redressent plus facilement quand on marche dessus.

Soyez patient, les Anglais disent eux-mêmes qu'il faut attendre 1 000 ans pour obtenir un gazon « satisfaisant » !

Astuces

Un drain pour les tulipes

Il arrive (trop) souvent que vos oignons pourrissent avant même que les tiges porteuses des fleurs ne sortent de terre. C'est le cas des oignons plantés dans une terre mal drainée. Pour y remédier, placez au fond du trou une bonne poignée de sable, l'eau s'écoulera plus facilement sans abîmer les oignons. De plus ce sable calera l'oignon qui ne bougera plus sous les effets des divers tassements et mouvements du terrain.

Un massif sous l'arbre

Lorsque vous avez placé, au milieu de la pelouse, un bel arbre ornemental pour vous procurez de l'ombre l'été, vous avez aussi tracé un cercle sans gazon pour permettre à l'arbre de se nourrir sans faire concurrence à la pelouse.

Pourquoi ne pas créer un massif de fleurs près du banc où vous aimez vous reposer et écouter « pousser l'herbe ? ». Plantez des plantes de sous-bois comme les géraniums, les cyclamens, les anémones et les iris qui donneront une note de couleur à votre tableau.

Un mini jardin dans la maison

Créez un mini jardin à la maison en peignant une cagette et en installant sur le fond et les bords un plastique épais. Remplissez de terre et recouvrez d'un tapis gazonné de la même dimension que la cagette.

Piquez quelques arums de couleurs et vous aurez votre mini-jardin d'intérieur.

Un tuteur au bon endroit

Si vous devez tuteurer vos plants de tomates ou de fleurs (dahlias, pivoines) n'oubliez pas que ces tuteurs, après avoir été désinfectés à l'eau javellisée, doivent être placés entre le plant et le vent dominant, puisque c'est ce tuteur qui la protège.

Pour lier les rameaux aux tuteurs, utilisez des bandes magnétiques usagées. Elles seront suffisamment solides pour une saison complète.

Une haie aux oiseaux

Un grand nombre d'arbustes destinés à réaliser des haies sont des lieux enchanteurs pour accueillir les oiseaux. Ceux-ci sont les amis du jardinier qui se doit de les protéger car, en plus de leurs chants mélodieux, ils éliminent bon nombre de parasites du jardin, et ceci de jour comme de nuit.

Pensez à planter quelques arbustes pour qu'ils nichent et pourquoi pas, quelques pieds de tournesols… ils raffolent des graines.
Les arbustes préférés des oiseaux : pyracantha, cotonéaster, prunellier, genévrier, berbéris, troène, laurier feuilles, sorbier, houx, aubépine, mahonia, skimmia, nandina ou bambou sacré et sureau.

Une haie pour briser le vent de la mer

Pour protéger vos massifs de fleurs des vents marins, si le climat est doux et que vous habitez le bord de mer, plantez une haie d'arbousiers. L'arbousier ne craint pas les embruns et vous obtiendrez avec cet arbuste à feuillage persistant une superbe haie protectrice. Espacez vos plants de 1,50 m et si l'hiver est froid, attendez le printemps pour les planter.

Une nouvelle violette

Inutile d'être un savant horticulteur pour faire une bouture de violette. Il vous suffit de récupérer une feuille et de l'enterrer à moitié dans un terreau frais. Ne laissez pas dessécher la motte et après trois à cinq semaines vous aurez une nouvelle pousse.

Une terrasse ombragée

Pour faire de l'ombre à une terrasse, il est conseillé d'utiliser une plante grimpante à petites feuilles comme le chèvrefeuille, plutôt qu'une glycine qui nécessite des supports solides et mettra plus de temps à couvrir la structure. Pour rendre la construction végétalisée encore plus accueillante, n'hésitez pas à planter également un ou deux pieds de vigne qui donneront de la couleur à l'ensemble. Pour savoir quand tailler, les anciens disaient : « Une plante à floraison printanière doit se tailler seulement après la floraison. Et une plante à floraison estivale se taille en hiver pour favoriser la nouvelle floraison. »

Faciliter les travaux du jardin

Que la terre est basse ! Combien de fois ai-je entendu mes aïeux dire cette phrase. Pourtant ils avaient des combines pour économiser leurs gestes. L'inutilité était bannie, les gestes étaient comptés et les résultats obtenus étaient souvent plus prolifiques que ceux escomptés. Heureuse époque où l'enfant pouvait jouer au jardin sans que culpabilisent les parents en leur serinant inlassablement que le potager et le verger étaient des lieux « dangereux »... Mamie appréciait le « coup de jeune » que nous pouvions lui apporter de temps en temps en la soulageant du mieux que nous pouvions. En échange, elle nous révélait quelques trucs pour faciliter son labeur et elle nous confiait « surtout n'oublie pas ce que je vais te dire ». Nous emportions avec nous ces secrets inestimables et il m'arrive encore aujourd'hui de relire dans un carnet défraîchi par le temps mes notes de cette heureuse époque, voici quelques décennies. À mon tour, je trouve que la terre est basse !

Broyage de coquilles d'huître

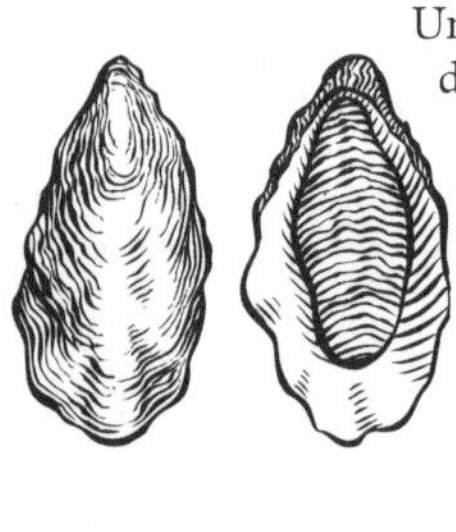

Une acidité excessive du sol est un mauvais présage pour les plants qui refusent de négocier avec ce paramètre.

Pour modifier cette acidité, pilez des coquilles d'huître et laissez reposer dans l'arrosoir toute la nuit.

Au matin, filtrez et arrosez.

Les coquilles d'huître broyées peuvent aussi être déposées au fond du trou de vos futures plantations pour en faciliter le drainage.

Des bordures de santoline

Si les massifs de fleurs de votre jardin sont régulièrement victimes d'attaques de pucerons ou de fourmis ailées, plantez de la santoline. De plus cette plante est parfaite pour créer des bordures rectilignes ou des courbes et ses senteurs de romarin méditerranéen embaumeront l'espace aux moindres frôlements de la robe ou du pantalon. Un vrai bonheur ! Il est préférable de mettre en place les pieds de santoline au mois d'octobre dans un sol bien drainé et sous un climat doux.

Des cosmos encore plus beaux

Pour améliorer la beauté des cosmos ou leur donner un petit coup de fouet, il suffit de leur apporter une fois par semaine un engrais à tomates.

En plantant à leur pied des œillets de poète ou des eschscholtzias, qui feront de l'ombre à la base des plants, vous éviterez le dessèchement du sol.

Des melons dans la vigne

Pas si saugrenue que cela l'idée de nos anciens qui occupaient au maximum la place disponible, proche de la maison, pour améliorer le menu de tous les jours.

Si vous possédez une vigne grimpante, plantez au mois de mai quelques godets de melon et laissez-les courir en hauteur, le long des sarments.

Dès les premiers fruits, attachez-les avec des morceaux de bas en Nylon pour soulager le treillage.

Les melons seront dégustés en premier, puis les grappes de raisin. Vous pouvez aussi utiliser cette astuce avec des concombres.

Pas de place, ni de temps perdu.

Des moules dans votre bassin

Lorsque des algues apparaissent dans votre bassin, c'est le début d'une eutrophisation qu'il faut enrayer rapidement par un filtrage continu de l'eau stagnante.

La première solution est bien sûr d'oxygéner le bassin avec une pompe au charbon de bois pour émulsionner les particules ; un mini-jet d'eau peut aussi remplir ce rôle, mais c'est le minimum.

Une astuce plus simple consiste à mettre des moules d'eau douce dans le bassin. Moules que vous trouverez facilement, à l'aide d'un râteau pour gratter le fond, sur les rives d'un canal d'alimentation par exemple.

Une seule moule peut filtrer près de 1 000 l par jour !

Des outils toujours prêts !

À la fin de l'automne, avant de remiser les outils au cabanon pour un long sommeil hivernal, il est nécessaire de les entretenir correctement.

Vous gratterez à la spatule tous les fers avant de les frotter avec une brosse métallique et de les frictionner ensuite avec un chiffon enduit d'huile de lin.

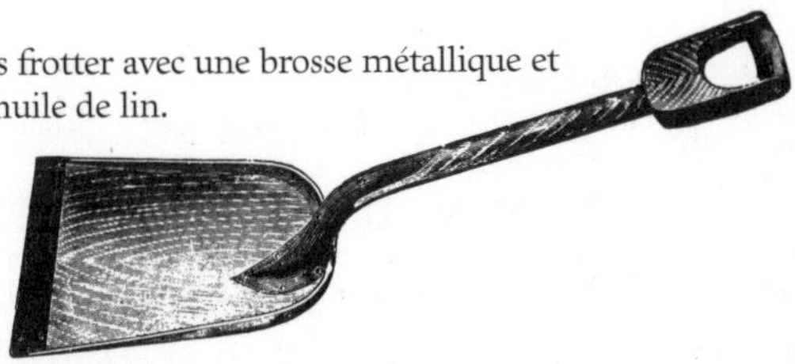

Les manches en bois seront polis au papier de verre et badigeonnés au pinceau avec une préparation réalisée pour part égale d'huile de lin et d'essence de térébenthine.

Astuces

Écobuage pour grandes surfaces

Si votre parcelle est vraiment trop grande, ou difficile d'accès aux engins motorisés, vous pouvez envisager la pratique de l'écobuage et mettre le feu aux broussailles. Ce procédé utilisé par nos grands parents, notamment en montage, limite les mauvaises herbes folles et la cendre résiduelle est un excellent engrais. Attention néanmoins un écobuage ne peut être réalisé qu'après l'accord du maire de la commune et une déclaration doit être déposée en mairie au moins trois mois avant de mettre le feu aux broussailles. Vous serez civilement responsable en cas d'éventuels sinistres.

Écorces de pin au talus

La tondeuse ne peut passer partout… Les talus sont des lieux difficiles à entretenir ; le « coupe-fil » vous demande trop de temps à consacrer à cette bande herbacée parfois inaccessible. Recouvrez le sol d'écorces et d'aiguilles de pin, l'ombre et l'acidité empêcheront la pousse des mauvaises herbes.

Hortensias bleus ou blancs

Pour obtenir des hortensias bleus, il est nécessaire de leur apporter du minerai de fer (sulfate d'aluminium).

La solution la plus rapide est de mélanger quelques gouttes d'aluminium (chez votre droguiste) à l'eau d'arrosage. Pour un effet durable, enterrer une boîte de conserve au pied de la plante. Dans ce cas, attention à ne pas oublier sa présence lors des travaux du sol, vous pourriez vous couper.

Plus écologique, le pilage d'ardoise qui recouvrira le pied sur un diamètre de 30 cm minimum.

Si vous préférez des hortensias bien blancs, mettez du blanc d'Espagne dans l'eau d'arrosage, la nature fera le reste.

La cicatrisation des rosiers

Pour les tailles tardives de vos rosiers, vous trouverez dans le commerce de la cire rouge. Vous pouvez obtenir une solution similaire en chauffant de la bougie, même de couleurs différentes.

Cette cire chaude sera déposée sur les entailles et évitera que la blessure devienne une porte d'entrée aux parasites.

La fougère prend le thé

Votre fougère montre des signes d'épuisement ?

Pour lui donner un petit coup de fouet, offrez-lui du thé !

Préparez 25 cl d'eau pour 2 sachets de thé, infusez, laissez refroidir et pulvérisez sur les feuilles.

Laissez faire le gel

Si votre sol a été abîmé par des traces répétées de pas ou de véhicules, à l'automne, bêcher en profondeur cette surface endommagée.

Brisez grossièrement les mottes et laissez le gel de l'hiver émietter la terre.

Au printemps, le travail sera bien plus facile et n'hésitez pas à ajouter un peu de tourbe ou de terreau (suivant la nature de votre sol) dès que le temps sera moins humide.

Le canna n'aime pas le froid

Certaines variétés peuvent atteindre 1,50 m mais des formes naines ne dépassent pas 60 cm.

Leur point commun est la peur du froid, surtout lors de leur installation au jardin. Aidez-les en mettant les rhizomes en végétation dès le mois de mars dans un pot riche en terreau.

Placez-les au chaud près de la fenêtre et arrosez-les régulièrement jusqu'à ce que la température du sol au jardin ne descende plus en dessous de 15 °C.

Après cette première plantation, le canna s'habituera aux changements de saison.

Le forçage des jacinthes

Pour que vos bulbes de jacinthes puissent s'enraciner facilement, il est préférable de les placer dans le noir et au frais pendant 60 jours. Faites un trou à l'abri d'un mur et placez un pot dans lequel vous aurez mis les bulbes dans du papier journal. Recouvrez de sable et comblez avec de la tourbe. Une cave est aussi un endroit recommandé pour cette période préliminaire à la transplantation, mais le bas de votre réfrigérateur fera aussi l'affaire !

Les amis naturels

Pour confectionner votre fumier vous recyclez les déchets de la cuisine et les feuilles mortes, mais d'autres matériaux peuvent aussi s'intégrer, comme le marc de café que vous mélangerez à de vieux papiers finement hachés en inter-couches pour un sol argileux ; Les copeaux de bois (mulch de branchages) sont également recyclables mais le temps de transformation est au minimum d'un an (ne pas dépasser un volume supérieur à 10 % du volume total du compost). Il est aussi possible d'incorporer directement certains déchets directement dans un sol argileux comme la cendre de bois. Les aiguilles de pins seront utilisées lorsque la terre est lourde, mais l'acidité de ces épines nécessite un amendement complémentaire de fumier de mouton ou un amendement calcaire de 10 % au moment de la mise en silos. Sur votre tas de fumier, intercalez des feuilles de carton alvéolé, les vers adorent s'y réfugier pour… digérer !

Astuces

Fig. 20.—LADY GARDENER.

Les feuilles mortes du bassin

Rien de plus pénible que d'ôter les feuilles mortes qui flottent à la surface du bassin d'ornement.

Elles glissent, collent et retombent à l'eau dès que vous soulevez une plaque de feuilles détrempées.

Pour vous faciliter le labeur, découpez une bande de grillage fin (grillage à clapier) de 70 cm sur 30 cm. Relevez les bords sur 10 cm pour faire un large U et glissez les mailles dans les dents d'une fourche-bêche.

Passez sous les feuilles et soulevez lentement en laissant l'eau s'écouler, c'est plus simple et surtout moins exaspérant !

L'aide des petits oiseaux

Été comme hiver, facilitez-vous la vie au jardin en accueillant les petits oiseaux qui vous débarrasseront des insectes, limaces et escargots…

Pour l'hiver, laissez monter à graines un certain nombre de plantes qui offriront nourritures et abris à nos amis ailés.

L'anémone des fleuristes

La bonne époque de plantation pour l'anémone des fleuristes se situe entre octobre et novembre.

Avant de les planter et pour faciliter l'entrée en végétation des tubercules secs, il est conseillé de les faire tremper pendant 24 heures dans un peu d'eau. Vous les planterez à 6 cm de profondeur et à 15 cm de distance.

Pour ne pas risquer de les abîmer pendant l'hiver, repérez les plantations en plaçant régulièrement des piquets de 15 cm recouverts d'un torchis en feuille d'aluminium ou d'une boîte de cachets posée à l'envers.

Ne jetez plus l'eau du bain !

Pourquoi se priver de cette ressource en eau en la laissant partir inutilement dans les conduits des eaux usées ? Nos aïeux n'avaient pas le « tout à l'égout » et l'eau n'était pas gaspillée inutilement. Vous pouvez, à leur image, limiter les pertes des eaux notamment celles du bain. Pour cela, vous créerez une conduite d'évacuation parallèle qui alimentera en eau des massifs d'iris, de roseaux, un bassin avec des poissons et des grenouilles. Les plantes, grâce aux racines procurent de l'oxygène aux micro-organismes qui sont dans les différents filtres menant aux massifs et au bassin. Il s'agit d'une technique modernisée de la fosse septique d'autrefois et qui est de plus en plus en vogue, mais ceci demande malgré tout une dérogation auprès du maire de la commune, avant que cela devienne dans quelques années, un système d'épuration obligatoire à la campagne.

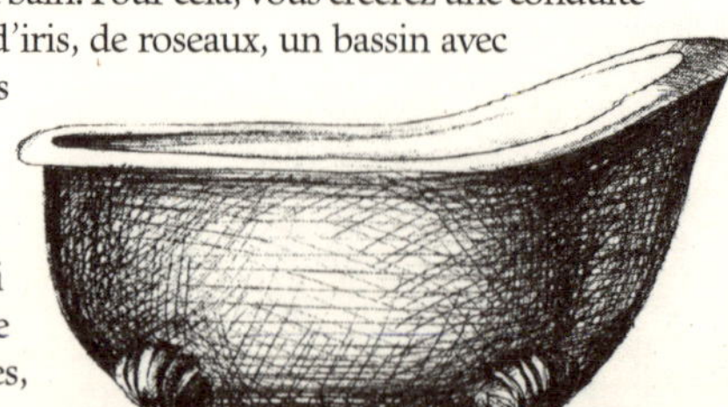

Pas de terre nue

Si vous possédez un potager et que vous désirez le cultiver de manière naturelle, la terre ne doit jamais être nue. Il est préférable l'hiver de protéger le sol des érosions et des tassements provoqués par la pluie et le gel en répandant un paillis protecteur. Certaines feuilles riches en azote se décomposent très vite comme les feuilles des aulnes, des bouleaux ou des noisetiers. Si vous possédez des arbustes d'ornements comme les cornouillers et les spirées, vous avez là un or vert à ne pas gaspiller… Les feuilles des hêtres, platanes et chênes sont très longues à se décomposer. Utilisez-les plutôt pour protéger les massifs.

Sachez aussi que les feuilles du noyer sont parfaites pour empêcher la germination des herbes folles, que les épines de pins acidifient le sol et sont idéales pour les plantes calcifuges (qui ne supportent pas l'eau calcaire) comme l'azalée du Japon.

Prévenir le gel

Si cet hiver vous craignez que certaines plantes en pot prennent le gel, dépotez la motte et entourez-la d'un sac plastique avant de la remettre dans son pot.

Cette protection évitera que la terre prenne froid par contact direct avec la terre cuite.

C'est simple, mais il fallait y penser !

Protection au minium

Un arrosoir en métal est plus agréable à utiliser et à regarder que celui en plastique (et qui ne dure que quelques printemps).

Le seul inconvénient est l'oxydation du fond.

Pour éviter cela, ne laissez pas d'eau stagner à l'intérieur et posez-le sur un carré de gravillons.

Vous pouvez également passer un coup de minium dans le fond et en dessous, vous prolongerez sa durée de vie de plusieurs années.

Protégez vos rosiers

Avant que n'arrive l'hiver, protégez vos plantes les plus fragiles à un moindre coût.

Utilisez de grands sacs plastiques transparents que vous bourrerez de feuilles mortes et sèches, ou de copeaux de bois.

Il vous suffira ensuite d'encapuchonner vos rosiers pour les protéger du froid en refermant le sac à sa base pour ne pas qu'il s'envole « au vent mauvais » aurait dit Brassens.

Astuces

Quel temps fera-t-il demain ?

Avant d'entreprendre des labours, des semis ou des récoltes, nos aïeux avaient de nombreuses « combines » pour savoir quel temps il ferait le lendemain.

L'un disait qu'il allait pleuvoir en voyant les crins de son cheval frisotter ; l'autre affirmait qu'il ferait beau car la douleur de ses rhumatismes commençait à disparaître. Mais tous avaient une pomme de pin sur la fenêtre de la cuisine et si elle était ouverte cela annonçait « du beau », mais si elle se fermait, c'était alors mauvais signe, celui de la pluie.

Râteau et mal de dos

Le jardinier amateur a au début de son apprentissage, une position peu efficace dans le maniement du râteau. Ce râteau doit être tenu le plus verticalement possible, donc inutile de se courber et de casser le dos pour être efficace.

Il faut se souvenir également que les dents du râteau ne doivent pas pénétrer profondément dans la terre, mais au contraire effleurer la surface, les dents bien parallèles au sol, pour niveler correctement le carré et ôter les mauvaises herbes qui auront été coupées ou arrachées avant d'être laissées pour sécher au soleil.

Recycler les fumiers

Vous pouvez réaliser un excellent fumier en mélangeant deux à trois sortes de fumiers différents, de volaille, de mouton et de cheval et en ajoutant 20 % de goémon. Ce dernier engrais naturel est riche en azote, en phosphore, en calcium et en potasse et des sels minéraux.

L'avantage de ce fumier fertilisant peut s'utiliser toute l'année, contrairement aux autres qui s'enfouissent à l'automne.

Repérez les vivaces

Dès que les plantes sont en dormance, il devient difficile de se souvenir où elles se trouvent, Ceci est vrai notamment pour les vivaces car il n'y a plus trace de la végétation…

Pour éviter d'abîmer les plants à l'occasion des travaux d'hiver, repérez-les avec des étiquettes qui seront issues de votre imagination (lettres peintes sur des ardoises ou des galets, pyrogravure sur des planchettes ou des bâtonnets d'esquimaux, au feutre blanc indélébile sur un carré de balatum noir, etc. Ainsi non seulement vous ne perdrez pas de vues vos souches, mais vous retiendrez aussi le nom de la plante.

Roses trémières

Vous ne possédez pas de tuteurs pour vos haricots ? Vous trouvez que les filets et autres supports ne sont pas très jolis en bordure de potager ? Utilisez des roses trémières comme support. Les longues tiges permettront aux haricots de grimper vers le soleil et les fleurs multicolores égayeront votre jardin ou la bordure limitant les allées et la pelouse.

Voilà comme joindre l'utile à l'agréable !

Souffrez !

Juste avant le repos des bulbes dans un endroit frais et dans le noir, placez-les dans un sac en papier.

Saupoudrez de fleur de soufre et remuez énergiquement.

Ceci les protégera des maladies et des moisissures.

Stériliser votre terreau

Pour éviter les mauvaises herbes qui pourraient germer de votre terreau maison, passez-le au four à 95 °C pendant 1 heure.

Trop d'orties tuent l'ortie

S'il est vrai que les orties sont très utiles au jardin pour réaliser des engrais naturels, il faut aussi savoir s'en débarrasser lorsqu'elles prolifèrent trop.

Pour cela, arrosez pendant une semaine, tous les matins, la surface à dégager avec un arrosoir 11 l d'eau dans lequel vous ajouterez une tasse de sulfate de fer. À renouveler tous les ans.

Tuteurez propre

La réutilisation des accessoires du jardin vous feront gagner du temps.

Ainsi les tuteurs pour vos haricots, petits pois, pieds de tomates et fleurs grimpantes (ipomée) de l'année passée peuvent encore servir cette saison. Un bon nettoyage s'impose à la brosse et à l'éponge.

Une bassine de 3 l d'eau pour un verre d'eau de Javel est la bonne dose pour désinfecter correctement ces tuteurs.

Vous pouvez également utiliser un galet de chlore prévu pour l'entretien de l'eau des piscines, il se dissout très lentement et vous offre chaque jour une eau prête à l'emploi !

Goudronnez le bas des pieds des tuteurs pour éviter le pourrissement prématuré des végétaux.

Astuces

Un arrosage totalement autonome

Si vous vous absentez au printemps et que votre voisin ne peut pas arroser les semis de votre serre, placez un cordon de coton hydrophile qui ira d'une bouteille d'eau pleine aux godets ensemencés.

Une bouteille de 1,5 l suffit pour 4 jours d'absence d'arrosage et pour 24 godets.

Si vous vous absentez au début de l'été, cette astuce n'est valable que pour 2 jours. Il existe dans le commerce des carottes en argile qui font le même office, mais le procédé permet de prolonger la durée de quelques jours.

Un couvre-sol coloré

Lorsque la terre est pauvre, il est bien difficile de trouver de quoi couvrir le sol.

Le stachys olympica est tout désigné pour habiller, de juin à septembre, cette parcelle oubliée. Appelée aussi « oreille d'agneau » ou « oreilles d'âne », cette plante est peu exigeante et ses poils tendres, légèrement argentés, donneront un aspect plus gai, se gorgeant de soleil dont elle apprécie les rayons.

La plante d'un bleu lavande, qui attire les abeilles et favorise le butinage du verger ou du potager, mesure 15 cm et ses fleurs environ 60 cm.

Pour favoriser sa pousse l'été prochain, coupez court le plant au début de l'automne et ajoutez un peu de sable.

Une pelouse plus dense

Pour obtenir une pelouse plus dense, il est nécessaire de créer des trous entre les plants, qui ainsi trouveront de la place, de l'oxygène et de l'eau. À l'aide d'un aérateur à tubes, faites des trous de 5 à 6 cm de profondeur. Pratiquez un bon surfaçage en émiettant les carottes de terre avec un morceau de clôture grillagée que vous traînerez à la surface du sol. Une fois cette terre pulvérisée, ajoutez un peu de tourbe et épandez de l'engrais. Égalisez au râteau.

Prendre soin des fruits du verger

La culture du potager et du verger suscite un engouement certain pour tous ceux qui veulent manger des légumes et des fruits « non traficotés ». Avoir de beaux légumes diversifiés ou des fruits goûteux n'a pas de prix et nombreux sont ceux qui se mettent en quête d'une parcelle en dehors des agglomérations. Si les résultats sont relativement rapides au potager, il n'en est pas de même au verger. Ceci semble plus compliqué et il faut davantage de place pour que les fruitiers s'épanouissent. Il est nécessaire de leur laisser du temps pour qu'ils nous offrent d'abondantes récoltes. Malgré cela, les petits arbustes à fruits rouges comme les groseilliers, ne nécessitent pas de grands espaces et la récolte est rapide. En deux ou trois ans, vous aurez de quoi obtenir suffisamment de fruits pour le dessert et même faire des confitures. Celles de nos grands-mères remplissent encore nos narines de parfums nostalgiques et les astuces qu'elles déployaient au verger sont toujours d'actualités !

Algues et bouleau pour les pommes

Vous trouvez que vos pommes et vos poires se déforment, se fissurent et certaines parties sont couvertes d'un feutrage brun, légèrement olivâtre ? Vos fruitiers sont victimes de la tavelure. Pour soigner et protéger vos arbres de cette maladie, vous ferez macérer 1 kg de feuilles fraîches de bouleau dans 10 l d'eau durant dix jours. Vous récupérerez cette potion et vous en diluerez 1/5 avec de l'eau de pluie, que vous pulvériserez sur vos arbres à trois reprises, à cinq jours d'intervalle. S'il pleut, recommencez le traitement depuis le début...

Si vous constatez que la chair de la pomme est poreuse, votre arbre manque de bore. Enterrez des algues au pied du pommier.

Arrosez avant qu'il ne gèle

Au printemps, si vos arbres fruitiers sont en bourgeons et que la météo annonce des gelées, n'hésitez pas à arroser copieusement vos arbres fruitiers. Les jeunes rameaux et les bourgeons seront protégés du feu provoqué par le froid grâce à cette fine pellicule de glace réalisée par cet arrosage.

Bananes noires ?

Pour éviter que vos bananes ne noircissent une fois épluchées, dans une salade de fruits par exemple, arrosez le tout d'un léger filet de citron.

Cueillez la fraise avec sa queue

Les fraises aiment l'abri des figuiers et des terres légères. Pour conserver plus longtemps les fraises, il suffit de les cueillir avec la queue. Évitez que les fruits ne touchent le sol, en plaçant une feuille de papier journal ou une protection faite de brins de paille.

Cultiver, ou pas, la vigne

Pour savoir si votre terre peut accueillir des pieds de vigne, attendez que les fleurs du lys blanc soient ouvertes, puis comptez cent jours.

Si la fin de cette période correspond aux temps des vendanges, vous pouvez planter des pieds de vigne.

Si au contraire cette période tombe fin octobre ou en novembre, oubliez très vite votre projet.

De la prêle pour la rose et le groseillier

Luttez contre la rouille, la cloque du pêcher ou les taches noires des rosiers avec un purin de prêle. La bonne proportion est 1 kg de tiges finement hachées pour 8 l d'eau que vous ferez bouillir, puis que vous laisserez reposer une semaine. Cette décoction est également valable pour lutter contre le mildiou qui attaque les pieds de vigne. Pour un traitement plus rapide, prenez 20 g de tiges de prêle hachées menu que vous placerez dans 1 l d'eau. Faites bouillir 20 minutes et pulvérisez dès que la potion magique est froide.

Lorsque les groseilles sont recouvertes d'un léger voile blanchâtre, votre plant est victime de l'oïdium. Pour éliminer ce champignon qui rend vos fruits inconsommables, vous pulvériserez du purin de prêle (2 l pour 10 l d'eau) en 3 fois, avec une semaine d'intervalle entre les traitements.

Des citrons tout l'hiver

Pour conserver cet hiver les citrons que vous aurez récolté sur votre arbre, enveloppez-les dans un papier de soie et enfouissez-les dans le sable, le pédoncule vers le bas.

Des fraises bonnes en bouche

Afin d'augmenter le goût prononcé des fraises, paillez les pieds avec un mélange de compost et d'aiguilles de pins. Vous obtiendrez des fruits savoureux au léger goût de fraises des bois.

Astuces

Des pommes et des poires

Pour conserver les fruits du verger, voici quelques règles d'antan :

- Stockez les pommes la queue vers le bas, les poires la queue vers le haut
- Stockez les fruits sur des clayettes dans un local frais et aéré (8 à 12 °C)
- Évitez que les fruits se touchent
- Coulez de la cire sur la queue des plus beaux fruits pour une consommation au couteau.
- Les fruits légèrement abîmés serviront à faire des tartes ou de la compote.

Cueillette et conservation :

- Pomme Melrose : cueillette vers la mi-octobre, conservation jusqu'en avril-mai.
- Pomme Discovery : cueillette vers la mi-août, conservation environ deux semaines.
- Pomme Reine des Reinettes : cueillette vers le 10 septembre, conservation environ trois semaines.
- Poire Comtesse de Paris conservation huit semaines à dater de sa récolte, en octobre.

Des sacs en papier pour protéger les poires

Certaines variétés de poires sont fragiles dès qu'elles commencent leur maturation, c'est le cas de la comice ou la guyot ; d'autres poires plus tardives ont du mal à mûrir comme la passe-crassane ou la poire de septembre. Pour les protéger ou accélérer le mûrissement, placez autour de la jeune poire un sac en papier et refermez par un raphia autour du pédoncule. À la récolte, ôtez le sac en papier et alignez les poires les unes à côté des autres, le pédoncule en l'air, ne les mettez jamais les unes sur les autres.

Désherbage naturel des allées

Les allées du verger sont généralement très larges et il est difficile de ne pas s'en occuper, sous peine d'épuiser la terre par un excès d'herbes folles. Bien sûr, la tonte régulière est indispensable mais vous déposerez les tailles broyées des cyprès, des ifs et des thuyas au pied des arbres. Ce sont de véritables désherbants naturels. Pour connaître la nature de votre sol, les herbes vous renseignent : le mouron est le signe d'un excès d'engrais, le bouton-d'or que le sol est compact et le bouillon-blanc indique une pauvreté du sol ou une terre très sèche.

Du savon pour éloigner les biches

Si votre verger est proche d'un bois, attachez des petits morceaux de savon rouges et orangés et lorsque les biches et les chevreuils viendront les croquer, ils seront fort étonnés. A priori, ils ne sont pas près de revenir de sitôt dans votre jardin !

Éliminer la cochenille carmin

Un insecte qui laisse comme une trace de sang si vous l'écrasez, c'est sans nul doute la cochenille carmin qui s'attaque aux arbres fruitiers, surtout les pommiers. Elle possède une légère carapace et suce les plantes. Pour l'éliminer, vous vaporiserez en 3 fois et à 72 heures d'intervalle de l'huile de paraffine. Cette cochenille est élevée dans les figuiers de barbarie pour créer un colorant alimentaire, le E120.

En pot ou racines nues

Suivant la manière dont les arbres fruitiers sont vendus, vous décalerez leurs plantations.

Pour les arbres à racines nues, il est préférable de les planter en novembre et pour ceux vendus en mottes et conteneurs, attendez le printemps.

Un mois avant la plantation, creusez un trou trois fois plus large que la motte (ou les racines) et conservez la terre du dessus que vous utiliserez au fond à la transplantation.

Si lorsqu'il pleut le trou est rempli d'eau, changez de site car la terre ne conviendra pas à cette plantation. L'endroit est beaucoup trop humide.

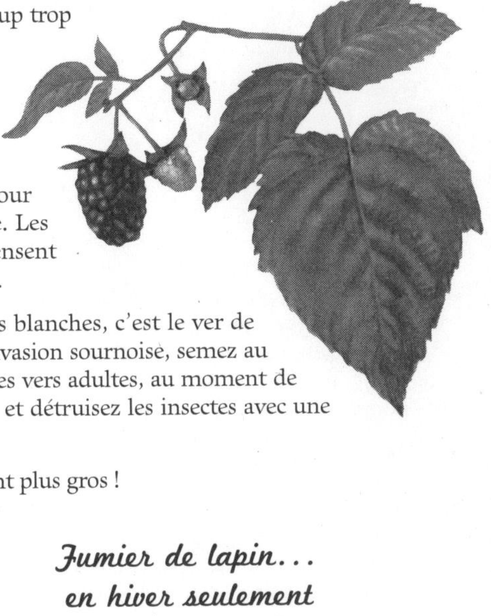

Framboises : orange ou rouges ?

Les oiseaux sont très friands des framboises et ils oublient souvent de vous en laisser quelques-unes ! Pour éviter cela, plantez des framboisiers aux fruits orange. Les framboises sont tout aussi sucrées mais les oiseaux pensent qu'elles ne sont pas encore mûres. Fini le chapardage…

Si les framboises sont attaquées par des petites larves blanches, c'est le ver de framboise qui attaque le pied. Pour remédier à cette invasion sournoise, semez au pied de vos plants des myosotis. Pour se débarrasser des vers adultes, au moment de la floraison, secouez les fleurs au-dessus d'une cuvette et détruisez les insectes avec une décoction de fleurs de chrysanthème.

Arrosez abondamment les framboisiers, les fruits seront plus gros !

Fumier de lapin… en hiver seulement

Lorsque vous nettoyez les clapiers, récupérez le fumier de lapin et déposez-le au pied des arbres fruitiers. Au printemps, retournez superficiellement la terre et attendez l'automne pour alimenter les fumures. Entre le printemps et l'automne, le fumier ira au composteur pour ne pas risquer de brûler les racines.

Astuces

Gare aux coups de chaleur

Lorsqu'il fait très chaud, il ne faut pas hésiter à arroser vos arbres fruitiers de temps en temps, notamment en fin de journée pour que la fraîcheur se conserve pendant la nuit. Un jet de pluie fine est préférable à un jet dru sur les branches. Vérifiez également que le climat n'a pas favorisé l'arrivée de pucerons sur les fruits.

Traitez, sur l'envers des feuilles, à l'eau légèrement savonneuse (savon noir) ou avec une pulvérisation d'eau dans laquelle vous aurez laissé macérer des mégots de cigarettes.

Taillez les arbres immédiatement après la récolte.

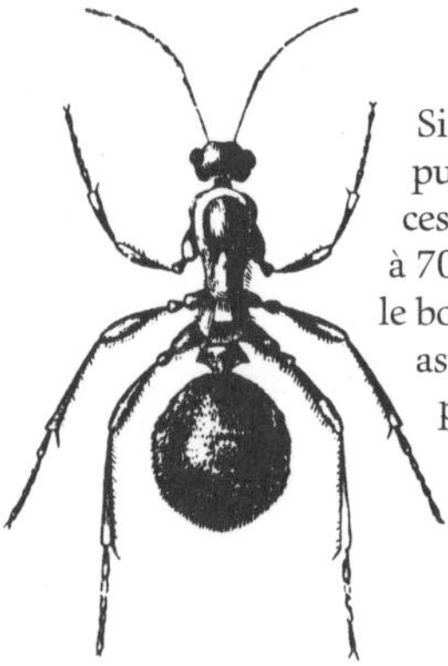

Glu et fourmis

Si vous trouvez des fourmis dans les branches, c'est qu'il y a aussi des pucerons qui se régalent du miellat secrété par la sève. Pour lutter contre ces envahisseurs, entourez le tronc de l'arbre avec une corde de chanvre à 70 cm de hauteur du sol, puis avec un couteau, mastiquez à la glu entre le bord de la corde et de l'écorce. Coupez l'excédent du cordage. Une autre astuce pour éviter que les fourmis montent dans l'arbre est de faire tremper une cordelette de chanvre dans une décoction d'eau et de mégots de cigarettes. Faites plusieurs tours autour du tronc à 15 cm du sol. À renouveler tous les trois mois si cela s'avère nécessaire.

Le jardinage sylvestre

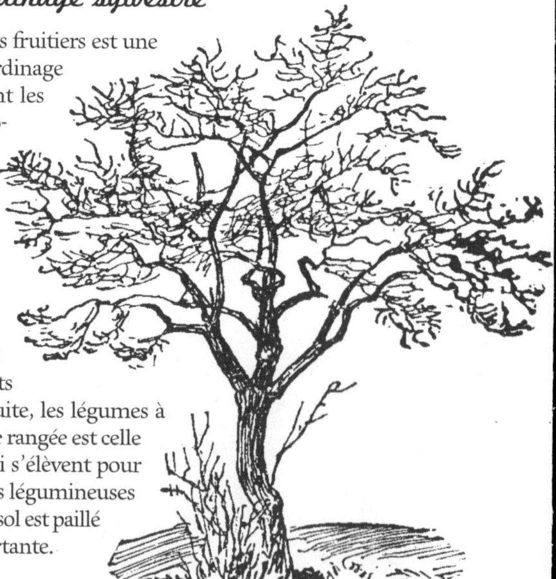

Une rangée d'arbres fruitiers est une source qui permet de créer une structure de jardinage sylvestre. La plus haute plantation protégeant les plantes et les légumes moins hauts. Cette cohabitation bénéfique permet le partage de l'ombre, de l'eau et des divers fertilisants produits par les uns pour les autres.

Au verger, ce sont les arbres fruitiers qui sont taillés pour que la lumière filtrée du soleil atteigne les arbustes à fruits rouges, comme les groseilles à maquereaux et les framboisiers. Puis ensuite, viennent les planches de fleurs hautes comme les marguerites ou des légumes sur filets comme les haricots ou les concombres et ensuite, les légumes à feuilles : salade, épinards, oseille etc. La dernière rangée est celle des tomates, des poivrons et des courgettes qui s'élèvent pour bénéficier d'un franc soleil. Les consoudes et les légumineuses apportent des sels minéraux à leurs voisines et le sol est paillé pour éviter une évapotranspiration trop importante.

Le pomander dans le placard

Pour parfumer une armoire ou un placard, faites sécher une orange ou un citron et piquez-le de 6 clous de girofle. Ce pomander se conserve ainsi plusieurs années.

Les mésanges protègent les pommiers

Carpocapse, voilà le vrai nom de la petite chenille blanchâtre qui dévore les fruits du pommier. Lorsque deux fruits se touchent, c'est souvent là que se trouve l'entrée de la galerie, bien à l'abri de la lumière et des regards ! Une petite poudre brunâtre, néanmoins, trahit sa présence et seule la mésange viendra y chercher pitance. Confectionnez des abris pour nos amies ailées et les mésanges auront vite conquis le verger pour mieux le protéger. Vous pouvez également, à la sortie de l'hiver, traiter à la bouillie bordelaise et à la belle saison, pulvériser des extraits d'algues. À l'automne, passez un coup de tondeuse pour que les feuilles contaminées soient digérées par les vers.

Les petits fruits résistent au gel

Les groseilliers, les cassissiers, les framboisiers et les fraisiers supportent très bien les températures négatives (jusqu'à – 20 °C). Vous pouvez néanmoins protéger les arbustes par un grillage de 50 cm de hauteur qui entoure le cœur de l'arbuste, puis vous remplirez l'espace avec des feuilles mortes ou de la paille. Au printemps, rabattez les tiges jusqu'à 30 cm du sol.

Pour les fraisiers, confectionnez une litière avec des fougères et ajoutez dessus quelques branches pour éviter que le vent détruise ce douillet « édredon ».

Noix et noisette

Les fruits à coques sont souvent attaqués par les vers. Pour éviter ce désagrément, placez-les au congélateur. Vous les utiliserez au fur et à mesure de vos besoins lors de la confection de gâteaux.

Pansement d'argile

Sur les brûlures ou les plaies d'un arbre fruitier, vous tartinerez le mélange suivant pour cicatriser la plaie : 3 parts d'argile et 1 part de bouse de vache. Bien mélanger l'ensemble avant d'humidifier suffisamment avec une infusion de prêle, pour obtenir une pâte malléable à souhait. Une fois terminé, recouvrez de papier journal mouillé à l'infusion de prêle, pour qu'il se colle au pansement.

Pas de dahlias pour l'abricotier

Il est aujourd'hui courant de ne plus séparer le verger du potager, le potager du jardin d'agrément et les plants, les légumes, les fleurs et les arbres fruitiers cohabitent pour le plus grand plaisir des yeux. Ceci a donc des avantages, mais aussi des inconvénients. Pour que votre abricotier donne de beaux fruits, il est nécessaire de le protéger de la verticilliose et donc de l'éloigner des cultures potagères et de certaines fleurs comme les dahlias.

Plus de souches au verger

DSi de vieilles souches encombrent le verger, percez un trou au milieu du tronc et remplissez-le avec du salpêtre mouillé. Bouchez le trou avec de la glaise ou du mastic. Après quatre à cinq semaines, ôtez le bouchon et remplissez le trou d'essence avant d'y mettre le feu. La souche se consumera totalement jusqu'aux racines.

Pollinisation naturelle

Afin d'obtenir de beaux fruits, favorisez la pollinisation des fleurs entre elles grâce aux abeilles, aux papillons et aux insectes.

Pour attirer les abeilles, plantez aussi un acacia, un lilas, un chèvrefeuille.

Pour attirer les papillons, plantez un buddleia

Pour attirer les insectes laissez un coin du verger en friche, les herbes en fleurs suffiront.

Astuce : au printemps utilisez un enfumoir d'apiculteur et cheminez entre vos arbres. La pollinisation se fera plus rapidement.

Pollinisation précoce

Dans un verger isolé, pour activer la pollinisation, coupez des branches d'arbres en fleurs : arbre de Judée, lilas, photinia et prunus que vous placerez au pied des arbres fruitiers, dans un récipient rempli d'eau. Les abeilles viendront rapidement se poser sur ces premières fleurs. Si l'espace est suffisant, plantez définitivement des haies de forsythias qui offriront un coup de soleil dans le verger, grâce à leurs magnifiques fleurs jaune doré visibles de loin.

Protection d'argile

Les jeunes arbres fruitiers ont l'écorce fragile et quelques espèces supportent mal les rayons du soleil dans les régions du Sud ou le gel dans le Nord. Pour y remédier, fabriquez une solution d'argile (1 kg de terre pour 25 cl d'eau). Contre les rayons du soleil, badigeonnez les troncs avec cette solution d'argile.

Contre le froid, enroulez des bandelettes de tissu trempées dans cette solution d'agile, vous les ôterez au printemps.

Purifiez les écorces à la chaux vive

Pour vous débarrasser de la plupart des insectes qui colonisent les arbres fruitiers, faites une bouillie de chaux vive et d'eau. Vous badigeonnerez les troncs sur 1 m avec un pinceau large et épais, pour pénétrer dans les crevasses de l'écorce. Renouvelez tous les mois, d'avril à octobre. Si des insectes ont déjà colonisé l'arbre, badigeonnez entièrement les branches atteintes et répétez l'opération après la coupe d'automne.

Ramassez les mauvaises noisettes

Si vous avez des noisettes véreuses, il va falloir vous armer de patience et ramasser régulièrement toutes les noisettes qui sont tombées au sol. Dans le cas contraire, les larves de balanin qui parasitent votre noisetier vont se cacher dans le sol pour, après la métamorphose, revenir l'année suivante. À titre préventif, si certaines larves sont déjà dans le sol, bêchez au pied du noisetier avant l'hiver pour que le froid les détruise. Enfin, engluez le tronc du noisetier à 40 cm du sol, pour éviter que d'autres larves ne viennent se réfugier à nouveau dans les fruits.

Stop à la mousse des troncs

Au bout de quelques années, les arbres fruitiers ont tendance à accueillir de la mousse qui s'installe sur leur tronc. Il est absolument nécessaire d'enrayer cela en les frottant avec une brosse à chiendent puis de les badigeonner avec de l'anthracène (base de goudron).

Traitez les arbres en hiver

Bien avant que nous trouvions en jardineries les produits « bio » pour traiter nos arbres, nos grands-parents utilisaient les produits de tous les jours. Ainsi, l'hiver, pour lutter contre les champignons qui sévissaient au verger, ils pulvérisaient une « huile d'hiver » à base de savon de Marseille et d'huile de lin. Pour les arbres et les rosiers très atteints, ce traitement était passé au pinceau directement sur les écorces présentant des signes de maladie avancée.

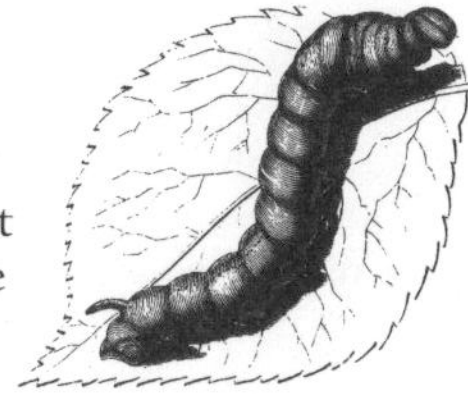

Truc contre les chenilles

Pour éviter économiquement que les chenilles ne s'attaquent aux fleurs et aux jeunes fruits de votre verger, accrochez des petits morceaux d'étoffes de laine aux branches. Elles viendront y faire leur nid à l'abri des intempéries et il vous sera facile de vous en débarrasser radicalement par le feu.

Un accueil chaleureux pour nos amies les bêtes

Ne chassez pas les abeilles, protégez les oiseaux l'hiver venu. Une mangeoire de graines pour les oiseaux, des tiges creuses à l'abri de la pluie pour les coccinelles, des pierres et un toit de feuilles pour le hérisson, des tas de cailloux pour les lézards. Venez à leur secours, aidez-les à survivre en leur offrant le gîte et le couvert, ils sauront, le moment venu, vous remercier de ces faveurs, en régulant les indésirables.

Vos astuces

EDITIONS ESI

Éditions ESI
60, rue Vitruve, 75020 Paris
Imprimé en République tchèque à Cesky Tesin par Finidr
Auteurs : Sonia de Sousa, Laurent Vinet et Noëlle Hermal

ISBN : 978-2-35355-711-0 - N° Sofédis : S465723